本杰明·富兰克林自传

（下册）

【美】本杰明·富兰克林 著
【美】马克·史库森 著
张丽敏 宋晋平 叶红婷 译

WUHAN UNIVERSITY PRESS
武汉大学出版社

图书在版编目（CIP）数据

本杰明·富兰克林自传．下册／（美）本杰明·富兰克林，（美）马克·史库森著；张丽敏，宋晋平，叶红婷译．－武汉：武汉大学出版社，2018.2

ISBN 978-7-307-19697-1

Ⅰ．本… Ⅱ．①本… ②马… ③张… ④宋… ⑤叶… Ⅲ．富兰克林(Franklin, Banjamin 1706-1790) —自传 Ⅳ．B712.31

中国版本图书馆 CIP 数据核字 (2017) 第 321475 号

The Compleated Autobiography by Benjamin Franklin

Published in the United States by Regnery Publishing, Inc.

Simplified Chinese rights arranged through CA-LINK International LLC (www.ca-link.com)

责任编辑：黄朝昉　　　责任校对：许　婷　　　版式设计：赵敏彤

出版发行：**武汉大学出版社**（430072　武昌　珞珈山）

（电子邮件：cbs22@whu.edu.cn　网址：www.wdp.com.cn）

印刷：北京中科印刷有限公司

开本：710×1000　1/16　　印张：24　　字数：260 千字

版次：2018 年 2 月第 1 版　　2018 年 2 月第 1 次印刷

ISBN 978-7-307-19697-1　　定价：78.00 元

目录

致谢

“如果不想死后就被遗忘，要么写点值得别人读的文章，要么做些值得记录的事吧。”

——本杰明·富兰克林

完成本杰明·富兰克林的自传简直是一个长期冒险的事。多年以来许多人都在这本书中倾注了心血，在这里我衷心地向他们致谢。

首先，我要感谢耶鲁大学负责整理编辑本杰明·富兰克林论文的编者和工作人员。特别是现任主编，艾伦·科恩，不仅为我回答了许多问题，还为我提供了富兰克林论文阅读器光盘，涵盖了几乎所有已出版和未经出版的富兰克林的论文，其中还包括许多封富兰克林信件的法语译本，为整理编辑这份手稿提供了宝贵的帮助。我还要向耶鲁大学图书馆、美国哲学会和美国国会图书馆，以及其他允许我出版有关富兰克林的原始文献的机构一并表示感谢。

哥伦比亚大学下属各图书馆的工作人员也为富兰克林自传的编写工作提供了相关的材料。我还要由衷感谢历史学家卡尔·范·德伦，他不仅著有权威性传记《本杰明·富兰克林》（纽约：维京出版社，1938），而且还收集了《本杰明·富兰克林的自传》（纽约：维京出版社，1945），这对我后续的编写工作大有裨益。这本书也有赖于托马斯·弗莱明的精彩编译著作《本杰明·富兰克林：自述传记》（纽约：哈珀与罗出版公司）；克劳德–安妮·洛佩兹的《我亲爱的爸爸：富兰克林和他的巴黎女人们》（纽黑文：耶鲁大学出版社，1990）；还有克劳德–安妮·洛佩兹与尤金妮亚·W. 赫伯特合著的《富兰克林的私生活：他与他的家人》（纽约：W.W. 诺顿出版社，1975）。

我想向我的母亲，海伦·露易丝·麦卡蒂·史库森表达感激之情，她为我讲述了我们家族与本杰明·富兰克林的传奇关系。她为我打开了一扇了解富兰克林的生活和工作的大门。年幼时，我便从《穷人理查德年鉴》中收集格言，成年后，我一直以一个富兰克林家族成员的标准来要求自己的言行，并以此为荣，还造访了位于费城的富兰克林故居和伦敦的克雷文街，写了一本书名为《本杰明·富兰克林的聪明才智》（伦敦：皮克林 & 查托，1996）。

在此我还要特别感谢我的妻子，一生都在从事编辑工作的乔·安·史库森，她数年前就教会了我如何“窥一斑而知全豹”。她专业的编辑和排版技巧有助于本书的编写工作，使我的文章显得流畅和自然。如果没有她非凡的努力，这本书恐怕没有这么快问世。

最后，我要感谢莱格尼里出版社的总裁杰夫·卡尼尔；发行人马吉·罗斯；资深编辑斯蒂芬·汤普森，他立刻认识到记录富兰克林辉煌生涯的后三十年的价值所在，而且这是用一种充满挑战的全新风格来记录的。

在此，我引用富兰克林的一句名言作结，“真正的朋友是一个人最大的财富。”

马克·史库森

纽约州，纽约市

引言

“假使富兰克林能够记载他一生中的每个阶段及取得的所有成就的话，那么他的自传将会是有史以来最令人瞩目的自传之一。”

——罗伯特·W.摩尔

“然而他的许多故事却鲜为人知。”

——卡尔·范·德伦[1]

在我小的时候，我就被本杰明·富兰克林身上企业家、发明家、公务员，以及哲学家的智慧所吸引。当我读了他未完成的自传后，我便十分渴望能够了解他在伦敦任殖民地代表的生活，他在《独立宣言》中所起的作用，他作为美国的首任驻法大使的表现，以及他在缔造一部新的宪法和一个新的国家方面所做的努力。但是这些我都没能如愿。

1　卡尔·范·德伦，编辑，《本杰明·富兰克林自传》纽约：维京出版社，1945，第五章。

本杰明·富兰克林自传的官方版本在1757年的时候便戛然而止，当时他只有51岁。他卒于1790年，他人生的后33年仍然没有记录下来，其中不乏一些在他辉煌的政治生涯中非常重要的历史事件。后33年间发生了什么事使他声名鹊起，一位传记作家称他为“在他那个时代，或者说在任何一个时代最受爱戴、最有声望的美国人。”

毫无疑问，富兰克林本打算完成自己的回忆录。就在他写《自传》的第二天，在他拜访英格兰温彻斯特附近特怀福德的乔纳森·希普利一家时，他还拟了一个职业生涯的大纲。他把每一页手稿都分成两栏，右边一栏空出来以备日后作添加和修改之用。

富兰克林是以面向“年轻一代读者”的口吻来进行写作的，这些年轻人是追求“毕生事业”的一代。到1757年，富兰克林已经是一名成功人士了，拥有出版商、邮政局长、科学家、发明家及费城“公共市民”等多个头衔，同时收获了声望和财富，而他也希望将自己“谨慎和鲁莽”的经验传给后辈们。但是他作为外交官和革命家的宝贵经验在记录到1790年4月17日的时候便不幸停止了，他享年84岁。

威廉·坦普尔·富兰克林在其祖父辞世后不久便意识到需要尽快完成自传。他本打算完成自传的剩余部分，将富兰克林生前所写的大量丰富的大纲、期刊、信件的副本以及已出版的材料收集起来来完成祖父未竟的工作。最后在经过漫长的搁置后，《本杰明·富兰克林生活与写作回忆录》三卷书终于在1817年至1818年出版了。

现如今，几代人过去了，我又有了一个新的想法。当我拜读由美国哲学会和耶鲁大学合作编写、耶鲁大学出版社出版的《本杰明·富兰克林论文集》的时候，我萌生出了想要完成《自传》的念头。在精读他的论文时，我有一个重要发现：尽管十分细微和琐碎，但是他在其辉煌一生的后期，在他所撰写的期刊、论文乃至给亲戚和朋友的信件中，谈论的也都是关于家庭生活、政治、科学、商业、文学和哲学等方面的内容。正如富兰克林的第一位传记作家卡尔·范·德伦解释的那样，“对富兰克林来说，拥有最广泛阅读者的自传，一定是一部源于作者本人的写作直觉和惯用方式的作品。”[1]这会起到很大的作用。富兰克林还记了好几本日记。

在给他至近的朋友和亲人的信中，他生动地描写了国内存在的种种详情，以及与之相关的躲在伦敦和巴黎幕后操纵的政治家们。在一个事例中，富兰克林写了一封三页长的信给凯姆斯勋爵，简要总结了他于1762—1764这两年在美国的情况。遗憾的是部分信件没能完整地保存下来，但是留存下来的信件也能够勾勒出这个人的完整形象和他多彩绚丽的生活与性格。

除了这些信件，富兰克林还把三个重要部分，或整体或部分地放在了他的《自传》中：首先是《哈钦森信件事件记录》；第二是《在伦敦进行的影响大不列颠和美洲殖民地间和解的谈判细节》；第三是《1782年3月21日至7月1日与大不列颠和解谈判记录》。他把这当中的第二份材料于1790年3月交给了托马斯·杰弗逊，作为富兰克林准备自己历史生活的样本。这三个部分在他刚写完《自传》（1771年）就写就了，毫无疑问他是打算等写到这些大事件发生的年份时就把它们补充到《自传》当中。我已经把这三篇专著简要地收录在了本书中[2]。

值得注意的是，这三篇文章属于“本身就是碎片的工作下更小的

1　卡尔·范·德伦，《本杰明·富兰克林自传》第六章。

2　我并不认为富兰克林的历史精神与凝炼这三个冗长的专著是相违背的。正如富兰克林关于回忆录一事写信给德·拉罗什富科公爵说的那样，“有人劝我，万一书出版了，许多事情最好缄口不言”（1789年11月13日）。

碎片。”[1] 范·德伦认为这一点非常重要，那些认为完成富兰克林《自传》是不可能或不适宜的任务的人们不应忽视这种看法。富兰克林时常修改《自传》，而且在某种程度上，整本书应该被看作是一项未完成的工作，本身也需要日后进行修改。

关于本书的编写

在这个项目开始之初，我的目标就是进行一项完全由富兰克林掌握、能够代表富兰克林声音的工作。在对他的生活和论文进行了充分的研究之后，我越发感到自信，坚信自己崇高的目标能够实现。现在，在这趟旅程行将结束之时，我可以欣喜地下这样一个结论，即富兰克林完完整整的个人历史都能用他自己的语言讲述出来了。

这并不是一项简单的任务。鉴于富兰克林著作的复杂、多样和数量多等特性，本书的编写工作就需要相当出色的判断力，来判断什么应该取什么应该舍。完成他的回忆录远不止单纯搜集和再版他的论文这些工作。他留下了成千上万篇文档，当它们最后被收集起来并出版时，将会超过 50 卷册。我已经完成了的汇编可能只占到他著作总量的 2%。然而这在很大程度上算是一个完整的故事了。一直以来，我觉得我好像在玩一个巨大的拼图游戏，但却并不知道这幅拼图的全貌究竟如何。现在，经历了数月的努力后，我看到了这幅图画……一个微笑着的富兰克林。

在通读了他的诸多论文和主要传记后，我尝试着按照富兰克林的思路去想问题，力图模仿他的抉择过程，正如在他的自传著作中看到的那样。就像富兰克林本人那样，我决定“省去……那些不太可能益

1　卡尔·范·德伦，《本杰明·富兰克林自传》第五章。

于读者的事实和事务……希望这本书能够令人愉悦，使人感到有趣并有益”。[1]

多亏有富兰克林关于他回忆录的详细大纲帮我，就是那份他曾经在写《自传》的时候提到过的大纲。正如他把一些历史事件融入了写作中来凸显哲学或者道德意义一样，我也把富兰克林的许多故事收进了这本书。而且像富兰克林在他自己回忆录中所做的那样，在这里我并未收录他那些已经出版的论文，比如《致富之路》，而是关注他对大事件、名人、思想和工作等方面的个人评论。

在一些情况下，我借助了朋友们关于富兰克林的信件而不是他本人。例如，如果他在 1776 年参与《独立宣言》和 1787 年参与美国制宪会议的大部分文件佚失的话，那将是很不幸的事。很显然他刻意不去记录这些在我们看来非凡的事件，无论是私下里还是公开地，这也让我们错失了很多宝贵的资料，所以我不得不更多地借助一些第三方的资源来了解富兰克林的观点。比如说，富兰克林关于美国独立战争冗长的评论，就来自于一位赴法的特派员阿瑟·李的日记，他曾一整晚和富兰克林共同回忆并讨论一年半中的重大事件以及随后《独立宣言》的签署，后来他将这些对话详情记录在自己的日记中。[2]

有时我发现富兰克林在重要事情上的线索，比如他妻子去世，是在数年之后在给朋友或亲戚的信中隐晦地提出才显露端倪。在上述情况和其他情况下，书中的一个章节可能从几个源头攫取素材，以便按照时间顺序准确、完整地记录富兰克林的生活。总之，这本书为您呈现的是一个完整的富兰克林。

1　本杰明·富兰克林致本杰明·沃恩，1788 年 10 月 24 日。

2　《本杰明·富兰克林论文集》的编者们考虑到这个素材十分的富兰克林式，所以他们把它收录到论文集中。见该书 25:100−102。摘自理查德·亨利·李所著《阿瑟·李的一生》（波士顿：韦尔斯和丽莱，1829），343−346。

一些人琢磨如果只是简单地再版富兰克林的信件和论文，而并非试着用一本单卷书的篇幅写完他的自传会不会更好一些。的确，他的许多知名的信件、期刊和论文在众多版本的《自传》中都是作为附件编入，或者被编成富兰克林丛书。[1]然而这样的丛书大部分已经绝版了，而《自传》仍然再版并在书店出售。依我看，现在倒是有必要出版一本新版的符合现今潮流的回忆录，这样便能更好地记录下那个魅力非凡、睿智的富兰克林博士色彩斑斓、充满争议的晚年生活。

我依照现代英语的用法纠正了素材中许多拼写、语法和句子结构等方面的问题，并且为了保证文章的顺畅而对时态和人称进行了结构方面的改动。当然这些细微的改动绝对不会对富兰克林原文的意思或风格产生任何影响。我偶尔也会清楚地插入一些经过考证的脚注、括号和简短历史总结来帮助读者了解必要的背景。我还在书的末尾附上了按照英文字母先后顺序排列的“人物表”。

“一个以自己先祖为荣的人”

是什么促使我去完成本杰明·富兰克林的回忆录呢？我对我们民族的“祖父”一直怀有浓厚的兴趣。我发现他是开国元勋中最有创造力、最成功、最令人愉悦及最平易近人的一位。他多层面的职业生涯和个人生活充满了无尽的魅力，即使他没有在独立战争中发挥重要作用也已是名满天下了。

1　除卡尔·范·德伦编辑的《本杰明·富兰克林自传》外，参见埃斯蒙德·怀特编辑的《本杰明·富兰克林：人如其文》（波士顿：哈佛大学出版社，1989）；托马斯·弗莱明，《本杰明·富兰克林：自述传记》（纽约：哈珀与罗出版公司，1972）；沃尔特·艾萨克森编辑的《本杰明·富兰克林读本》（纽约：西蒙与舒斯特出版公司，2003）。

我对富兰克林的个人兴趣还要追溯到我母亲的家族的悠久传统，她们是富兰克林女儿萨莉传下来的一支。我母亲的侧脸甚至乍一看还有些富兰克林的模样。多年以来，除了被传我们是私生子之后以外，没有人确切地知道我们与富兰克林家族有这层亲缘关系。直到20世纪70年代末，我决定梳理家谱，并且发现了一份遗嘱，证明了我们是本杰明·富兰克林的外孙路易斯·贝奇一支的直系后代。贝奇的遗嘱中提到，他和一位未婚的女仆有两个“儿子”，其中一个也叫路易斯。这个小路易斯是由父亲抚养大的（让人联想起本杰明和他的私生子威廉），这位就是我的直系祖先。巧合的是，我的职业生涯有一部分也是追随了富兰克林的脚步，我做过出版商、作家、财务顾问、教师、公务人员和世界旅行者。几年前我写过一本书，《本杰明·富兰克林的聪明才智》。有几次我扮成富兰克林的模样，在两位可爱的“法国”女郎的陪同下登上领奖台。不过，每当我想起自己有这么一位大名鼎鼎的开国元勋祖先时，我就会想起《穷人理查德年鉴》中的那句告诫：“越是炫耀自己祖先的人，越是显露出自己的微不足道。”

尽管如此，我认为老祖宗会认为这部作品是非常适合后人胃口的。

本杰明·富兰克林和他的自传

概述

“本杰明·富兰克林也许是他那个年代，或者说在任何一个年代最受爱戴的、最有声望的美国人。”

——H.W. 布兰兹[1]

“本杰明·富兰克林是历史上首屈一指的全才。”

——迈克尔·H. 哈特[2]

本杰明·富兰克林（1706–1790）是18世纪启蒙运动的代表人物，也是当时美国最著名的蜚声海外的发明家、散文家、哲学家、外交家、学者，也是唯一同时签署《独立宣言》《巴黎和约》和《美国联邦宪法》的建国先驱。富兰克林于1706年1月17日诞生于波士顿的一个清教徒家庭，父亲是一位肥皂和蜡烛匠人，育有十子，富兰克林是最小的一个。富兰克林在当地一家印刷所当学徒。17岁那年他来到费城，在那里他以出版年鉴、宣传册和报纸为业并做得风生水起。在40岁出头时，他退出了印刷业，成为了一名有闲绅士，从事各种科学研究和公共事务工作。在接下来的40年间，富兰克林积极投身政治和外交活动，后成为美国首任邮政局长，并作为殖民地的政治和外交代表与英国打交道。他获得过许多荣誉学位，人称“富兰克林博士”。他拒

1 H.W. 布兰兹，《美国第一人：本杰明·富兰克林的岁月》纽约：双日出版社，2000年。

2 迈克尔·H. 哈特，《影响人类历史进程的100名人排行榜》，第二版。纽约：肯辛顿出版公司，1992年，第516–517页。

绝英国议会提出的《印花税法案》，后来成为了大陆会议的主要革命者并签署了《独立宣言》。1776 年秋天，他作为美国的首位大使，出使法国就法美同盟进行谈判，在法国社会成为家喻户晓的人物。法国的支持成为了美国在对英国的独立战争中取得胜利的决定性因素。在和平条约签署后，富兰克林于 1785 年回到国内，在制宪会议上鼓舞到场的代表通过了《美利坚合众国宪法》，他于 1790 年逝世。

撰写他的回忆录

富兰克林在成年后先后四次撰写他那本万众期待的《自传》。他于 1771 年 8 月住在离汉普郡的特怀福德不远的乔纳森·希普利的住所，在两周的时间里他写下了第一部分的全部或大部分内容。那时他 65 岁，是前往英格兰的殖民地代表。这部分回忆录记录了他从 1706 年出生到 1730 年这段时间的情况。他撰写第二部分（包括他的修身十三美德）时是 1784 年在巴黎，当时他是派往法国的大臣，那一年他 78 岁高龄。第三部分撰写（包括 1732 年至 1757 年）于 1788 年，富兰克林时年 82 岁，安居于费城。第四部分只有几页纸的篇幅，主要讨论了他在伦敦当殖民地代表的头几个月的经历，那是在 1789 年 11 月到 1790 年 3 月间，那时他已经是八十三四岁的高龄了。在那之后不久，他就辞世了。他多次增添和修改手稿内容。原始手稿藏于加州圣玛利诺的亨利 · E. 亨廷顿图书馆。

富兰克林《自传》的影响

富兰克林的回忆录被认为是以往所有回忆录中最受欢迎的自传，当然也是传阅最广的。第一部分是写给他儿子威廉的信，或者说是写给他的后世子孙的，他是抱着“也许能满足我儿子及子孙后代的好奇心”[1]的念头来完成这个部分的。但是富兰克林后来发现《自传》的意义不仅是一本家谱式的记录，他把它看作是“对年轻读者有益、以我的例子展现如何从贫穷走向成功，同时收获财富、权力和声望，可以学到如何用正确有利的行为方式来做人和行事，避免不利于我的那些错误”的一本指南。[2]在许多方面，这简直是一本霍雷肖·阿尔杰的小说，描写了一个有才华的年轻人通过“勤勉、节俭、谨慎”一步步从贫穷走向富有，这就是富兰克林的美德三部曲。富兰克林的“达到道德上尽善尽美的果敢与努力的愿景”出现在第二部分，给所有19世纪成长起来的美国青年们留下了深刻的印象。[3]

《自传上册》主要是富兰克林私人生活的一个记录，讲的是追求经济独立、结交并维持友谊，以及推动社会发展这些事。《自传下册》主要讲的是富兰克林政治生涯中大的脉络，介绍他是如何成为一位革命家和国际外交家的。但是像前作一样，这本书也揭示了一个生活中的富兰克林，展现出他在家庭生活和宗教信仰、朋友和敌人、科学与哲学、健康和财富，以及政治和经济等的诸多主题中的聪明才智和烦恼。

---

1 戈登·S. 伍德，《本杰明·富兰克林的美国化》（纽约：企鹅出版社，2004年），第139页。

2 致德·拉罗什富科勋爵的一封信，1788年10月24日。

3 《本杰明·富兰克林自传》，第二版（纽黑文：耶鲁大学出版社，1964年），第148页。富兰克林曾希望写一本名为《美德的艺术》；《自传》是他本人最接近完成的一本书。

目前有十几个版本的原版《自传》在印。《本杰明·富兰克林论文集》的编者们出版了平装的权威版本（耶鲁大学出版社，1964 年）。学者们可能更喜欢《本杰明 · 富兰克林论文集：一脉相承》，由 J.A. 利奥 · 勒梅和 P.M. 卓尔共同编辑（田纳西大学出版社，1981 年）。

自传

1757年—1790年

“生活，是如此戏剧性，人不该活得循规蹈矩。依我看来，生活应当有个漂亮的收尾。在生命的最后一页，我开始寻觅什么是合适的收尾。倘若我的一生犹如一首短诗，其中有些语句曾让人难以容忍，而现在，我渴望这首诗可以以一个亮点收尾。”

——本杰明·富兰克林，1756年7月2日

序言（富兰克林自序）

1789 年

宾夕法尼亚州，费城

诸位，多年以来我一直忙于公共事务，这的确占据了我大半生的时光，而现在，我正努力在生命余下的这一点时间里，去享受能与老友重聚聊天的乐趣，并以此方式来结束我对这一生过往岁月的记录。

我曾被我的一些好友（本杰明·沃恩先生，勒·维拉德先生，费城的詹姆士先生及其他几位）说服，亲自撰写传记给我的后辈。

现在这本回忆录已经记录到了 1757 年，我已 51 岁。我意识到这本传记会对更广泛的青年读者有参考价值：这本传记有力地例证了一位青年在开启事业之初，采取审慎或冒失态度做事的差异。为了节省篇幅以及其他原因，我略去了所有不会对青年读者们带来裨益的事实和事务细节。以我本人为例，给读者们例示了如何白手起家，历尽艰辛取得了某种程度的财富、权力以及声望，例示了我所观察到的某些行为方式的可取性，也例示了某些错误给我带来的伤害。如果一位作者可以合理公正地审视他的作品，我猜想，当他拿起这本作品阅读的时候，一定会发现这个体验是如此令人愉悦，也会是有趣的，有价值的，远远超过刚刚提笔时的预期。下文即将提到的将是更重要的一些事务。

我的病痛使我的写作越发痛苦。就我的身体状况而言，我本该两年前就死了；但是我非常高兴地接受与曾经折磨人的病痛共处的那些岁月，因为正是那些经历，让我清醒地看到了我所拥有的生活。活到现在，我这一生是相当快乐的。如果我有机会再活一次，我一定会欣然接受，我仍会参与曾从事过的一切事务，当然，一些曾犯的错误我会极力避免。

在撰写我这一生的回忆录时，我深深地被病痛困扰，这迫使我不得不借助鸦片来缓解病痛。因此，在病痛和鸦片的双重作用下，我只有一点时间可以真正投入在写作中。我的外孙，本尼，负责誊写我完成的部分，然后转给几位朋友阅读，他们都曾给过非常诚恳的建议，关于是否需要删减或改动。可以说，我非常信任他们所给的建议，因为无论是身体上还是头脑上，我都已经老去，我对我自己的判断力已经失去了信心。

现在，这本对我一生经历的记录是我想留给后人的。现在我即将度过我的84岁，也许我的一生将在这里画下句号。但是无论这之后我是否还在世，我想，如果要留给世界对我这一生的回忆，我希望这回忆是充满尊严、敬意和友爱的，这是我一直以来对这个世界所秉承的态度。

您的挚友

本杰明·富兰克林

编者按

1757 年，51 岁的富兰克林作为代表，被宾夕法尼亚议会委派到伦敦向英王请愿，以期制止领主和总督的不法行为。为了维护宾夕法尼亚州在法印战争爆发背景下的利益，该议会通过了印花税法，向宾州领主征收财产税。然而，宾州的领主们作为宾夕法尼亚的创建者，执意要求享有免交财产税的特权。富兰克林就这一事件去往伦敦请愿。他带了儿子威廉和他的仆人彼得和金一同前往，而夫人黛博拉和女儿萨莉则留在美国。富兰克林自传的撰写在他 1757 年 7 月抵达英国后不久就终止了。后有一段概述，专门记录了富兰克林和宾夕法尼亚议会是如何最终赢得与当地领主之间的这场征税纷争的。然而，在随后的几年中，宾州的领主们用尽了各种拖延战术，抵制征税，使得富兰克林别无他选，只好把这一事件公之于众，通过报纸的报道和与当地显赫家族成员的会面来解决。在他的闲暇时间里，兴趣广泛的富兰克林尤其关注科学和哲学领域，他曾游历整个英伦列岛和欧洲大陆。富兰克林的这段经历始于 1757 年被派往英国伦敦时，止于 1762 年他返回费城。

第一章 初使伦敦

1757 年—1762 年

1757 年 6 月 17 日，我们安全到达英国。来时的路上，我们受到了几艘私掠船的追踪，但是我们的船速度快，甩掉了它们，接下来的 30 天里，我们的航行一切顺利，没有发生任何事故。只在抵达的前一天，由于我们的船没有及时看到岸上的灯光，差一点就在锡利群岛触礁。

听到教堂的钟声，立刻朝着那个方向航行，我们满怀感激，真诚地感谢上帝给我们带来的好运。如果我是个罗马天主教徒，此情此景下，我会发誓要为某位圣人修建一座小教堂。但是我不是，所以如果我真的要发誓，那也应该是修建一座灯塔。6 月 27 日，我和儿子到达伦敦。我们在查令十字街找到了一个落脚的地方，我在这里发现了很多有趣的活动，可以用来打发闲暇时间。的确，在这里我结识了一些有为之人和有识之士，他们对我的关心和友谊给了我莫大的欢乐。但是，在生命的那个时段，家庭的舒适才能给人最大的欢愉，远离家庭的煎熬和对亲人陪伴的渴望，让我即使此时身处欢闹的人群之中，内心也常常发出深深的叹息。

伦敦是个烟雾缭绕的大房子

在伦敦威斯敏斯特区的克雷文大街上，这里的一切都透出上流社会的典雅。我们住的房子有四个带家具的房间，但是不论从哪个方面来看，伦敦的生活成本都很高昂。在伦敦城的这个区里，大多数人都有自己的四轮马车，可是这真是整个城市里最糟糕的东西了，丑陋、肮脏、破破烂烂，衣着整洁的人根本就没办法坐进去，甚至于，坐着它去某个有身份的人家登门拜访，你都不好意思下车。整个城市就是一个烟雾缭绕的大房子，街道就是它的烟筒，空气中弥漫着带海水腥味的煤烟，如果不是在离城数里的乡村，你根本就呼吸不到纯净甜美的空气。

至于说靠烧木材来解决空气糟糕的问题，那更是毫无可能。你所有的邻居和整个城市的人家不可能都烧木材。晚上睡觉时，我得穿着紧身的法兰绒睡衣，不这样，我就无法暖和地入睡。

我无数次希望我的妻子能和我在一起

我发现，我每次出门都会受凉。一场疾病持续了将近八个星期。我得了重感冒，还有点发烧，有时还有点神志昏迷，他们给我在后脑上放血，这个方法似乎缓解了一些病痛。

我通过吃药和输液服用奎宁，由于对自己情况过于乐观我冒着复发的风险外出了两次，一次是去做点生意，另一次是去推进一下已有业务。结果两次又都受凉病倒了。

这段时间，我用各种方式摄入了大量的奎宁，以至于后来我都开始憎恨这种药品。我不敢服用催吐剂，因为担心头脑受损。但是有一天早晨，我开始上吐下泻，而后者更是持续了大半天。我那好心的医生对我大发雷霆，说我完全没有听从他的警告和指导，并且强迫我答应以后不再这样。他对我的照顾仔细而用心，房子的女主人史蒂文森太太也无微不至地照料我，还有比利，跑前跑后，尽心尽力，我的仆人彼得关怀备至，费尽了心血。

然而我仍无数次地希望我的妻子此刻能待在我的身旁，还有我的小萨莉，她的双脚能够出外入内，她的双手能够知我所需。那种出自内心的真爱的确能给病人带来温柔体贴的关怀，这一点上，区别真的很大。

我的朋友斯特拉恩跟我打赌说，只要他给我的妻子写封信，那我的妻子一定会马上到英国来。他以为，凭借他的不烂之舌，肯定会说服我的妻子过来。但是我知道，再大的诱惑也无法让她漂洋过海。

我跟他就这个话题谈论了一晚上，他很希望我能留在伦敦，并且说服我的妻子和萨莉一起搬到这边来住。而且他还提出了几个看起来很合理、很有利的计划。他有个和睦的家庭，斯特拉恩太太是个通情达理的好女人，孩子们也都和善温顺，尤其是小儿子，头脑清醒，而且聪明勤奋，是个有抱负的年轻人。

在谈到环境的时候，我们两个人观点相同。斯特拉恩先生的生意做得很成功，每年的利润，除了供养家庭和支付各种费用，还可以存下一千英镑。但是我向他提出了我不能搬到这里定居的两个原因。一、我对宾夕法尼亚的感情和我在那边的老朋友以及社会关系。二、我妻子对航海极度厌恶。

我的另外一件宝贝：蚕丝毯子

我对我的妻子提到了我的另外一件织物，也就是，一对蚕丝毯子，做得很精致。都是新款式，是私掠船抢来的，价格很便宜，这样的东西以前在英国从来也没见过。大家称它们是毯子，但是我认为它不能算是被子或者床罩，而是类似于夏天盖的薄被。在伦敦期间，有好几个人委托我出售他们的蚕丝毯子，我记得在一场公开售卖会上，这些毯子以比同期售卖的意大利产品高出很多的价钱售出。我坚信，只要有恒心有毅力，这种珍贵的产品一定可以在美洲大陆上生产出来。

1763 年，在从费城到波士顿的路上，我在不同的地点遇到了各种各样的人，在艺术社团的鼓励下，他们正在尝试着生产蚕丝毯。

欺骗与背叛

病情刚愈，我就开始忙碌了起来，但是这一次的事情所花费的精力远超我的预期。佩恩家族、宾夕法尼亚的领主们不断地反映说，对他们的赋税太重，要求能够免除一部分的征税。在他们的土地和财产急切需要保护的情况下，这样的要求对于那些要承担法国—印第安战争负担的人们来说就显得不合理。我坚持要跟这些领主们开个会谈一谈。

托马斯·佩恩说：“我们（宾夕法尼亚州议会）只是由女王授权的一个团体，除了我们得到的授权外，我们没有任何的权利和特权，而在女王的授权中，我们并没有对他们征税的权利。”

我说：“但是，你父亲的章程中明确说过，按照英国生而自由的主旨，宾夕法尼亚的议会享有议会的所有权利，而且这是美洲各个英国殖民地的通行做法。”

他说：“是的，但是如果我父亲授予的这些权利没有经过皇家宪章的许可，就毫无意义。”

我说：“如果你父亲本无权利去授予他人这些权利，可他却在全欧洲假称他得到了这样的授权，那么，那些抱着对这些授权的信任和希望能享有这些权利而来此定居的人们就是受到了你父亲的欺骗和背叛。”

他回答道：“他们自己应该好好看看，皇家宪章又不是秘密。那些听信了我父亲能给予他们这些特权的人们，如果他们认为自己受骗了，那是他们自己的错。”

他带着一种得意的语气傲慢地说到，其神情恰似一个卑鄙的骑师在听到一个刚刚买了马匹的人抱怨自己受到了对方的欺骗。

看到他这样卑鄙的做法，我感到很震惊，那一刻我的心里充满了对他无尽的蔑视，我无法把这种情绪付之以口，但是我想我的表情已经足以表露自己的感受。他的兄弟肯定注意到了，因为他就在旁边看着我。

我向议会汇报说，人们写来请愿书，说他们不喜欢私人政府，期望女王能消除这些私人政府，并把宾夕法尼亚置于她的管辖和保护之下。至于我自己，我现在对和解已经不抱希望，所以我也不指望有领主能支持我。

剑桥之旅

我很希望乡村之游能帮助我保持健康。1758 年夏天，大家都出城下乡了，公共事务也暂时停顿，于是我和比利游览了英格兰的大部分地区。我们去了剑桥，受到了负责人的热情接待，并且寻幽揽胜。我发现这次出游对我的身体和精神都大有益处。

我们出席了所有的毕业典礼，每天在餐厅里就餐，校长、副校长和学院的各级领导对我很尊重，让我的虚荣心得到了很大的满足。

在暖暖夏日冻死人的可能性

在剑桥期间，我在与化学系教授哈德利博士的谈话中提到了我以前反复做过的一个实验。我用普通的白酒不断蘸湿温度计可以使温度计下降五到六度。通过这样的蒸发，可以冷却人的身体。

哈德利博士提议我们用乙醚代替白酒来重新做一次这个实验，因为乙醚的挥发速度更快。于是我们就去了他的房间。他的房间里有乙醚，也有温度计。我们把温度计放进乙醚中，此时乙醚和温度计的温度完全相同，都是华氏 65 度，因为水银柱的高度没有任何变化。但是当温度计被从乙醚中拿出来后，这时沾到温度计上的乙醚开始挥发，温度计的温度降低了好几度。我们用一根羽毛蘸着乙醚抹湿温度计，温度计的温度也在继续下降。我们继续这个操作，一个人抹湿温度计的球，另外一个人用吹气来加速挥发的速度。温度计的温度一直在下降，在我们离开的时候，已经到了华氏 7 度，这已经比冰点要低华氏 25 度了。刚过冰点，水银球上就结起了一层薄冰。

也许这些水是被寒气凝结的空气中的湿气，也许是来自于那根羽毛，在羽毛被浸入乙醚中的时候。也许有些乙醚会进入羽毛内部，从而带出了其中的水分，这些我不敢确定。

冰的厚度不断增加，一直到我们结束实验。这时，水银球上的冰层已经接近四分之一英寸厚，表面上也支起了很多的毛刺。从这个实验中，我们可以看到在一个暖暖的夏日把人冻死的可能性，条件是这人站在一个通风的过道里，身上不停地被用乙醚或比白兰地更易燃的白酒或者普通的葡萄酒抹湿。

通过蒸发来降温——大自然的力量

就是在这几天里，欧洲的哲学家们似乎刚刚知道了大自然的这种通过挥发来冷却身体的力量，而在我们那里，即使一个普通的水手也对这种特性有所了解。

我记得，在我年轻时出海的时候，我曾经注意到有一个水手，在宁静的夜晚，常常把一根手指放进嘴里浸湿，然后在风中举起这根手指。据他说，他这么做的目的是想要发现是否有风和风的方向，如果他发现他手指的一面忽然发凉，那他就预测这个方向将会有风。当时我还嘲笑这种做法是胡思乱想。

1750 年 6 月的一个周日，天气炎热，即使是阴凉处的温度也达到了华氏 100 度，我坐在宾夕法尼亚自己的家里什么也不做，只是读书和写作。身上只穿着一件衬衫和一条亚麻短裤，房屋窗户大开，汗水从我的手背上流淌着，衬衫都湿透了，让我忍不住想要换上一件干燥的衣服。

但是我的身体永远也没有周围的空气和那些无生命的物体那么炽热。在收获时节，我们常常可以看到那些收割者们处在田野里的炎炎烈日之下，他们的身上汗水直淌，为了补充身体流失的汗水，他们频繁地喝着一种淡淡的易挥发的液体——掺水的朗姆酒。这种炽热并没有太妨碍他们的工作，可是如果汗水不再淌出，如果他们不再喝这种液体或者某些人喝的那种掺了蜂蜜和醋的混合物，他们就会倒下，有时候甚至突然死去。这其中的原因是否和上述的这种做法有关呢？

我父亲出生的村庄

我和比利游览了大半个英格兰，还去了我父亲出生的村庄，发现我们有些亲戚仍然居住在那里（托马斯 · 富兰克林住在莱斯特郡，他的女儿萨莉 · 富兰克林后来跟我住到了伦敦）。[1]

我们去了艾克顿，这里是我父亲出生的地方，也是他的父亲、爷爷、祖爷爷和太祖爷爷生活的地方。我们先去看了老房子和旧时的庭院。这块地现在被并入了另外一个农场，老房子也成了一所学校。

这是一所破旧的石头建筑，但是人们仍然叫它是富兰克林家的房子。接着，我们去拜访了教区的牧师，他就住在古老的教堂附近。他热情地招待了我们，并且拿出教堂的登记册给我们看，上面记载着自从有教堂起，200 年来我们祖先的出生日期、结婚日期和葬礼日期。

他的妻子是个和蔼而又健谈的老年妇女，还记得许多有关我们家族的事情。她给我们讲的托马斯 · 富兰克林的故事让我们心情舒畅、乐不可支。托马斯 · 富兰克林在乡村里处理一些不动产转让方面的事务，类似于一个律师，或者乡村法庭的书记员，有时候，也给神父做些记录方面的工作，总之，是乡村事务的领导人物，平时忙于公共事务。

为了在教堂的尖塔上立起一座时钟，他发动大家捐款，并最终完成了这个工作。我们此次就听到了时钟的报时声。为了使村子里的草地不被附近的河水淹没，他找到了一种简单的方法，到现在这个方法还在使用。这个方法刚刚提出来的时候，所有人都无法理解，但是人们说，如果富兰克林说他懂得如何来做，那事情就肯定能做成。各种各样的人就各种问题来寻求富兰克林的建议。人们尊重他，老太太说，有些人就把他看作是当地的统治者。他是在我出生前 4 个月去世的。

1　富兰克林在《自传》中对他的先祖们进行了更详细的描述。

房子里最好的房间用来做慈善

在此地拜访期间，我偶然发现了一本宣传册，叫《只有基督》，是我的一位年老的叔叔赠送给他的女儿简的。因为这个名字和我的姐姐简的名字一样，还因为书中的好建议，所以我把书中的一段诗句转录了下来：

高处而来的光芒

明亮地照耀着你的所在

不要昏厥，坚定地注视着

期待无穷无尽的快乐

逃离邪恶，就像你逃离毒蛇

将信仰和希望提升到三重更高处

拥抱基督对你的无尽的爱

不要停止怀有爱的热望

用语言表达心灵的慈悲

让你的服从真诚

向你的上帝祈祷，对你的上帝赞美

直到他听到才可停止

我承认我对这位虔诚的作者怀有极大的尊敬之情，但请允许我对某些词句有些许评论和批评。信念、希望和慈悲被称为雅各从人间到天堂的三级阶梯。信念是第一层，希望是第二层。我的建议是：不要待在低层的房间里沾沾自喜，要尽快到达阁楼，因为这幢建筑里最好的房间是慈悲。对我来说，我希望它能颠倒过来，上楼梯太累（尤其对胖人来说），而且不仅如此，我还认为信念和希望建立在慈悲的基础上，比慈悲建立在信念和希望上会更牢固。我想诗句如果改成“将信念和希望再提升一层”会更好。因为当你已经登上了两层楼时，如果你将你的建筑再提高三层就是五层楼了，你顶层的房间将会暴露于风雨中，而且我担心基底不能承受它们，除非你用稻草和麦茬之类质地很轻的材料，而那些是不防火的。

还有，作者说“用语言表达心灵的慈悲”，我认为应当用“行动”来代替“语言”。这个世界已经有太多的赞美之词，它们就像每寸土地上生长的杂草，窒息了仁爱的优良植物。我并不假装是第一个将语言和行动比作植物的人；一位古代的诗人早就写过这样的诗句，我们在上学时曾学习并抄写过：

一个人只有话语没有行动，就像一座园子长满了野草。

遗憾的是有些人只重视好听的话语，对好的行为却极少理会；只重视虔诚的演讲而很少理会人性的仁慈的行为。他们把这些道德行为视作毫无价值，道德被称为腐烂的道德，正义被称为破烂不堪的正义和肮脏的破布；当你提起美德，他们就会皱起鼻子像闻到恶臭一样；同时他们急切地去嗅一篇空话连篇的高谈阔论，仿佛它是一束最芬芳的鲜花。因此，他们把古老的美好的诗句颠倒过来，说：

一个人只有行动没有话语，就像一座园子里满是……

我忘记了这句诗是怎么押韵的了，但是记得这个词是“香水”的反义词。

我最喜欢的国家

在我们的旅程中，最令人愉悦的地方就是苏格兰了。那里的人们对我们礼貌、仁慈而又友好，这一切给我们留下了难以忘怀的印象。我们对这个国家的喜爱真是难以用语言表述。总体上，我得说，我认为在那里度过的六个星期是我一生中最为快乐的时光。

那里的人们大多和蔼可亲又头脑睿智，处处给人以启迪，这给我留下了特别愉快的印象，以至于我都不愿意离开。我想，在剩下的日子里，我一定会选择在这里度过。

第二年的 2 月，由于我的发明和有关电的实验，我有幸获得了爱丁堡市的圣安德鲁斯大学的法学博士学位。这是苏格兰最古老的大学。这年夏天，即 1762 年，我还获得了牛津大学的民法学博士学位。

共读社：我喜欢与人交往

回到伦敦后，我了解到，我们共读社的两个成员，史蒂芬·波茨和威廉·帕森斯已经辞世，这令我很伤心。两人都性格耿直。帕森斯是个常办傻事的聪明人；而博茨是个很少办聪明事的聪明人。

如果知足就是一个人幸福的手段，那他们中的一个人拥有了这个手段，却没有享受到幸福，而另外一个人享受了幸福，但是却没有这个手段。帕森斯就是在最富有的时候也总是在烦恼！而波茨即使在贫穷之时，也会放声大笑。看起来，这个世界上的幸福更多是取决于一个人的内心世界而不是外部的因素，而且除了智慧和美德、愚笨和恶习的自然影响之外，在幸福和不幸福之间，人也可以做出自己的选择。

他们是我的老朋友，都有自己的优点和缺点，但是他们都是诚实的人，只要这个世界还存在，这就是世上最伟大的品格之一。他们是我的老熟人，在以往的日子里，和他们在一起我享受到了极大的快乐，失去了他们，我感到伤心和遗憾。就我自己而言，我喜欢跟人在一起，聊天，大笑，喝酒，甚至歌唱。同时，我也怀念往日那严肃的观察和老朋友交谈中的巧言妙语。死亡已经开始在我们几个老朋友中留下缺口，它肯定会一个个地把我们抓走。因此，我总是希望，只要我们还能爬得动，那我们就要时常相聚。失去朋友、失去自己的亲人，这是我们为自己的长寿而付出的税负，只是这份税负太过沉重！

数不清的国民和低效的议员

1759 年 5 月，我特别高兴地获知地产征税的法案即将通过。几个月后，一本有关宾夕法尼亚事务的图书出版。[1]在这本书中，作者写道："这些地产的所有权人是谁？是做什么的？在我们这个省，是那些数不清的国民和低效的议员。在国内，他们确实是绅士，但是他们的绅士地位太过隐秘，以至于在贵族中找不到他们的身影。在法庭上，在政府里，在议会中，也都找不到。"

领主佩恩被惹怒了。不论我在哪里遇到他，他的脸上都带着一种混合了仇恨、愤怒、恐惧和苦恼的表情。他认为是我写了这本书，但是他错了，我根本与此无关。我看过原稿，但是被告知，我不能改动那些我不完全赞同的内容。而且整体来看，我认为，这部作品对英国很有好处，书中对宾夕法尼亚州的情况做了较为详细的介绍，对这里的公共事务做了综合细致的分析，还谈到了我们之间的争议，这对议会和内阁具有长期的参考作用。

因此，我同意为这本书的费用担保，作为对它的出版的鼓励。

1 理查德·杰克逊《宾夕法尼亚宪法和政府的历史回顾》（1759）

改良一种叫“玻璃口琴”的新乐器

在我的主要任务都完成后，我开始兴致勃勃地设计和大幅度完善一种新的乐器，这件事给我和我的朋友们带来了极大的快乐。这种乐器特别适合于演奏意大利音乐，尤其是那些温柔忧伤的乐曲，我把它叫作“玻璃口琴”。

演奏时，演奏者需要坐在一套玻璃的中间，就好像是坐在大键琴的琴键前一样，然后，用脚来转动它们，同时时不时地用一块海绵和清水来润湿玻璃。

有时候，往玻璃上放一小根粉笔会很有作用，粉笔会附在玻璃上，使得玻璃发声更为容易。演奏时，演奏者双手并用，这样不同的部位就可以同时发声。这种乐器的优点是它的声调特别优美，远胜其他乐器，声调的高低可以随意地由手指力度的强弱来控制，而且可以持续任意长的时间。它的音只需要调整一次，以后永不会改变。

我看不到上帝审判的迹象

从 1761 年夏天到 9 月底，我利用公事的间隙和我的儿子一起去荷兰和法兰德斯游览。在法兰德斯期间，我想到了康涅狄格对于星期天的各种严格规定。在那里，如果有人敢在这天出游，那他一定要冒着受惩罚的危险。可是在法兰德斯的日子里，所有人都可以随意地出游，或者用其他方式来放松自己。下午的时候，各种各样的人们都会去往剧院，去看戏、听音乐或者跳舞。我四处寻找上帝的审判，但是看不到任何的迹象。

这座城市修建良好，居民众多，市场里人来人往，人们衣着华美，彬彬有礼。远处田畴千里，牛羊肥壮，栅栏、房屋、门窗都整整齐齐；

根本看不到曾经破败的样子，这不禁让人怀疑，是否神对于他们的冒犯也并不是太过生气。

看过了这两个国家的主要景物之后，我们返回了伦敦，正好看到了新国王的加冕典礼。我的事情都做完了，于是我计划返回宾夕法尼亚。然而，在这里我交到了众多的朋友，在和他们愉悦的交谈中，我获得了如此多的启迪，如今就要离开，我真感到依依难舍。

英帝国未来的辉煌和稳定取决于美洲

就这样，1762年的夏天，我让比利先留在英国，然后我离开了欧洲，踏上了去美洲的路程。我的心中充满了离别的忧伤、对海上航行的担心，还有对未来的希望。

在这座岛上，我与那些新结交的朋友们度过了开心的时光，然而在美洲，我有最亲密的伙伴，他们一定会给我更大更持久的快乐。

我一直认为，英帝国的辉煌和稳定取决于美洲。虽然，像其他的根基一样，这个根基又矮又低，几乎看不见，但是它们宽广而结实，足以支撑起人类至今所建立的最伟大的政治体制。

1762年8月底，我离开英国，和我同行的有十艘商船，我们在一艘叫“战争勇士号”的船只保护下出发了，这艘船可以保护我们免受法国人的袭击。我们一路顺利到了马德拉群岛，这座岛屿是葡萄牙的一处殖民地。当时，由于我们的祖国保护了葡萄牙，使得它免受法国和西班牙的入侵，所以我们受到了盛情的款待。

这是一座富饶的岛屿，岛上地形多变，气候不一，因此出产南北各地的水果——葡萄、苹果、桃子、橘子、柠檬还有芭蕉，等等。

我们在这里备足了新鲜的蔬菜水果和粮食，几天后，我们向南继续前行，后来，我们遇到了信风，接着就随信风向西，一直接近了美洲海岸。天气好了，我们这十多艘船几乎天天登上“战争勇士号”，互相拜访，一起吃饭，时间在欢乐中不知不觉地滑过。这比单独一艘船出行好多了，这样的航行就好像是在一座移动的村庄里，周围都是自己熟悉的邻居。

第二章　返回费城

1762 年—1764 年

平安回家

这次海上航行时间很长，由于要跟着护航的船只，所以我们的速度不能太快，每天都得减速或者停泊等待最慢的那一艘船，这是结伴航行的唯一不便，不过与此相比，我们的安全感却更大了。

终于，离家将近 6 年后，在 11 月的第一天，我安然无恙地回到了家中。妻子和女儿一切安好，女儿已经长成了一个大姑娘，我不在的这些年里，她学到了很多本事。

威廉·史密斯医生曾经对我说，我的朋友数量减少了，现在我很高兴地发现他们都在，而且和以往一样热情爽朗。自从我到家后，朋友们就络绎不绝地来到我的家里祝贺我的归来，在他们这里我感受到了无比的真诚。

美洲的生活费用大幅上升了

我发现宾夕法尼亚的建筑明显增多，居民数量也同样如此。但是在我看来，这里的街道人流量似乎不大，这也许和我在人群熙攘的伦敦住的时间太长有关。我在外的这些年里，这里的生活费用也大幅增长了，大多数物品的价格都翻了 2 倍还多，有些甚至是 3 倍。有些人认为，这是因劳动力的缺乏而导致的劳动力价格上涨之故。但是我认为，劳动力价格、房屋租金以及土地价格等东西的上涨，其中土地的价格在过去 6 年上涨了 3 倍，这很大程度上是由于我们的钱过多了。作为一种交易媒介，钱的数量超出了需要的量，因此它就贬值了。我还发现宾夕法尼亚的各种酒馆数量远超正常所需，而且是臭名昭著。它们聚集成片，沆瀣一气，其中的三分之二不仅完全无用，而且成了社会的害虫。

这种情况完全要归因于前议会所制定的错误政策，总督鼓励无良，提倡失德。议员们向前任总督提交了许多的议案，目的就是要减少这些孕育堕落和放荡行为的温床，但是都没有获得成功。

我被选举进入议会

当我还在海上航行的时候，市民们就在每年一度的选举上一致推选我为他们在议会的代表，我在英国的这几年里，他们一直都是这样做的。他们说，如果不是我悄悄地回来，那他们一定会用 500 匹马来迎接我。

在我逗留英国期间，每年我都被选举出来代表我们市参加上级议会。

我在议会一露面，大家就公认我在英国期间的花费应该是 3 000 镑，并且发言人还表达了对我的工作的感谢。有些人曾经宣扬，我在英国期间生活奢侈，浪费了财政部的大量钱财，但是议会在检查了我的账目，发现我的花费是 2214 英镑 10 先令 7 便士。

第二年的 2 月，我的儿子到了，还带着他新婚的妻子。经过我的同意和认可，在我离开英国之后，他很快就和这个温顺的西部印第安女孩结了婚。如今，他们很幸福。我陪着他去了他任职的新泽西政府，他在这里受到了各阶层人们的热情欢迎。

邮局之行

1763 年春，我动身去北部殖民地检查和督促那里的邮局，因为我们很有必要经常长途跋涉去亲自看看那里的情况，规范有缺陷的地方，并且指导他们做出必要的改进。

我们的一个任务就是要让波士顿和纽约两地之间的邮件投送能日夜兼程，从而加快彼此间的通信。

现在，费城和纽约之间的通信快捷方便，从一地发出的邮件第二天就可以到达，而这样的事情以前要一周时间。这次的行程达到 1 600 英里，我在旅程中度过了这一年的夏天，直到 11 月初才回到家中。

苏格兰音乐的简单之美

回到家后，音乐就成了我们家的新成员，我的女儿萨莉积极地搜集了一些苏格兰乡村音乐作品，她把它们送给了苏格兰的珍妮特·迪克小姐，作为对她送给自己的优美苏格兰歌曲的回报。

萨莉伴着大键琴唱起了这些歌曲，我们都被这些曲子迷住了，赞叹苏格兰乐曲真是世界上最美妙的声音。的确，其中的许多歌曲中包含着一种简单的美，依我看来，它们永远不会消亡，而且在各个时代都会有大量的未受艺术污染的忠实听众。我认为，苏格兰乐曲所以能存在这么长时间，而且可能将永远存在下去，其原因就是它把美妙的旋律巧妙地融合在了一起，或者说，它们的旋律就是一种和声。我的意思是说，用简单的曲调唱出简单的乐曲。这听起来有点矛盾，所以我必须解释一下。

一般说来，只有一串动听的声音才被称为旋律，优美的声音混合起来，才被称为和声。但是，由于人的记忆能够短时保留刚听到的声音，这样它就可以把这个声音与后面的声音比较，对乐曲的优美与否做出判断，因此在刚听到的声音和当下的声音之间，就会出现一种和声，这和同时出现的两个声音一样，会给人带来愉悦感。

古老的苏格兰乐曲的结构就是这样，几乎每一个后续的加重音符都是二分之一拍、五分之一拍或者八度音阶，简单地说吧，都和前面的音符完美融合。乐曲中主要使用的是令人愉悦的三分之一拍。

对黑色人种的高度评价

在家期间，我和教士斯特金先生一起去参观了宾夕法尼亚的黑人学校，并详细了解孩子们的情况。就他们入学的时间而言，他们在阅读方面的进步巨大。大多数孩子都能流利地回答讲义中的问题，而且他们出入有序，尊重老师，乐于服从。在我们临走时，斯特金先生对孩子们做了一番严肃的训勉，孩子们似乎都能专心注意，并深有所感。总体上，我很满意，并且根据我的所见所闻，我对黑色人种的先天能力比以往有了更高的评价。他们的理解力一样的快，他们的记忆力一样的强，他们的可塑性在每一个方面都和白人孩子处于同样的水平。

就在我离开伦敦之前，有一个绅士请求我，让他挑选的一个画师来给我画张像。我同意了，像画得很好。在我回到宾夕法尼亚之后，画师把这幅画像印刷了出来，并且还邮寄了一包到美洲来销售。我买了十多张，寄送给了我在波士顿的朋友，我想，这也算是我对他们的一种拜访方式吧。

这一年的冬天，议会一直忙个不停，议员和总督之间出现了激烈的争执，我完全陷入到了公共事务之中。我们的老发言人艾萨克诺里斯先生长期以来健康不佳。今年冬季开会时，他无法来到议会大厦，于是议会成员就去了他的住所。过了一些天，他写信给议会说，他无法再跟他们一起开会了，请求议会选举我作为新的发言人，大家一致表示同意。

除了担任议员之外，我还有另外一个职责：我们有一支部队对抗印第安人并保护我们的边疆地区，我的职责就是募集公共资金，满足他们的需要。

大家都知道，我和总督不和，他不喜欢我，我不喜欢他。我们两人的脾气完全不同。然而，我仍然把政府视为政府，对总督很尊敬，在各种事务上，向他提出我的最佳建议，并且对他提议的各种事情都乐于服从。

帕克斯顿暴徒和印第安人屠杀案

1763 年 12 月，本省的居民中发生了暴乱，20 个穷苦的印第安人被人谋杀，这些人自从本省有人定居以来就一直跟我们居住在一起，并且受政府的保护。

1763 年 12 月 14 号，星期三，从边疆城镇里来了 47 个人，个个都骑着马，背着火枪，带着匕首和短斧，他们趁夜来到了科内斯托贾庄园，包围了这个印第安人的小村庄，拂晓时分攻入了村内。他们只发现了 3

个男人、2 个妇女和 1 个男孩。这些毫无防备的人们立刻被枪击、刀刺、斧劈而死。所有死者都被剥下了头皮，或者被砍成一团。接着他们的小屋被放火焚烧，庄园内大多数的房屋都被烧毁。

当这个令人震惊的消息传来时，总督发布了一则公告，禁止所有人干扰或者伤害印第安人。虽然有了这份公告，但是那些残忍的人们仍然聚集起来，当他们听说那剩余的 14 个人就待在兰开斯特的济贫院里时，他们直接去了那里，怀着满腔的怒火强行闯入。

当那些可怜的幸存者看到自己手无寸铁、无路可逃又无人保护的时候，他们围到了家人的身旁，孩子们都躲到了父母的怀里。他们双膝跪倒，发誓自己都是无辜者，说他们爱英国，他们这一生从来没有做过对英国有害的事情。然而他们还是被斧劈而死。男人、女人、孩子都被残忍地杀死了。

暴徒们威胁说要杀死更多的人，而且他们的行动似乎得到了越来越多的人们的认可，这时，为加强软弱的政府的控制力我写了一个宣传册，标题是“对最近发生的屠杀案的陈述”，描述了这些暴徒无道残忍的行为。这本册子收到了良好的效果。后来，大批的暴徒带着武器无视政府的命令向着首都进发，并且宣称要处死受政府保护的 140 个已经改变信仰的印第安人，这时，因为我们没有军队，所以，应总督的要求，我组建了一个团体来保护总督和那些印第安人。将近 1 000 名市民主动拿起了武器，总督让我来指挥他们，但是我选择拿起了一支火枪。我带头服从他的命令，树立他的权威。

总督佩恩曾经一度把我的房子作为他的指挥部，对我的建议言听计从，就这样在大约 48 小时内，我成了一个大好人，就好像数年前出现公共危险时那样。

我成了一个普通的战士、一个咨询师，还有点像个独裁者，同时也是跟那些暴徒谈判的大使。暴徒刚一回家，我就什么都不是了。所有这一切都仅仅发生在短短的几个星期之内。面对这些暴徒，我们一方面准备战斗，另一方面晓之以理，他们最终退缩了，城市恢复了平静。结果我成了比以往不受欢迎的人：由于这些事情，我成了许多人的敌人，总督认为这正是个好机会，于是他联合所有的领主，在最后一次选举时，在4 000个选举者中，以25票的“多数票”把我选出了议会。

软弱的私人政府

然而，议会已经对私人政府能够为民服务的想法完全失去了希望。在10月开会时，他们对我在当发言人时所做出的改换政府的决定表示赞同。议会的请愿书如下：

最尊敬的国王陛下：

宾夕法尼亚的自由民的代表们做出下述请求：本省的私人政府把领主的个人利益和公共事务混杂在一起，并参与进了与这些利益有关的争议之中。长期实践证明，这个政府在为您服务方面已经有很多的困难、障碍和不便。上述政府是软弱的政府，它已经无法维护自己的权威，也无法保持本省内部的和平。因此本省内发生了严重的社会骚乱，武装暴徒四起，残忍暴行多发，且未受惩处，这是对政府的侮辱，您的臣民陷入巨大的恐惧之中。由于领主和人们之间有着长期的争议，双方互相戒备和厌恶，因此这种种恶行很可能无法纠正。

因此，我们谦卑地祈求，国王陛下能重组本省政府，尽您的智慧和善意给予领主公平公正的安排，并且允许您忠实的臣民能够享受前几任国王所给予他们的直接关怀和保护。

此请求由议会签署

就我个人而言，我认为私人政府不可能持续很长的时间。因此在议会请我返回英国去递交请愿书时，我同意了。1764 年 11 月，我动身出发，300个朋友送我到16英里以外，在一片祝福声中，我扬帆出海。

返回伦敦

回到美洲后，我对自己说，要跟辉格党人俱乐部的许多有独特思想的先生们保持通信往来，但是离家这么久，有很多事情要做，我发现没时间处理哲学方面的事情。今年夏天，我几乎都是在旅程中度过。我在给斯特拉恩先生和其他人的信中，表达了我在合适的时机搬到英国去的想法，但是我根本说服不了我的妻子，即使是朋友们帮忙劝说也无济于事，她对出海航行有着无法消除的厌恶。

第三章 再往伦敦

1764 年—1775 年

伦敦的老朋友

航行期间，天气恶劣。我常常感叹，幸亏我的宝贝女儿萨莉没有随我出行。30 天后，我们到达朴茨茅斯。紧接着，在寒风之中，我用一天的时间到达了 72 英里外的伦敦，我想，我肯定是在练习陆地飞行啊。但是英国的道路修得很好，有邮递马车，马儿 10–12 小时一换，所以这也不是个难事。我认识的一位女士从爱丁堡到伦敦只用了三天半的时间。

我又一次很高兴地住进了克雷文街，史蒂文森太太不在家，女仆也不知道她去哪里了，所以，我就坐下来等她。当她回家时，看到我坐在她家的客厅里，她惊讶不已。我很高兴地看到，我的老朋友斯特拉恩和他的全家都健康快乐。我的那些住在城内的老朋友们热情地欢迎我的归来，但是许多人还在乡村，因为议会要到 1 月 10 日才开始工作。

在很多方面上帝对我们很仁慈

刚到达伦敦的 10 到 12 天里，我就得了重感冒，这让我特别担心。2 月时，我差不多恢复了，基本不咳嗽了，虽然胳膊还有点疼，但是也快好了，这样我就能自己穿脱衣服了。痛风这个朋友（或者说敌人）也来拜访过我一次，让我被关了将近半个月。到 6 月份时，我的身体完全康复，于是给我亲爱的德比写了一封信，分享我们对健康的感受。我写到："上帝在很多方面对我们很仁慈，因此，就让我们怀着感恩的快乐的心情来感受这份恩情吧。我们无法直接回报于他，无法把我们对这份恩情的感受展示给他。我们只能不断地帮助我们的同类，从不考虑他们对我们的回报，不论这份回报是好是坏。因为大家都是他的子民，虽然他们有时可能是我们的敌人。在这个世界上，友情短暂、易变、无法确定，但是如果上帝肯眷顾我们，那这份恩情就会是我们永远的遗产。"

数字方阵图和魔力圆圈

年轻时，我曾经在闲暇时构思数字方阵图自娱自乐，最终我得以熟练掌握这一技巧。对于一个大小合理的数字方阵，不论每一个行列是平行、竖直还是斜线，我都能飞快地写出一系列的数字，使它们的数值相等。但是我对这些并不满意，我认为这些都太容易。我曾经自己构思过更难的任务，成功地组成了具有其他特性的更为有趣的数字方阵。然而，我并没有终结于此，我还在构思魔力圆圈。这个圆圈由 8 个同心圆、9 条射线组成，其中包括 12 到 75 的一系列数字，每一个圆圈或每一条射线上的数字与中心内的数字 12 相加，结果正好是 360，也就是圆周的度数。而且这个圆圈和数字 8 的方阵的性质完全相同。在克雷文街，与朋友们保持通信的同时，我修订了我曾经构思的魔力圆圈，并取得了一些进展。我用不同颜色的墨水标注出几套互相交织的圆圈，尽可能地让这些圆圈更为醒目。然而，整个图形仍然看起来非常复杂。我怀疑，人的眼睛从这些被圆圈的切线分割开的图形中能否分辨出这些圆圈。

印花税法——不和的开始

我立刻投入到了和美洲有关的各项公共事务，以及宾夕法尼亚议会请求改换政府的工作之中。但是自从议会通过印花税法之后，它的工作就开始不稳定起来，这就妨碍了我的行动。

法律方面的每一个步骤、每一种报纸、广告和年鉴都要被课以重税，这对律师和印刷行业的打击尤其严重。

一开始，我对议会在殖民地募集资金的计划并没有太过警觉。我以为，为了自己的缘故，政府对我们的税赋也会尽力不超过我们的承受能力，因为，他们伤害我们，就是在伤害他们自己。

我们所有的利润都集中到了英国，他们从我们手中拿走的越多，我们可以给予他们的就越少。

印花税法是怎么出台的

说到印花税法的真正来源，情况是这样的：

1763—1764 年冬天的某一天，格伦威尔先生召集了好几个殖民地的代理人，告诉他们，他打算向美洲征印花税，他的设想是由议会在下一次的会议上提议征收，如果各代理人认为有比印花税效果更显著的税种，那大家可以告诉他。

在这个通知到达的时候我还是宾夕法尼亚的议会成员，我们的一致决定是，以前既定的向殖民地要求帮助的常用方法是国王指挥国务大臣给各总督写通函，然后总督把这个通函递交给议会；在议会同意的基础上，他们会根据自己的能力、忠诚度和对国王的热情来拨出适当的款项。对这样的请求，殖民地一直都很大方，国王也完全知道殖民地所拨出的款项比国王所要求的还多很多，所以国王甚至连续五年向国会提议要给殖民地以补偿，国会因此每年给殖民地返还 200 000 英镑。综上所述，由国会向殖民地征税的提议既残忍、又不公平。

很快我就带着这个决定去了伦敦，并在格伦威尔先生向议会递交印花税法之前把它呈交给了他。在众议院（格伦威尔先生在场），我对大家说，我已经这样做了，格伦威尔先生也没有反对。其他的殖民地也做出了类似的决定。如果格伦威尔先生向国王请求由国务大臣下发的是这个信件而不是那个法案，那我敢肯定，殖民地自愿交上来的钱要比他靠这个法案收上来的钱更多。可是他选择了强迫而不是说服，他以为没有这个法案，单单依靠殖民地的自愿，他就收不到这么多的钱。

我们还不如去阻止太阳西落

我尽了我最大的努力来阻止印花税法的通过，没有任何人比我从心底里更反对这个法案。但是形势对我们不利，由于美洲殖民地宣称要独立，此举激怒了所有英国人，各个团体一致同意要靠这个法案来解决这个问题。想要阻止它，那我们还不如去阻止太阳西落，我们做不到。但是就算太阳西落了，我们仍然可以点燃蜡烛。我在“亚伯拉罕的演讲”中写到，勤俭和节约可以保护我们，懒散和骄傲对我们的损害则比国王和议会对我们的税赋还要重；如果我们可以驱除前者，那我们就可以轻松地承受后者。因为，懒散给我们带来了两倍的损失，骄傲给我们带来了三倍的损失，而我们的愚蠢则带来了四倍的损失。

豪尔先生在信中跟我谈到了殖民地由于印花税法而产生的骚乱。在波士顿，主管印花税的官员奥利弗先生的肖像被人套上了绞索。本来是要给印花税局建的房子也被推倒了；人们强烈地抨击那些不关心印花税法的人；许多人听信了他人的说法，认为我参与了印花税法的立法过程，这种说法给我招来了好多敌人。

他报告说，除了我们宾夕法尼亚的报纸以外，美洲大陆上的所有报纸上都满是反对印花税法的激愤文章，他还说，因为他没有登载类似的文章，他受到了强烈的指责，被人咒骂，而且我们的有些客户由于这个原因已经停止订购我们的报纸。我告诉他，他没有在报纸上登载那些文章的作法很谨慎，即使我没有在女王麾下任职，我也不会登载它们。

一个叫汤普森的先生对我的话做出了回应，我摘录了他部分的话寄送给了我的一个朋友，而我的这个朋友把它记录在了《伦敦编年史》之中。其中的几句是这样说的，“在美洲殖民地，自由太阳就算现在没有衰落，它也很快就要如此了，但是我非常担心的不是你们所提到的被点燃的蜡烛，而是黑暗即将来临。”

家乡费城的暴徒

1765 年 11 月，我收到了妻子、女儿萨莉和几位好邻居的来信，他们都提到在费城家乡组织民众抗议印花税法的事情。我对我的妻子在此危险时刻所表现出的精神和勇气以及细致的准备表示赞赏。我在信中对她说道：“有决心去保护自己的家园的女人应该得到一处好房子。”我非常关注殖民地的这些纷争，我担心这次事件总体上会对美洲造成损害。弗吉尼亚州议会的草率令人震惊！我曾经希望，我们宾夕法尼亚州的议会能够审慎温和。我认为，只有这样才能减轻或者去除我们的负担，并且有助于我为废除印花税法所做出的各种努力。

我向妻子和朋友们说，有人说我参与了印花税法的制定，或者给我们的国家招致了其他的负担，我敢保证，再没有比这更错误的说法了。

事实上，我这一辈子从来也没有更费尽辛苦地想要废除它。我会永远记得一个虔诚的长老教会员，是他告诉人们我设计了印花税法，从而导致了人们的疯狂。我得感谢他，他没有控告我策划了亚当的堕落，引起了人类的苦难。

我有以达特茅斯勋爵为首的很多支持者。格兰色姆勋爵和贝斯波勒勋爵向我大力推荐了他，他们说，这个年轻人理解力优秀，性情和蔼。我发现他的确如他们所说。我对他谈到了我的看法，印花税法的实施得不偿失，它会彻底疏远美洲殖民地和英国的感情，因而对英国的经济产生不利影响。

我强烈建议，英国要么和美洲完全联合起来，要么英国政府实行以前的方法。我相信，靠自愿的方法收集的钱款要比靠征税的方法得到的还要多。也许有个别的殖民地有时候会落后，但是在情况好的时候，他们会对以前的缺欠做出弥补，这样总体上说，总数还是差不多。依我看来，派军队和舰队去强制执行印花税法也不会有好结果，只会导致暴力、危险和两国间的厌恶，使局势更加严重，从而为两国间的彻底分裂埋下祸根。我对美洲的事务还发表了很多观点。达特茅斯勋爵都耐心仔细地听着。他礼貌地感谢我的到访，并希望以后能常和我见面。

我坦率地谈了自己的想法

就在大家对印花税法争论不休的时候，1766 年 2 月 13 日，我参加了众议院的全体会议，并坦率地谈了我的看法。我把这次对话的部分叙述附录在了下面。

你的姓名和住址？

富兰克林，宾夕法尼亚。

美洲殖民地的人们在当地的赋税重吗？

当然很重，税种很多。

根据他们的情况，殖民地的人们有能力付印花税吗？

依我看，他们手中的金银不够支付一年的印花税。

你是不是担任美洲邮局的管理工作？

是的，我是北美邮政局的副局长。

依你看，如果没有人反对，通过邮政的方式来向所有居民发行税票的方法可行吗？

邮件只是沿海邮寄，除了个别情况，都不会送往国内。如果这样做，通过邮政寄送税票的方法会导致邮费的上升，很多时候，其费用甚至超过税票本身的价值。

你认为美洲应该受到英国的保护，但是却不必支付保护的费用吗？

这里的人们很多都严重误解了美洲，并且在报纸、宣传单、和演讲中漫骂它，人们说，为了保护它，英国支出了巨额的金钱，但是它却拒绝负担任何的费用。这都是不理智、不公正、不知感激的言行。事实不是这样。殖民地的人们筹集资金，提供衣物，支付金钱，在上次战争期间，将近 25 000 人付出了数百万的费用。

国会没有补偿你们的费用吗？

国会只补偿了我们应该承担的那部分之外的费用，或者说，国会期望从我们这里得到份额之外的费用。和我们所支出的费用相比，这只是很小的一部分。尤其是宾夕法尼亚，支出了 50 万英镑，但是得到的补偿不超过 6 万英镑。这充分证明，殖民地根本不是不愿意承担自己的份额，而且支出的费用还超出了。

如果对印花税法加以折中，你认为美洲的人们会屈服并缴纳印花税吗？

不会，永远不会，除非受到武力强迫。

在 1763 年之前，美洲对大英帝国的看法是什么？

世界上最好的。他们自愿服从王权的管理，心甘情愿地遵守议会的法案。虽然几个省的人数众多，但是政府根本用不着建立城堡、要塞或者军队来管制他们。政府对他们的管理费用只限于几张纸、几支笔。英国像根丝线一样拴着他们。他们对大英帝国不仅是尊重，更有深厚的感情。他们爱它的法律、它的习俗、它的礼仪，甚至是各种的时尚潮流。来自英国本土的人们都特别受人的尊敬，一个英国老人本身就是荣誉和地位的象征。

那他们现在的看法怎么样？

哦，改变了很多。

美洲的人们以前对大英帝国的国会有什么看法？

他们认为国会是保护他们安全的壁垒，是他们崇拜的对象。他们认为，某些专制的官员有时候也许会想压迫他们，但是他们相信国会会纠正这些错误。

他们对国会仍然这么尊敬吗？

不，已经大不如从前。

原因是什么？

原因很多：最近发布的贸易禁令，不让外国的金银进入殖民地；禁止他们自己发行纸币，接着又是要求他们支付新开征的昂贵的印花税；同时取消了陪审审判，并且拒绝接受他们卑微的请愿。

你听说过众议院和参议院在与美洲有关的问题方面的决议吗？包括对那里的人们征税的权力？

是的，我听说过这样的决议。

美洲的人们对这些决议有什么看法？

他们会认为这些决议不合宪法，也不公正。

1763 年之前美洲的人们是否认为国会无权对他们征税？

我从未听说过有任何人反对因管理商业贸易而征税；但是征收国内税的权力不应该在议会，因为议会中没有我们的代表。

如果不废止这个法案，你认为会有什么样的后果？

美洲的人们对这个国家的尊重和感情会完全丧失，另外就是基于这种尊重和感情的所有贸易往来。

但是如果立法部门认为他们有权力征税，并不顾他们的反对征收一个轻一点的税种，他们会屈服并缴税吗？

议会的程序和暴徒的程序是大不相同的，也应该被区分开来，因为两者没有联系。议会只会解决自己权力范围内的事情，对于武装起来的反对派，他们没有采取任何措施。他们没有修建一个城堡、招募一个人员、也没有提供一粒弹药去加以反对。他们认为暴乱的领导者应该受到惩罚。但是对于由立法机关向人们征收的国内税，不管它多么轻，如果立法机关里没有他们的代表，我想他们永远都不会屈服，他们会反对到最后一刻。

他们根本不认为你们有必要靠征税来募集资金，因为他们现在是，以前也一直是，时刻准备着靠自己制定的税种来募集资金，只要国王有要求，他们就会尽自己的所能拿出大笔的钱财。

美洲殖民地以前感到自豪的是什么？

追随大英帝国的时尚，使用大英帝国的商品。

他们现在以什么为荣？

重新穿上自己的衣服，直到自己能制作出新衣服。

我一辈子都没有这么喜欢这样的衣服

1766 年 2 月 22 日，政府对我的检查之后两周，在经过了长时间的争论后，众议院以 275 票对 167 票，决定废止这个祸根——印花税法。听到这个消息，我很高兴。这份荣耀要归于在英国和美洲间做贸易的商人们，他们都是我们热心、坚强的朋友。为了纪念印花税法的废止，我给我的妻子寄去了一件新外套。我告诉她，如果英国和美洲之间的贸易完全终止，那么我会欣慰地想到，我以前从头到脚的羊毛和亚麻衣服都是妻子给我做的，我这一辈子都从没有这么喜欢这样的衣服。如果有必要，她和女儿也许要重操旧业了。

从家人的信中我了解到，这个消息一传到美洲，各地立刻钟鼓齐鸣、篝火四起、焰火绽放、炮声响彻天空。

敌人也有好处

至于在印花税法事件期间对我不利的那些报告，我尽可能不去关注。我经常受到自己全心全力为之服务的人们如此这般的对待。而有些时候，我没什么功劳，人们却大肆地吹捧我。这都是自然规律。有时候阴天、下雨、落冰雹，然后又是万里晴空，艳阳高照。综合看来，这个世界还是个很不错的世界，我们的职责就是怀着感激之心，好好地利用它。

一个人真正的幸福取决于他的自我认识，取决于他是否认识到自己行为和目的的公正性，取决于少数能够做出公正判断的人们的赞许，而不是那些不用脑子、不会思考的大多数人的掌声。这些人今天会高喊“和撒那”，明天又会喊“把他钉死在十字架上”。

我要感谢上帝，让我拥有了比同龄人更强健的身体、力量和活动能力。至于对我的那些辱骂，我把它们和荣耀放在一起。一个人的行为得到了智者和良善者的尊敬，那他同时就会招致愚蠢者和邪恶之辈的妒忌和怨恨。而后者正是前者的明证。好人总是会受到这样的待遇，美德越多，这样的事情就越多。因此，如果一个人从没有过这样的经历，那他就应该感到羞愧。

我们不能因为这个世界上有坏人，就去责备这个世界，他们的数目不大，所造成的伤害也很小，尽管会受到各种打压，但是真正的好人最终都会成功。同时，这样的敌人也会给人带来一些好处，他们以为自己是在伤害对方，但是这样的行为只会使得对方更加坚强，因为当他看到自己面对着这些可能的错误和罪行时，他肯定会对这些东西有更清醒的认识，从而避免犯错。

我想起了我的好朋友怀特 · 菲尔德先生在面对这样的情况时曾经对我说过的话，“我看到了那些针对你的诽谤，当时我在一个很偏僻的省份，不了解事情的真相，但是这些诽谤也给我带来了有关你的好消息，那就是，你对公众仍然有用，因为当我在路上看到孩子们在远处的田野里拉扯树枝的时候，虽然因为离得太远，我无法看到这是棵什么树，但是我敢断定，树上肯定有果子。”

不去索求，不去拒绝，永不辞职

我的敌人不得不依靠在报纸上谩骂我来寻求自我满足。在报纸上互相谩骂和中伤是当时的一种时尚，有时候我自己也会小试一把。他们想着要激怒我，让我从邮政局的位置上辞职，那他们可能不大会成功，因为我缺乏辞职的那种美德。如果他们要占我的位置，那他们只能来抢。我曾经听说过某个伟人对职位的原则：不去索求，不去拒绝，永不辞职。

为了健康，多次出游

在处理印花税法事务期间，我特别地忙，每天从早到晚要给两院的议员们发通知、作解释和咨询，或者争论不休，最后这个事件终于有了个圆满的结局。这之后，我又病了。我以前都是每年出游一次。去年没有出游就对我的身体有损害，结果虽然没有生病，但是从冬天到春天，我一直感觉身体经常疼痛。

后来我的身体一度好起来了，但还是虚弱，于是，夏天的时候，我和朋友约翰·普林格尔爵士就动身去了德国的巴德皮尔蒙特。

为了健康，我在德国游览了很多地方，这是个优美的国家，似乎并不像人们想的那样在上次战争中受到了多大的破坏，虽然在战争中它承受了巨大的人口损失，但各处的田地看起来都得到了充分开垦。

不久我就康复了，这次开心之旅看来真是值得啊。

远离各种使人慵懒、无用的娱乐活动

1766年12月，有人请我推荐我在费城的两个朋友的儿子去爱丁堡学习医学，下面是我写给他们的信件。

致本杰明·拉什和乔纳森·波茨：

年轻人，随这封信寄给你们的有我给在爱丁堡的几个朋友写的信件，如果它们能对你们有所帮助，那我将非常高兴。但是如果你们能勤奋学习，远离各种无用的、颓废的娱乐活动，你将受益良多，因为那些活动很可能会转移你们对学习的兴趣。根据你们信中透露出的个性来看，我认为你们会做出正确的选择的。推荐信对一个陌生人也许会起几天的作用，但是如果要长期居住，你们还是要依赖自己的行动，这才是最重要的。

因此我冒昧建议，在爱丁堡期间，你们做事一定要小心谨慎，持之以恒（这里的人们可是很精明，而且很有观察力），这样你们才能继续发扬你们的优良品性，不要落后于在爱丁堡学习的其他美洲学生。爱丁堡大学汇聚了这个国家好几个学科有史以来最优秀的教授。我特别向你们建议，除了学习医学，你们还应该努力从整体上把握自然哲学。这对你们准确判断疾病和诊疗方法、避免错误具有极大的作用。我所以提到这件事情，是因为我注意到，不论是在英国还是在美洲，许多医生都无法真正地做到这一点。

祝生活愉快，学习有成。

你们的朋友和谦卑的仆人

本杰明·富兰克林

1766年12月20日 伦敦

与长期合作伙伴的合作到期

1748 年，在我 42 岁的时候，我做出了一个正确的决定：把印刷厂交给了我的合伙人大卫·豪尔先生管理，果断地放弃了书籍售卖等业务，这样我就有闲暇来享受生活和与朋友们在一起的时光。1767 年，我与豪尔先生在印刷厂的长期合作关系到期，我的一大收入来源就被切断了。

这样我全家人就要依靠利息和房租来生活，这意味着，我绝对支付不起以前那样的居家和娱乐的费用。

由于我自身的缘故，我经常住在伦敦，不缺舒适的生活，不用招待任何人吃饭，自己一个人每餐一道菜就够了。然而就是这样，我的生活费用也让我大吃一惊。我也看到，在我出外期间，我妻子的花费也很大。

她那边要招待不少来访客人，很多费用不可避免，尤其是当你已经习惯了这样的生活时。但是当人们的收入减少时，如果不能相应地减少支出，那他必然会陷入贫困。

如果我们还年轻，能够重新开始做生意，那情况也许会不一样，但是我担心我们过不了这一关。做不好生意要比没有生意对人的损害更大。简单地说，如果我们能勤俭节约，那我们也许可以维持高雅的生活，并把这一切留给我们的孩子；但是如果做不到这点，我们就将无以为继，这样的生活会像烈日下的黄油一般融化。如果我们的寿命够长，那我们也许会感受到因自己的轻率而招致的悲惨。因此，我不得不把我妻子每月的生活费用限制在30英镑,加上七八间屋子的租金，这也许够维持我在费城的家人的生活了。我认为这样的限制还是很有必要，因为我的妻子在日子好过的时候，对金钱不是太在意，我可不想她四处向我的朋友们借钱。

“无望的”婚姻不仅挺过来了，而且还兴旺繁盛

与此同时，黛博拉通知我说，我们的女儿萨莉跟一个叫理查德 · 贝奇的小伙子订了婚。刚开始，我对这桩婚姻并没有说什么令人愉快的话，我在信中对女婿说，我对女儿的爱和任何父母亲一样，但是我仅有的一点财产恐怕还难以维持我和妻子的生活。我们都快老了，无法像以前那样拼搏，因此我们能给予他们的就很有限。而且，根据贝奇先生的目前的现状看，他挣钱养家的手段并不乐观，所以我认为，她订婚的举动有些仓促和草率。

因此我对此感到不满，他现在不仅一无所有，而且还欠了巨额债务，这会使我女儿陷入困难和压力之中，给她的未来生活带来不幸。但是，一段时间后，他的生意好转，这让我松了口气，于是我向他们送上了美好的祝愿，我对他说，如果他能证明自己是萨莉的好丈夫，是我的好女婿，那他会发现我将是个充满爱心的父亲。很快，他们生了个男孩，本杰明 · 富兰克林 · 贝奇。

看到我外孙本尼的人都说这孩子特别优秀，这让我常常想起我那多年前死去的儿子弗兰克。我很少见到像他这么出色的孩子，一想到他，我就不由得叹息。

任何职业都胜于政府机关的职位

1771 年 12 月，在英国的普勒斯顿市，我在贝奇先生的母亲和姐姐的家里遇到了他，我很喜欢他的言行举止。我们在普勒斯顿住了两天，然后我带他去了伦敦，并把他介绍给了史蒂文森太太和她的女儿波莉。贝奇先生想要在美洲的政府里找个职位，但是，我劝他不要这

样做。我对他说，萨莉不能离开她的母亲，所以我建议他去费城定居下来做生意，这样他就能跟萨莉住在一起。我认为，一个人所熟悉的任何职业都胜于政府机关里的职位。这样的职业能使得他更加独立、更加自由、少受上级的支配。我劝萨莉学些财务知识，开个商店，这样也可以像她妈妈一样，给丈夫出把力。

在我返回之前，我没有要求他们支付房租，这样他们也许会更好地照料我的妻子。她的身体越来越虚弱，有两个孩子陪着，她可以开心点。我祝福他们好运，并送给他们 200 斯特林银币。

从我的姐姐简·梅科姆处，我很高兴地了解到，她在费城来访期间和我的家人们相处得很好。我的父亲是个很睿智的人，他以前常说，生活中最常见的情况就是，好多人相距遥远还能相互爱戴，但是聚到一起时却心生嫌隙，所以，他不赞成去远方探访亲友。因为去了不能住得太短，可分手时双方恐怕已经不再是好朋友。他和他兄弟之间的厌恶就是明证。我现在还记得，在我小的时候，他们分开时，两人是情深义重，但是在一个房子里住上一段时间，就会有误会和争吵。

谋求政府批地

我常常希望，国王能派我去俄亥俄建立个殖民地，我们的效率会很高，而且还不需要国家出太多费用。如果能让许多虔诚而又勤劳的人们去那片富饶的乡村定居，那是多么荣耀的事情啊！这样就可以提升英国的人口数量、领土面积、国力和商业来往，对其他的殖民地是个巨大的保障。如果我们能建立这样一个殖民地，那我们是否有可能向他们引入真正的宗教，让那些野蛮人看看我们这些更好的基督徒，而不是我们国家里那些卑鄙无耻的贸易贩子呢？

为了这样的事业，我愿意献出我的余生。1769 年，我和托马斯·沃波尔、理查德·杰克逊还有其他一些人共同组建了大俄亥俄公司，一起向政府申请了俄亥俄州二百四十万亩的批地，这块土地以后将有临近省份的人们来居住，几年后，这将是工程实施的有力条件，也将是大幅增加我们的财富的好机会，因为花费会很小。我们几个人均有 4 万亩的土地。1770 年，我们的申请数额上升到 2 000 万亩。我们每天高兴地盼望着这个计划能尽快实现，但是我看不到一点进展。我越想越认为，不应该把希望放在这件事上。俄亥俄的事情看起来没个结论，而伦敦的事情也是更难了。

几年后，在 1774 年，有人告诉我说，管理部门里有人认为，由于我负责处理英国和北美洲的事务，这使得我能更方便地得到俄亥俄州的批地。我从来也不认为购买这些土地是政府对我们的照顾，对购买者来说，这也不是一笔划算的买卖。双方之间的协议公平、公开，价格公道。然而，我还是给托马斯写了封信，要求把我的名字从公司名单里划掉，并希望他们的这次冒险能够成功。

最近在议会和殖民地之间发生的一些事

1767 年，一些事件的发生再次触发了两个国家之间的争议，引起了公共事务方面的混乱。在讨论印花税法的那次会议上，同时也通过了一个法案，目的是要解决驻扎在美洲的士兵的住所问题。其中有个条款要求把那些空的房子和谷仓租用下来给士兵居住，其费用由士兵所在的省来负担，并且要免费给他们提供取暖、被褥、饮水和其他用品，但是纽约的议会拒绝了这个要求。这次事件导致了美洲的人们对英帝国的反感和疏远。

在英国，人们普遍有个错误的认识，那就是殖民地是以国会拨付的费用为基础而建立的，因此国会有权对殖民地征税。事实是，殖民地是建立在个人冒险的基础上，这些冒险者得到了国王根据宪章做出的委托，这些地方不是被国外和国会所征服，而是被这些自由的人们所拥有，但是他们自愿接受国王的辖制。

当这些开创者来到这里后，他们从当地人手上购置了土地，没花国王或者议会的一分钱。从此时起到殖民地建立，议会没给过他们任何帮助，没对他们有过任何的关注，也没有给他们的章程提过多少建议。但是在这时的英国，人们谈论最多的就是国会的权力和英国对于殖民地的统治权。

美洲深受大自然的青睐

总体上，我这一生在英国生活了很长时间，在那里也有很多的朋友，当时，我爱它，我希望它繁荣、统一。但是对于美洲，这种统一的优势就不是那么明显。苏格兰和爱尔兰情况不一样，他们的地形受大海的约束，他们几乎无法在人口上、财富上和力量上超过英格兰。

但是美洲有广袤的土地，大自然赐予了它丰富的气候、土地、大江大湖，这里注定会成为一个人口众多的强大国家，用不了太多的时间，它一定会摆脱强加于它的任何枷锁，而且还有可能还之于原来的施加者。同时，每一个压迫性的法案都会磨灭他们的希望，如果这样的法案不被废止，那就会极大地挫伤英国和美洲之间的交往，最终导致他们的反抗。自由的种子已经在各处播下，没有任何东西可以阻止它们的生长。

法国：辉煌与残破的混合

我在伦敦待了太长时间，于是在8月份，我和约翰·普林格尔爵士去了法国。在多佛，我们登上了去加来的客船，一路上，我们受到了船夫、码头工人的各种欺骗，我不知道，英国人和法国人究竟哪个更贪婪，不过后者在欺诈的同时还非常有礼貌。

这里的道路和英国的一样好，有些地方的路面上铺了好几英里长的平滑石头，路两边遍植树木，跟英国新修的大街一样，然而却没有收费站。但是后来有穷苦的农民伤心地向我们抱怨说，他们一年里有两个月的时间要被迫维修道路，可是拿不到任何报酬。这事是真是假，我可真是无法辨别。

巴黎有自然天成的漂亮女人。她们不施口红，这是大家的通行做法，下至舞台上的女演员，上到皇宫里的公主，人人如此，因为王后就不用口红，虽然她已入老年，可她美丽的面容间透露出恬静、从容和慈祥，像阳光照耀，格外灿烂。我这样说王后，好像我看到过她似的，是的，我在朝廷上见过她。

周日，我们去了凡尔赛，很荣幸地见到了国王（路易十五），他很亲切地和我们交谈。他是个英俊的男子，面有生气，看起来比实际年龄要年轻。晚上，我们去了豪华的宫廷宴会厅，这是皇室成员公开吃晚餐的地方。一个宫廷官员带着我们穿过了旁观的人群，安排约翰爵士站在国王和阿德莱德女士之间，安排我站在了王后和维克多利亚女士之间。

国王和约翰爵士相谈甚欢，问了他许多有关英国皇室的问题，另外感到荣幸的是，他也注意到了我。

凡尔赛的建筑和供水系统投入巨大。有人说，其花费超过了8

千万斯特林银币。建筑体量超大，花园的前部壮丽辉煌，建筑材料全都是方石，有大量的大理石和青铜雕塑、人像、水缸，等等，其工艺之精美超乎想象。

但是我们在那里时，供水系统处于失修的状态，简陋的半砖墙，破烂的门窗，比英国达拉姆郡的院落好不到哪里。简而言之，巴黎和凡尔赛就是辉煌与简陋的混合体，有雄伟的建筑，但是缺乏干净和我们所说的整洁。但是我要说句公平话，在两点上，巴黎要超过我们：他们喝的水，虽然来自于江河，但是经过填满沙子的蓄水池的过滤后，洁净得如同泉水一般。

另一个就是街道，虽然没有铺上砖石，但是由于经常清扫，很适合散步。街道上经常可以看到很多衣着整洁的人。由于这个原因，马车和座椅的数量不是很多。无论男女手里都拿着一把伞，以防下雨和日晒。法国人的礼貌给我们留下了深刻的印象，似乎陌生人在这里都受到礼貌的对待，就像女士们在英国一样。

留尼旺港口的海关官员本来要截几瓶我们从布伦带来的好葡萄酒，但是在了解到我们是外来人后，他们立刻就停止了这种做法。在巴黎圣母院，当我们去看已故太子妃的精美画像时，卫兵把拥挤的人群都挡在了外面，但是当管理员知道我们是来自英国的游客后，他立刻放我们进去了，并陪着我们，给我们做细致的讲解。

每天晚上，周日除外，都有戏曲和歌剧演出。虽然天气炎热，剧院里坐满了人，但是气温并没有给大家带来不便，就像我们在冬天里似的。他们肯定有一些我们不了解的调节空气的方法。

旅行可以延长人的生命，至少表面看来如此。我们离开伦敦只有半个月，但是已经经历了这么多事情，看起来好像我们在这个地方生活六个月了。

也许我个人在这里的变化也比在国内六年的变化还要多。你看看我现在的形象，戴着假发、光秃秃的耳朵，有人说，我年轻了 20 岁。在大家都追逐时尚的巴黎，我又快能和我的梦中情人幽会了，我不由得想起了给我留下深刻印象的达利巴尔夫人。

回国途中，我们在加来遇到了暴风雨和逆风，不得不滞留了一周。一想到我也许可以在这段时间里留在巴黎和朋友们享受生活，我就感到痛心。经过这次旅行后，我的身体康复了，安然无恙地回到了伦敦。但是看看眼前的伦敦，想想在巴黎度过的那些日子以及与那些智者们愉快而又启迪智慧的交谈，这一切似乎让人感觉自己是刚从美梦中醒来，不由心生感叹。

我常常希望英国的政府部门能多关注我。我反复地催促他们做出我们所期望的改变，但是进入 1768 年后，英国的情况比我们的好不到哪里，我们就王权政府与私人政府孰优孰劣的争论也减弱下来。老百姓对法律和政府的尊重似乎完全丧失了，一些三流文人不断地煽动他们去践踏权威和维持社会秩序的各项法规。

富人行善的例子数不胜数

在 1768 年 4 月的《男人必读》杂志上，我以梅迪思的笔名发表了一篇文章，想要减轻那些煽动性的文章对劳动人民思想的影响。

我注意到在过去的两年间，报纸上出现了很多文章，猛烈地抨击富人对穷人的无情和压迫，好像英国的富人对穷人毫无同情。我指出，迄今为止英国穷人的情况是全欧洲最好的。除了英国和美洲殖民地，世界上已知的任何国家都没有法律规定强迫富人必须支持穷人，就是在苏格兰和爱尔兰也不是这样，而这个法律不是穷人制定的，立法会的成员们都是有大笔财产的人。

通过这个法案，他们自愿以自己的财产来纳税，以帮助穷人维持生活。我希望他们能从这个慷慨而善意的规定中也获得相应的好处。但是我担心，在一个人年老生病的时候事事给他以支持和帮助，而不是在他年轻和健康时鼓励他勤俭节约，这可能会助长国人的懒散，也就是在鼓励好逸恶劳和浪费，因此也可能会增加贫困。它没有消除贫困。而是导致了乞丐数量的增加，而这本是它打算去除的肌瘤。

为了穷人的利益，英国的富人们自愿缴纳这笔税款，在有些地方，按照其年收入，数额达到每英镑 5–6 先令。另外，他们还在英国的许多地方捐钱建立了众多的学校，并免费教授穷人的孩子们读写，在许多这样的学校里，还给孩子们提供食品和衣物。他们花费巨资建立医院，诊治病人、残疾人、伤者、精神病患者、产妇和被遗弃的儿童。

他们还经常性地捐钱弥补穷人们由于火灾、暴风或者洪水所造成的损失，在穷人们遇到冰冻和供给不足的时候予他们以帮助。对他们的这些善举，我们当然该表示感谢。

也许可以制定法律提高他们的工资，但是……

有些心怀恶意的作者责难说，富人们过着奢华的生活，而穷人们却忍饥挨饿，等等。然而，他们没有考虑到富人们花的是什么钱和穷苦的劳动者们靠劳动得到了什么。富人们不给别人干活，他们的房子、家具、衣物、马车、食物、饰品和他们或者他们的家人所拥有的所有东西都是穷苦的劳动者生产出来的，这些穷人正在也应该因自己的工作得到报酬。在支付报酬的过程中，对私人财产的征税得以实现，因为大多数人都是靠收入过活。

所以，最后，穷苦的劳动者得到了这个国家每年的全部税收。

如果有人说，他们的报酬太低了，我衷心希望可以采取任何措施来提升他们的报酬，直到他们满意为止。如何做到这一点呢？也许可以制定法律来提升他们的报酬，但是如果我们的商品价格太高，它们就无法向国外出售，那这一部分的劳动就会无效，除非通过战争和征服，那样我们就可以强迫其他国家来购买我们的商品。

也许可以通过制定法律来提升他们的报酬，但是我很怀疑这样的做法是否达到目的，除非可以同时实施另外一部法律——这样的法律现在几乎被淘汰了。我是说，许多人耳熟能详，但是事实上却几乎无人认真思考过的法律：你应该劳动六天。这是戒律中积极的一部分。它同时也说，第七天你该休息。但是我们只牢记去遵守宽松的那一部分，而从不去考虑另外一点。周一被我们的劳动者们当成了周日。唯一的区别就是，他们没有用低廉的花费去教堂，而是把大把的钱浪费在了酒馆里。

我的这篇文章和另外一篇关于反对走私的文章一起发表在 11 月份的《记事报》上，财政部长看后很满意。

约翰·威尔克斯和醉酒的疯狂暴徒

议会在开会，但是会议期不会太长，也不会有任何重要的举措。现在的英国，人们讨论和思考的只有选举。整个王国内，到处都是令人诧异的竞选。其中一个党派在好几个地方花费了两三万英镑，无事可做的浪荡鬼四处闲逛，醉酒的暴徒竟然闯进了别人的家中，到处混乱一片。

约翰·威尔克斯在米德尔塞克斯郡选举获胜后，应暴徒们的要求，伦敦有两天晚上彻夜亮灯，第二天夜里更是超过了史上最热闹的场景，就连小小的十字街、街巷、院落和其他偏僻的地方全都是灯光闪耀，主要大街更是彻夜通明，因为暴徒们在午夜两点四处活动，强迫那些熄灭了蜡烛的人家重新点燃。拒绝的人家门窗被毁，造成的损害和蜡烛的花费合计达到 5 万英镑。

这真是一次不寻常的事件。这个威尔克斯本是个被流放在外、一文不值的亡命之徒。他从法国来到英国，成了国王治下的首府的候选人，由于候选申请递交得太晚，还差点错过了选举，可是他竟然在这个城市的选举中获胜了。

暴徒们坐着马车，（大街上响起的各种歌曲刺激着他们）要求他们见到的各个阶层的男人女人高喊“威尔克斯和自由”，他们用粉笔在所有的车厢上写下这样的语句，在每扇门上写下 45 号，去往乡村的路上处处可见这样的场景，一路延伸，直到很远。4 月份我去温彻斯特的时候，看到一直到城外 15 英里，沿途几乎每一扇门上都有这些标记。而且在通往温彻斯特 64 英里的路上，还时不时可以看到。

我在美洲的报纸上遗憾地说道，英国有些轻率的人可能并不知道，45 号是份报纸，而且他们热爱尊重的国王就在这份报纸上受到过人身侮辱和攻击。那些冷静、理智的人竟然如此轻易地受到暴徒的感染，真是令人伤心。

暴徒们高喊“威尔克斯”和“自由”

即使是首都，这个国王的居住地，每天也出现了无法无天的骚乱。暴徒们于中午时分在大街上四处逡巡，如果有谁不愿意高喊“威尔克斯和自由”，那就会被打倒在地。本为正义的法庭也不敢做出对他不利的判决。运煤工人和码头工人拆毁了那些拒绝给他们提高薪水的煤炭商人的房屋；锯木厂的工人拆毁了新建的木厂；水手们卸下了要出海的船只上的帆索，船只上空无一人，商人们不得不同意给他们涨薪；船工们损毁了小船和桥梁，织工们强行闯入工厂，毁坏了织布机上的布匹。

士兵冲着暴徒开枪，杀死了一些男人、妇女和儿童，一时间城市黑云笼罩，人们心生忧愁，担心会爆发全面的暴乱。上帝才知道，会出什么事。这个国家有着有史以来最好的宪法，然而这些人不知感激，反而去糟蹋它，他们只知道奢侈品、放荡、权力、地盘、津贴和掠夺，但是对他们的惩罚很快就会来临。与此同时，政府部门意见不一，面对不断传来的反对声，他们担忧不已，害怕出现什么变化，他们想要随大流，这样就能得到大家的支持。这么些年来，他们几乎没有考虑过国家的利益，更不要说小小的美洲，这个遥远的地方在他们看来更是无关紧要。

皇家法庭没有对威尔克斯的这些行为做出及时的反应。直到后期，有人说，靠威尔克斯的受欢迎度，只要他愿意他就可以进入议会。皇家法庭被激怒了，判决他的行为非法。威尔克斯的朋友们抱怨说，这不是正义的判决，法庭知道这次的判决有问题，但是仍然判决对他长期监禁，应该宣布判决无效。他的大批追随者聚集在监狱门外，卫兵对他们开了枪，据说有 5 到 6 个人被杀死，15 到 16 个人受伤。还有说法称，苏格兰军人参加了这次行动，他们追击一个小伙子，最后在他父亲的家里杀死了他。这些说法激起了人们的愤怒，更大的骚乱似乎在酝酿之中。好几个士兵被囚禁了起来。据说，英格兰士兵很可能同情并加入了暴徒的行列，所以不能靠他们来对抗这些暴徒。

夏天的时候，这种骚乱和无序的状态慢慢地平息了。威尔克斯的非法行为被终止，他被判 22 个月的监禁和 1 000 英镑的罚款，这让他那些担心他会被绞死的朋友感到相当满意。

丹麦国王的好奇心

1768 年，丹麦国王的到访吸引了所有人的注意力。这个年轻的帝王靠他的和蔼和谦逊得到了英国人的喜爱。他对看到的所有东西、为他准备的所有娱乐项目都饶有兴趣。我以前曾经在舞会上见过他，没想过会再次见他。但是 1768 年 10 月初，他的大臣帝德男爵给了我一张措词非常礼貌的请柬，上面说国王很期望能和我相识，国王命令他邀请我于周六在圣詹姆斯一起进餐。我如约前往，得到了国工和蔼的接待。他高兴地说，他早就想见到我并和我交谈。他好奇地问了一些问题，可以看出他的理解力很好。在餐桌上，我被安排在国王的身旁，中间只隔着莫顿勋爵。因为我的法语讲得不好，莫顿勋爵很好心地给我们充当了翻译。

某些权势人物对我们的怨恨

一方面，英国总体上愿意和殖民地友好相处，让我们拥有自己的权利，对殖民地未来的发展也不强加什么安排部署。然而，这种情况并不可靠。有一些权势人物对我们心有怨恨，在谈到我们的时候，他们的言论中就会表露出来。这就妨碍了善良的人们都希望出现的那些补救措施。

新上任的国务大臣希尔斯伯勒勋爵对我提到了农民来信。他说，他已经读过这些信件，写得很好，他相信他能猜出来谁是信的作者。说话的同时，他看着我的脸，好像他认为那个人就是我。他指责信中的说法都是痴心妄想。我对这方面的问题想得越多，看得越多，我就越确定，没有任何中间路线可走。议会有权还是无权为我们制定法律？我认为支持后者的论据要比前者更多、更有力。

希尔斯伯勒勋爵违反常理的无脑式管理

1771 年 1 月，在斯特拉恩先生的热切要求下，我去拜访希尔斯伯勒勋爵。仆人领我进了晨间会客室，勋爵大人就朝我走来。我说我没有什么大事，只是来拜见勋爵先生，并告知他，我已被马萨诸塞州众议院任命为他们的代理人。

但是这位勋爵大人在听我提到这个省的名字时，脸色一变，迅速打断了我的话，开始冷嘲热讽。

富兰克林先生，我必须纠正你的说法，你不是代理人。

为什么，勋爵大人？

你没有得到任命。

我不明白您的话，我的口袋里就装着任命书。

你错了。哈钦森总督给我写了封信，他说他不同意这个法令。

勋爵大人，没有什么法令。这是众议院投票的结果。

众议院无权任命代理人。议会任命的代理人，如果未经总督的同意，我们不认可。

勋爵先生，我不明白，为什么为人民而任命一个代理人非要得到总督的同意？

（脸上带着愤怒和轻蔑的表情）先生，我不会跟你就这个问题争吵，当我开始管理美洲事务的时候，我发现它们混乱无序，就是靠我的强硬手段，它们才有所改变，只要我还有幸坐在这个位置上，我就会继续采取同样的做法。

很抱歉占用您这么多时间。我认为这次任命是否得到认可一点都不重要，因为我根本不认为代理人对目前的殖民地有什么作用。不打扰您了，告退。

在我和国务大臣的这次会晤之后，我听说，希尔斯伯勒勋爵对我最后的几句话大为光火，他说这就是极其粗鲁的谩骂。他信誓旦旦地对我的一个朋友说，这些话就等于在当面告诉他，在他管理期间，殖民地不要指望得到任何公正和好处。我认为他没有理解错我的意思。

类似这样的事情很多，这让我不由得对他的工作能力感到好笑。他狂妄、自负、固执、易怒。我曾经希望他的任期不要太长，这样，我们的事情就不会被他缺乏常理的无脑式管理给弄糟。

分裂的种子已经种下

我不敢说自己有预知的能力，但是，在议会的法案实施后，大家可以清楚地看到美洲殖民地人们的做法，分裂的种子已经种下。1771年，我给马萨诸塞州众议院的通讯委员会写下了下述文字：

首先，很显然，英国现在能做的就是任命一些贫困的人来美洲担任官员，因为其他人都不愿意离开英国。第二，他们的状况必然导致他们的贪婪、自大和张狂，而这些行为则会使得他们受人憎恨；在他们知道自己受人憎恨后，他们就会心怀怨恨，这种怨恨会使得他们在给国内的信件中不断地谩骂美洲的居民，要么把他们描述为心有不满、桀骜不驯的强徒，要么是软弱、分裂、驯顺的懦夫（目的是鼓励政府使用更严厉的措施）。政府对此尽信不疑，认为一定要赞同和支持自己的官员，官员跟殖民地人民的争吵被认为是忠诚的结果，因此得到了政府的高度奖励，这就使得官员的行为变本加厉。

在遇到特定事件的时候，人民心中的这种憎恨就会如火山般喷发出来，发展成对这些官员的暴力，这样的行为自然会招致更为严厉的压迫。人民越是感到不满，政府就越要采取高压手段，以严厉的惩罚恐吓他们，各项权利和优惠都被取消，政府开始以武力保证其手段的实施，因此产生了巨额的费用。接下来，政府就会认为它应该出台各种税项来迫使人们支付这些费用。结果，英国和英国政府在人们的眼中就会更加可憎，人们就不愿再服从它的管制，战争就会爆发。结果要么是美洲成为英国的奴隶，要么是美洲变得强大，版图得以扩充。

但是不管出现哪一种情况，整个英帝国肯定会遭受重创。我只能希望，大家能以最大的耐心和审慎来控制自己的行为，这致命的时刻能晚些来临。万一这场灾难真的发生，在世人看来，错的不是我们。历史表明，一旦出现这些事情，伟大的帝国就会一蹶不振。最近发生的这些糟糕的事件表明，我们正在陷入这种境况，如果双方不能以超绝的智慧和审慎来处理目前的局面，那我们很可能会陷入同一种结局。

访问英格兰北部：他们的工作特别艰苦

圣诞假期间，坦普尔离校回国了。他的进步很大，他活泼开朗、通情达理、有男子汉风范，跟他的朋友们相处得很好。我内心一直在纠结，不知自己是否该继续待在伦敦。我想念家乡。今年我 67 岁了，在我这个年龄，我开始担心自己会患上什么老年病，那我可就回不去了。现在，死亡已经不是太遥远的事情，我还有些重要的事情没做。离开心爱的国家已经这么久了，的确，在英国我有许多好朋友，如果不是我在美洲的家人和我对那个国家的深厚情感，我可以跟他们在这里快乐地度过我的余生。

英国 1771 年的冬天严酷、漫长而又无味。已是 4 月末，然而却看不到春天的丝毫迹象，青草不见，花蕾不出。喂牲畜的胡萝卜都被寒霜给冻坏了，大多数地方的干草也吃光了，由于缺乏食物，牲畜们面临着死亡。由于寒冷和缺乏营养，羊羔大量地死去。5 月，我和朋友们利用半个月的时间去了曼彻斯特、谢菲尔德、利兹和伯明翰，回来的时候正赶上去宫廷参加国王的生日。这次旅行对我的健康很有益，新鲜的空气和锻炼让我精神大振。在曼彻斯特，我们参观了一所为穷人孩子开设的学校，学校里的藏书丰富的旧图书馆让我们羡慕不已。

然后，我们登上了一艘马拉的豪华小船，沿着布里奇沃特的运河一直到达了末端的一座煤矿。通往工作面的最初一千码都位于地下。我们注意到，工作面空间狭窄，挖出来的煤炭被装进了一艘装载量为 40 吨的运河船上，然后由马把它拉到曼彻斯特。在那里经过山下的一座隧洞进了一个大洞，然后上到地表，再由一个用水驱动的吊车把煤炭卸掉。

第二天早上，我们离开曼彻斯特，晚上抵达利兹。我们参观了利兹的布料场馆，这里的每一个商户都有一个货摊，在交易日的时候可以在此售卖货物。由于美洲的需求旺盛，货物的价格每码上升了 6 便士，因此场馆里几乎是空空荡荡。接下来，我们拜访了约瑟夫·普利斯特列。他做了些电气方面的实验，并给我们展示了不同空气的不同特性。第二天，我们到达谢菲尔德，去参观了一家制作镀银铜器的工厂，下午我们在附近的罗瑟勒姆看了几家钢铁厂，观看了马口铁的制作过程，还看到他们熔化铁矿石，然后浇注成铁锅。这些方法和美洲的做法都相同。工人们的工资是每天 14 便士，他们的工作特别艰苦，在这炎热的夏天，肯定很不舒服。

第二天我们来到了伯明翰，上午，我们参观了马修·博尔顿的钢铁厂，这里有 70 名工人。工厂的产品种类特别多，低至几个法新的纽扣，上到价值数百基尼的饰品。我们匆匆看了看他的产品，但是停留的时间太短，就是记忆力最好的人也记不住多少。纽扣的生产有 5 个环节，每一个都在一秒钟内完成。他也生产电镀件，像表链和各种五金，生产的方法相同，大部分的工作由机器来完成，操作者都是妇女和儿童。

回忆我的生活

1771 年 5 月，我去了城外雷夫·西普利的家，他是圣雅瑟夫教堂的主教，我和他的家人们愉快地度过了几天的时间。返城后，在无可奈何下呼吸着伦敦的浓烟时，我真后悔离开特怀福德那清新的空气。我暗下决心，等退休后，一定要回到那里享福。8 月，在汉普郡一位朋友的家里，我连续休息了三周，在这段时间里，我开始写我的生活回忆。主教夫人知道我有几个孩子、几个孙子，还知道他们的年龄，等等。所以在我打算返回伦敦的时候，她坚持要我再多住一天，好能和我一起给孙子过生日。

晚饭时，六个孩子都在场，另外还有个教士的寡妇，已经 100 多岁。除了其他好吃的东西，还有个浮岛，这是他们家在给孩子们过生日时一定要吃的东西。那天大家祝福的对象是本杰明·贝奇，主教夫人说，“祝愿他和他的外祖父一样出色。”我说我希望他能更好。

我妻子从美洲给主教家寄来了一只漂亮的大灰色松鼠，这成了一家人的最爱，他们都叫它毛绒。不幸的是，一年后，它从笼子里跑了出来，去离家 3 里远的一片空地上散步，结果遇到了一个带狗的男人。狗追赶它，松鼠就逃到这人的身边求救，它爬到了这人的肩膀上。按照后来这个男人的说法，他以为它是个淘气鬼，于是把它抖落下来，并让狗扑它。就这样，可怜的毛绒死了，被埋在了花园里。

我和西普利家的孩子们一起为松鼠的逝去哀悼，并且给它写了下述的铭文（我们知道斯科格是英国人对松鼠的普遍称呼，就像猫都被叫作猫咪一样）。

斯科格在这里

盖着小毛毯

无忧无虑

很舒服

爱尔兰和苏格兰的悲惨境况

我动身前往爱尔兰，在那里杰克逊和我受邀与希尔斯伯勒先生共餐。他对我的态度特别友好，不久前他还对斯特拉恩先生咒骂我是个惹事精、总是害人、还是个共和党人、不愿为国王效力，等等。他为我的健康干杯，非常礼貌。我不知道该怎么解释他的行为，也许他预见到了自己对美洲的做法会导致一场风暴的来临，因此愿意提前软化一下他的态度。最终，希尔斯伯勒伯爵，这个被所有同僚讨厌的人辞了职。1772 年，达特茅斯勋爵接替了他的职位，这让美洲的那些朋友们感到非常满意。

在爱尔兰，我与爱国者们做了大量的交谈，对我们讨论的问题，他们都站在美洲一边。在这个不幸的国家里，底层的人被禁止从事工商业，他们的境况特别悲惨。他们的住房就是泥巴和干草搭建成的小棚子，人人衣衫褴褛，除了土豆，几乎没有别的食物。

在苏格兰，我和克姆斯勋爵、布莱尔·德拉蒙德在斯特林附近一起度过了 5 天，其中 2–3 天在格拉斯哥，2 天在卡伦钢铁厂，这个月的其他时间我都是在爱丁堡，住在大卫·休谟的家里，不论是克姆斯勋爵还是大卫·休谟都热情好客，对我关心备至。

在美洲的快乐时光

苏格兰的情况看起来比爱尔兰要好些，然而这里一半的人们除了去教堂的时候，其他时候都不穿鞋和袜子。在这两个国家里，少部分人是地主、大贵族和乡绅，他们特别富裕，生活奢华；大部分人是佃农，特别穷，过着悲惨的生活。在英格兰的大部分地区，穷苦劳动者的衣食住房也非常差。我常常会想到新英格兰，在那里人人都有土地，拥有对公共事务的投票权，他们的住房温暖整洁，拥有充足的食物和燃料，从头到脚衣裤完整，有些人也许还有自己的工厂。希望他们的状况能够永远保持下去！

如果我从没有在美洲殖民地住过，仅仅依靠我在爱尔兰和苏格兰的所见来对文明社会做出判断，那我永远也不会建议一个野蛮人的国家不步入文明社会。拿美洲的财产和舒适的生活与这些人相比，那所有的美洲印第安人都算得上是乡绅。在那些处于蛮荒状态的受压迫的人们看来，他们中有些人也许可以晋升到这样的文明社会中。总体上说，欧洲所有国家的生活都没有美洲那么舒适和幸福，也许荷兰除外，另外我没有去过德国的部分地区和瑞士，那里的生活也许和荷兰一样的富足。

我创立的关于感冒的理论：我常常不穿衣服坐在房间里

跟杰克逊先生在爱尔兰和苏格兰一起游览了几个月后，我又回到了伦敦。冬天里一直在忙着做事，我的身体似乎需要每年一次的新鲜空气和锻炼，好多年了，这样的做法屡试不爽。从长期的观察中，我发现，群体性感冒——现在叫流感——很可能通过接触感染，同时也可以通过某种特定的空气传染，另外在封闭的小房间里、马车里等地方，当人们坐在一起谈话时，他们会呼进对方的气息，这样也会得感冒，导致身体不适。

我还认为，在长期不使用的被褥、衣服和书籍中存在着来自于动物身上的不洁腐败物或者人体分泌物，在人们铺盖、穿着或者翻动这些物体的时候，它们就会感染我们，引起感冒，这些症状并非是由潮气和寒冷而引发。

依我看来，在过去的 100 年来，由于这些原因，更是由于长期生活繁忙、缺乏锻炼导致了英国人所说的感冒。

在严寒的冬天旅行时，我有时候会遇到几乎能把人冻僵的低温，但是这并没有导致感冒。说到潮湿，曾经有半个月的时间，我每天晚上都要到河里游泳两三个小时，别人以为我也许会吸入湿气，导致感冒，但是并没有出现这样的结果。男孩子们从不会由于游泳而感冒。

伦敦一直流行冷水浴，但是对我而言冷水的刺激太过猛烈，我发现冷空气浴对我倒是挺合适。按照这个方法，我几乎每天早晨都会早起，身上什么也不穿，根据不同的季节拿出半个到一个小时读书写作。这种做法一点都不痛苦，相反，它令人很舒服，有时候，我会躺回床上，睡上一两个小时，享受个甜甜美美的回笼觉。

我没有发现这样的做法有什么坏结果，就算它对健康帮助不大，但是至少没有损害健康。我想劝告大家不要害怕新鲜空气，它是我们真正的朋友，大家要警惕的是那些狡猾的敌人——忙碌的生活和懒散，如果能这样，那我们也许会更快乐、更健康。

最重要的是预防疾病，因为靠医学来医治有很大的不确定性。至于锻炼的形式，我认为这要依据个人情况，由身体产生的热量来判断，而不是靠时间和距离。

我注意到，如果某天早晨我坐进马车的时候，感觉身上发冷，那我坐一整天也不会感觉热；如果我骑马的时候，感觉脚冷，那我骑上几个小时，脚就会暖和起来；但是不管身体感觉多冷，只要快速走上一个小时，由于血液的快速循环，我们也会从头到脚浑身散发出热力。

我举这些例子是要说明，骑马走一英里要比坐车走五英里的锻炼量更大，走路一英里要比骑马五英里的锻炼量更大，我还可以说，上下台阶一英里要比走平路五英里的锻炼量更大。如果天气不适合外出，那么可以采用后两种锻炼方式，在室内来做。如果时间紧张，那可以采用最后一种方式，因为它可以在几分钟内进行大量的锻炼。哑铃是另外一种适合室内锻炼的方式，我曾经依靠摆动哑铃，在一分钟内把我的脉搏从 60 下提高到 100 下。

冬天里，我几乎不在家吃饭

我在伦敦的情况非常好，尤其是换了新的国务大臣后，尴尬事少多了，好多人都想邀请我，我冬天里几乎没在家吃过饭。如果我愿意，整个夏天也完全可以住在邀请我的朋友们的乡村宅院里。来到英国的那些博学睿智的外国人几乎都特别想拜访我，因为我在国外的名声比在英国还要大。有几个外国大使还不辞辛苦找我的朋友们帮助要见我，他们像侍弄自己的庄稼一样精心地招待我。我知道，他们这样做的一部分原因是想时不时地从我这里听到一些有关美洲事务方面的消息，这是他们回国汇报的重要内容。这些国家现在开始希望，英国的强大国力能够由于自己殖民地的分裂而被削弱。

听说，法国国王也特别尊敬地提到了我的名字。我收到了来自巴黎的一封信，告知我，我被选举为皇家学院的外国成员。在整个欧洲，只有 8 个这样的外国成员，其他那几个都是科学领域的顶尖人物。这是对我的谬赞，但是我的内心有时会突然出现对家乡的渴望，我无法抑制这种情感，只能在心里默默地说，明年春天或者秋天，我一定回去。

在国内我还有些重要的事情要去解决，考虑到我在两地的花费，我认为我的薪水几乎无法补偿这种种不便。然而，政府出现了人事变动，暂时平静了下来，这使得我只能再待一个冬天。

没有债务就没有危险

1772 年，我很幸运，没有受到经济崩溃的影响。我存钱的两家银行，布朗科林银行和史密斯格雷银行都安然无恙，欠我钱的人都把钱存在了这两家银行，所以其他银行的倒闭对我没有造成损失。我自己也没有债务，我的银行信用就不会受到任何影响。如老话所说，没有债务，就没有危险。但是我曾经为一个朋友在银行的 5 000 英镑贷款做过担保，这也让我受了点损失。

保护建筑免受雷击

英国皇家协会的科学报告发表了，其中有保护大楼免受雷击的方式。报告写到，在大楼上捆绑带尖的导体可以防止雷击，这种做法在美洲已经使用了近 20 年，目前已经普遍流行开来，在主要城市的每条街道上的私人住宅、教堂、公共建筑上都可以看到。雷暴在美洲出现的次数远多于欧洲，自使用这种防护方法后，还没有房屋被雷击的情况发生，因为导体吸收了雷电，把它安全地导入了地下。这样真实的例子已经出现过 5 次。在英国，这种做法进展迟缓，因为这里的人们受雷击的情况很少，所以人们当然对它带来的危险感受不深。

1772 年末，我搬进了位于克雷文街的新房子里，但是整理和搬运我的文章、图书和其他东西就是一件很麻烦的事情。自从我返回英国后，积攒了这么多的书，这让我很是惊讶。我来的时候一本书也没带，然而现在却有了满满一屋子的书，许多书是从德国、荷兰和法国搜集过来的，其中包含的知识也许对以后的美洲有用。

在英国，我的书《实验和观察》印刷了第五版，新翻译的法语版在巴黎也出版了。在法语版的封面上，他们加了我的一张画像，虽然这是通过管家弄来的复制品，但是却有着法国式的外表，看到的人也许会以为我是来自于那个活泼的国家。

使水面平稳的一个实验

在我年轻的时候，曾经读过一篇报道，里面说，海员们在遇到暴风雨时，会往海水里倒油，这种做法可以使水面平稳。对此我一笑置之。后来，我在克拉珀姆的时候，看到那里有个大池塘，有一天我看到那里的风很大。于是我取来一瓶油，滴了一滴到水上。我看到油以令人惊讶的速度迅速地在水面上扩展开来，但是没有看到平稳水面的现象。因为我这次是在池塘的背风面，浪很大，风把油都给吹回到了岸上。

所以，我就去了上风面，这次看到了效果。虽然放入的油不超过一茶匙，但是水面立刻平稳下来，面积达到好几平方码，这片油飞速地扩展开，一直到了背风面，使得这部分的池塘——大概有半亩，跟镜子一样平稳。在这之后，每当我去农村的时候，我都会在我的竹子手杖的上半部空心部分带一点油，只要有机会，我就重复这个实验，我发现每次都能成功。

所有的生活计划都被彻底打乱了

我祖父托马斯的后代中只有两个人依然留在英国，他们保留了富兰克林这个名字：托马斯，是个鳏夫，在赖斯特郡的工厂里做染色工，他有个孩子叫萨莉。萨莉·富兰克林跟我一起在克雷文街住了 6 年，后来嫁给了一个农民的儿子。我非常想念她，因为她腿脚快，愿意侍奉我、给我跑腿。这几年里，她一直是我的好帮手，所以我没有找男仆。

史蒂文森太太的女儿波莉嫁给了一个富裕的年轻人，名字叫休森。他们生了两个男孩和一个女孩。这几个孩子和我住在一条街上，最大的孩子有时候会来我这里给他的教父讲述他看到的小故事。他天真的话语使我不由得想要回家看看我自己的孙子，但是，唉，我发现自己又在外面待了一个冬天。

1774 年休森太太一家得了天花，最大的孩子病情很严重，小儿子接种过，病情较轻，不过后来都痊愈了。但是休森先生得了伤寒，最好的医生也束手无策，结果他忽然就死了，这真是这家人的巨大损失。他是个优秀的人，心灵手巧、勤勉努力、乐于助人，认识他的人都喜欢他。他的生意初上轨道，正是前途光明时，养活一家人完全没有问题。他们是一对幸福的夫妻，但是如今所有的生活计划都被彻底打乱了。

如果这不是你写的美国式笑话，那我愿意被绞死

1773 年，我在英国写了两篇关于美洲事务的文章，目的是想要用简洁有力又通俗易懂的方式来揭露英国对殖民地的做法，以引起公众的注意力。第一篇的题目是《大帝国衰落成小帝国的法则》，第二篇的题目是《普鲁士国王的诏书》。

我自己更喜欢第一篇，但是我发现其他人大都喜欢第二篇。除了

一两个朋友，没人想到作者是我。人们盛赞第二篇是很久以来出现的最犀利、最深刻的文章。更让人注意的是，许多人都被这篇文章深深地吸引了，他们把文中的诏书当成了真实的事情。我想人们之所以犯这个错误肯定和普鲁士国王的性格有关。当时我正在勒·德斯潘瑟勋爵的家里做客，保罗·怀特海德先生也在那里。他每天都要浏览所有的报纸，然后告诉大家那些他认为精彩的消息。

当时他在另外一个房间，我们坐在餐厅里聊天，这时他忽然气喘吁吁地跑了进来，挥动着手里的报纸说："看啊，你们来看这个消息，普鲁士国王宣布他对英国有所有权。"大家都瞪大了双眼，我也一样，看着他继续往下读。当他读了两到三段的时候，有个人说道，"他妈的，脸皮真厚。我敢说，他接下来就会说，他已经率领十万人出发了。"怀特海德脑子很机灵，他很快就嗅出了不同的味道，他盯着我的脸，说："如果这不是你写的美国式玩笑，那我愿意被绞死。"所有人哄然大笑，大家一致认为这篇文章写得真不错，勒·德斯潘瑟勋爵当即把它剪贴下来作为收藏。

由哈钦森信件引发的事件

从青年时起，我就或多或少地投身于公共事务之中，因此常常因我的这个身份而受到他人的责难，对此，我一般都淡然以对。我认为，如果这些指责说得对，那我就没必要为自己分辩。如果说得不对，冤枉了我，那时间会证明一切。老百姓有句俗话，如果有人把泥点溅到了我的衣服上，那我不会动它，等它干了以后，一碰就掉。

既往的经历表明我的这种做法很合适，因为虽然由于党派利益的缘故，我经常会受到——有时甚至是——恶毒的攻击，但是到老的时候，我可以自豪地说，我像许多公共人物一样，留下了公正的名声，我从来都没有对自己不做辩解的行为感到后悔。如果不是我的朋友们督促我要让公众了解事实，那我就根本不会理睬副司法部长和哈钦森对我的恶言谩骂。

下面给大家谈谈背景：我一直都认为，英国真正的政治家是那些以整个英帝国利益为重的人，而不是那些为了寻求自己的利益而牺牲他人利益的人。结果，母国获得了利益，殖民地却受到了损失；殖民地有了收获，却给英国造成了损失；母国的力量减小了，殖民地的自由多了；殖民地的特权少了，可是英国的利益增加了。

帝国的强大、巩固和持久靠的是两者间的团结，而不当、片面、有害、不公正的做法会造成纠纷，对团结不利。对于这样的措施，不论它是出自英国还是美洲，我都要利用自己的这一点点权力尽力反对。因此情况常常就是，虽然在英国我被大家认为过分倾向于美洲，但是在美洲，却被认为过分偏向英国。

不是每一次冒犯都需要决斗

同时，我坚决反对专治和擅权，我当然渴望我的国家能获得自由和权利，对这些珍贵权利的任何一丁点侵犯，都会使我怒发冲冠。作为殖民地的代理人，为了维护这个原则，我反对印花税法，并努力使它被废除。它侵犯了殖民地的权利，而且对英国也没有真正的好处，因为殖民地自愿拿出的款项也肯定多于这种强制税收的所得。而且，殖民地和英国的贸易靠的就是殖民地人民对英国的尊重和感情，失去了它，两地之间的和谐关系就会受损，英国在贸易方面的损失可能要大于征税获得的收益。

为了维护人们对国王和英国的尊重，我在各种场合和给美洲的信件中，不辞辛苦地推介各种措施，这些措施既不是皇室的命令，也不是议会的法案，它们只是一些行政方面的管理方法，我希望它们能有助于财政改革和税收，有助于在人们的内心重新建立起对英国的依附感。我认为国王亲切和蔼，是个好人，英国的人民是我们真正的朋友，美洲的人们热爱英国，关注着它的利益和荣耀，根本没有分裂之心。

我相信，只要我们的力量强大、行事审慎，我们就可以做到这一点；莽撞的斗争会使得我们遭受重创，长期衰落。在朋友之间，不是每一次的冒犯都需要决斗去洗刷耻辱；在国家之间，不是每一次的伤害都需要用战争来解决；在政府和臣民之间，政府犯的每一个错误、对臣民权利的每一次侵犯，也不是都值得臣民的反叛。

哈钦森："必须限制英国式自由"

1773 年，我反对茶税法，但是这个税法还是通过了。茶叶在波士顿被烧。国会被激怒了，于是关闭了港口，通过各种法案剥夺了他们的特权，还禁止捕鱼，等等，并且还向那里派驻了军队，这些行为让我寝食难安，因为我明白这会带来最坏的结果——两国间的裂痕。结果后来，令我特别惊讶的是，我的一位正直的朋友以确定的语气对我说，我们所抱怨的这种种不公平措施不是出自英国政府之手，而是我们美洲人当中的某些最受人尊重的人建议和提出的。

我一时间无法接受这种可能，他就试图说服我，他希望能通过我来说服我的国人。于是几天后，他拜访了我，并带来了这些信件，信的作者是哈钦森总督、国务大臣奥利弗和其他一些人，自此以后，这些信件就成了公众热议的中心话题。其中哈钦森总督的信中说道，美洲的这次危机需要"限制英国式的自由"。我把信的原件寄送给了我在美洲的通讯员，由于担心大家知道我是寄信人，我反复强调，一定要对此保密，并叮嘱他不得印刷这些信件。我写道："我必须说明，务必要万分小心，不得让大家知道，以防给民众的暴力提供借口，以至于威压更盛。”但是我的通信人告诉我说，议会听说了这件事情，强迫他拿出信件，而且后来还把信件印刷了出来。

这些信件公开后，新英格兰民众的反应跟我寄送信件时的预测一模一样。大家看到，母国所采取的这些令公众如此厌恨的措施原来都是我们自己人的两三个人所为。

在第二次决斗前，我一直保持缄默

那些信件泄露的消息传回到英国后，人们一致质问泄露者究竟是谁。报纸上公开指责一个叫约翰·坦普尔的海关官员，但是他证明自己与此无关。随后，在他和一个叫威廉·惠特利的人之间就此事发生了一场公开争议。人们认为惠特利先生的哥哥就是这些信件的收信人，在他哥哥死后，这些信件也许落入了他的手中。我没有参与这些争论，我认为它和报纸上的常见的其他争论一样，等公众厌烦了以后，就会自行终止。

但是没有想到，这场争论竟然演变成了一场决斗。两人被拉开的时候，惠特利先生已经受伤，但是伤不致命。然而这件事情警醒了我，我希望当初自己该阻止它的发生。但是考虑到两人的现状，我仍然保持缄默。后来，我听说，是过路人偶然打断了这场决斗，等惠特利先生复原后，决斗仍将会尽快进行。我想，该是我出面调停的时候了。

由于两人的争斗是为了取得公众支持，所以考虑到双方的利益，我采取了我认为是最为简洁的方式来解决这个问题：我向报纸公开了其中的一封信。我的这一举动得到了大多数人赞同，只有一些人指责我，说我公开得太晚了，没能阻止决斗的发生。但是我没有未卜先知的能力，我也无法预测到这两位先生竟然会去决斗。我甚至没有预测到他们两人中有人可能会恶意攻击我。我以为自己的做法是为他们好，给他们免除了嫌疑，消除了两人之间争议的根源。我甚至以为他们两人会感谢我，但是我误解了其中一个人。这位尊贵的先生给我的回报就是，在没有一点点的警告、抱怨、要求等的情况下，他把我告上了法庭。

惠特利在诉状中说，他是他已故的哥哥托马斯·惠特利各项财产的监管人，哈钦森总督和奥利弗曾经给这个哥哥写过一些信件，我借给他人印刷物品的机会，通过我的助手在美洲印刷和出版了这些信，他曾经要求我把所说的这些信交给他，他还曾经阻止我印刷和公布这些信件，另外他还和我协商过利益的分配问题，他原本希望我能答应他的要求，但是我不顾他这个原告的好心和对他造成的伤害，竟然拒绝了，等等。

这位先生肯定知道他对我的每一项指控都是虚假的，那些和我一样对法律了解不多的人肯定会感到困惑（我以前从未打过官司），但是我理解到，在法庭上，虽然被告必须发誓自己所做的所有回答都正确无误，但是原告却不必发誓，也不会被强迫考虑自己起诉状中的事项的真假，而且，可以按照自己的意愿任意撒谎。若非是法庭鼓励撒谎，我真是无法理解这种做法。

我的回答是，大家所说的这些信件已经送交给了马萨诸塞众议院的代理人，在这些信件被交给我时，我并不知道它们是写给谁的，因为上面没有地址。在此之前我也不知道有这样的信件存在。我已经有多年未经营印刷业务了。我没有让人印刷这些信件，也没有做过要求，我没有擦除信件上的地址，也不知道有其他人这样做过。作为一个代理人，我的确把上述信件交给了与我通信的委员会（我认为这是我的职责），因为据我的判断这些信件和那个省的公共事务有重大关系，正是由于这个原因，那些信件才会被交到我的手上。原告从未对我有过任何要求，我也从来没有从这些信件中获取过任何利益，也没打算这样去做。

他们称这种方法为政府的管理措施

此时，情况已经很明朗，英国政府已经把与马萨诸塞和解的想法搁置一旁，决定要以严厉的手段来解决问题，对于殖民地人民和我的谴责和诽谤只不过是他们在法庭上的一种手段。所有的政府官员在各种场合和报纸上众口一词地责骂他们和我，他们对我暗示，议会在请愿书中要求取消总督一事肯定要被拒绝，这事早就确定了。

议会要受谴责，而我这个递交请愿书的人也要受到惩罚，失去邮政部长的职位。对此，我早已做好了准备。但是来自于惠特利先生的攻击却令我吃惊不已。我根本没有惹他，我无法想象，他竟然如此卑鄙，对我发起了这样一场诉讼。我的经济状况不够我跟财政部打一场官司，而政府又特别关照过，不让新英格兰给我支付任何薪水，不让总督对我的花费做出补偿，也不让他们给我出具任何这方面的证明。事情很明显，他们不让新英格兰人民用自己的钱来支付我这个为他们服务的代理人的薪水，而总督却根据国会的法令拿着大笔的薪水，还付钱请来莫德维和韦德伯恩这两个律师来诋毁新英格兰和我的声誉。他们称这种方法为政府的管理措施。

枢密院听证会

根据我从各方了解到的消息，政府部门和各位大臣们对我传递信件的行为大为震怒，他们称我是煽动者，痛声谩骂我的各类文章充斥报端，有人对我暗示，政府有可能要逮捕我，没收我的文件，把我关进纽盖特监狱。我很清楚，他们已经决定要剥夺我的职位，只不过认为经过听证后再这样做，效果会更好点。

我的情况有点危险，如果不是由于偶然事件，新英格兰的人民和军队发生了争斗，我很可能已经给关起来了。有人不断地警告我，让我保存好我的文件，还有人劝我撤离。但是我还是冒险留了下来，我认为自己是清白的，最坏的结局也就是因为受到怀疑而被监禁，虽然我很希望避免这样的事情，因为这很麻烦，花费大，还对我的健康有害。

1774 年 1 月 29 日，政府就此事在枢密院召开了听证会。在一片吵闹声中，到场者们正襟危坐。律师韦德伯恩先生不停地诅咒这个听证会，同时盛赞总督，他称这次听证会是“开创了过去十年间本省的历史”。但是他的最大目标是我，我站了将近一个小时，听着他用粗俗的言词对我恶言谩骂。没有一位勋爵大人提醒他言归正传，相反，他们似乎很欣赏他的表演，不断予他以震耳的掌声。他们认为他的这部分演讲真的太精彩了，所以后来就把它印刷出来，想要诋毁我的名誉，尤其是想要摧毁我在美洲的声誉。但是我发现我没有因此失去任何一个朋友，大家仍然像以往那样关心我、尊重我。

第二天，我收到邮政总局的一个书面通知，通知里说，邮政总长认为有必要解除我的北美副邮政部长的职位。这样我就失去了在邮政局 300 斯特林的年薪。我被迫辞去了宾夕法尼亚、新泽西和乔治亚的代理人职务，也就失去了每年共 1 500 斯特林的收入。政府还下令不准各州的总督签署支付我的欠薪的任何文件。

我的儿子用政府的眼光来看待任何事情

我给我在新泽西的儿子威廉写信，告诉他我已经被免除了副邮政部长的职位，他也再无升职的可能，如果他能在他的农场里踏实务农，那会更好。我写道，“这是更诚实、更受人尊敬、也更为独立的职业。”

然而，他没有辞职，这对我和他都无好处，我知道他会尽职尽责，但是我认为，独立要比政府的职位更受人尊敬，在专治的政府里谋事，最终也不会有好结果，能脱身事外，那是最好。但是我知道他对于这些事情的想法和我不同。他是个忠心的朝臣，会用政府的眼光来看待任何事情。

伦敦谈判日志

我在伦敦的这段时间里，朋友们经常拜访我，向我了解美洲方面的消息，如果两院通过了什么法案，议员们也会告知我，并就已采取和将要采取的各种措施跟我讨论。另外还有来自伦敦和各港口城市的商人们来和我讨论请愿书的事情，教友会的信徒们也会来和我讨论他们的事务。这样一来，我根本没时间来记录下所有事情。这份回忆录的写作主要都基于我的回忆，但由于我的记性不是很好，肯定有很多东西被略过了，但是我相信，记录下的内容肯定很准确。对于多人在同一时间所说的各种观点，我把它们归为一两个人所说，因为在交谈中，这些观点会互相影响。

上次的议会通过了针对马萨诸塞的不可容忍法案，作为议会席位少数的政府部门意识到了自己内部的不团结，于是开始认真思考合作的问题。他们知道，如果这些针对美洲的暴力措施继续下去，英帝国就会面临分裂、衰落甚至是毁灭的危险。在与两院中几位议员的交谈中，我急切地恳求他们不要让这些糊涂虫的错误毁了这个伟大的帝国。

自从 1774 年 1 月我在听证会上受到公开侮辱后，我仍然留在了伦敦，但是坚决不去参加任何政府官员的晨拜仪式，对于那些针对我的攻击，我没有去辩护，也没有以谩骂回敬我的对手，而是默然以对，等待以后的机会，在此我不想详细说明我这样做的理由。

远离中央政府的国家得不到好的治理

1757 年，当我刚到英国的时候，考虑到宾夕法尼亚的事务，我有好几次想要结识查特姆勋爵（皮特先生，当时是第一国务大臣）但是都未能如愿。当时的他太重要，或者说太过忙碌，因此我只能跟他的两个秘书波特先生和伍德先生联系。这两人似乎想要结识我，以便从别人给我的建议中获得一些和美洲战争有关的消息。有了这样的经历，因此我认为皮特先生是个难以接触的人，我只有对他远远地仰慕，再也不尝试去结识他。

只是有一两次，我从舍尔布恩勋爵（我想，应该是斯坦诺普勋爵）那里听说他提到了我，称我是个可敬的人。

1774 年 8 月末，从布莱顿回来以后，因为我在肯特郡的朋友斯特金先生此前邀请过我，所以我去那里拜访他。他告诉我说，斯坦诺普勋爵希望我来此地时能去见他，他也答应了要带我去他的官邸。就这样，那天晚上我们见到了斯坦诺普勋爵，他告诉我说，查塔姆勋爵想要见我。于是我们就去见他。查塔姆勋爵真是个伟人，他特别礼貌地接待了我，详细询问了美洲的情况，并关切地谈到了针对马萨诸塞的不可容忍的法案，他还对我叙说了他反对这些法案的原因，表达了对那里的人民的关心和尊敬，他希望他们将继续坚定地团结在一起，通过合法、和平的手段，保卫宪法赋予他们的权利。

我向他保证，我完全相信他们会这样做。接下来，我利用这个机会对他说，历史上，大帝国的衰落首先是起于帝国的偏远地区，由于距离遥远，政府无法充分了解那些偏远地区的情况，无法获得充分和真实的信息，因此无法对这些地方加以有效的管理，所以这些地方受到了总督的压迫。这些总督认为距离这么遥远，政府听不到人民的抱怨，也得不到任何的支持。就这样，总督的行为变本加厉，最后，反抗就不可避免。

他对我提到了目前在英国盛传的一种观点，那就是美洲的目标是建立一个独立的国家，或者至少是要废除《航海条例》。我对他说，我曾经从美洲的一端走到过另外一端，认识了很多朋友，跟他们随意地吃、喝、交谈，我保证，我从来也没有听任何一个人说过，美洲要独立，或者说独立对美洲有什么好处。

他对我的来访表示感谢，尤其对我的保证——美洲在那个时候没打算独立——感到满意。

有一个女士要跟我下棋

1774 年 11 月 29 日新国会将要召开。大约是在这个月初，我去了皇家学会，学会成员雷柏先生告诉我，有位女士想要跟我下棋，她认为她能打败我，还要求他带我去见她。他说，这位女士是豪勋爵的妹妹，我会很乐意结识她，他希望我不要拒绝这次挑战。

我说，我已经好久不下棋了，但是在他和她有空的时候，我随时恭候。我提出约在下周五，他同意了。于是我就跟他去了，跟这位女士下了几局，约谈中，我发现她通情达理，举止优雅，于是欣然同意几天后再见，完全没想到这次见面可能跟政治扯上关系。

第二次下棋的时候，我和这位和蔼的豪太太下了很久，然后，我们开始闲聊，开始谈的是一个数学问题，后来豪太太说，“怎么样来处理英国和殖民地之间的争议？我希望不要出现内战。”于是我们就开始谈论刚组成的新国会。我说，“他们会言归于好的。还有更好的做法吗？争吵对双方都没有好处，只会带来灾难。”她说：“我之前就常说，希望政府能派你去处理这起争议，我相信没人能比你做得更好。”

我说：“谢谢你的表扬，但是政府官员们绝对不想让我去做这件好事，他们宁愿荒废掉我。”

她说：“唉，他们的做法很丢人。”

豪勋爵是个好人

圣诞日，我又一次去拜访豪太太。她一看见我就对我说，她哥哥豪勋爵想要结识我，她还说，她哥哥是个好人，我们肯定会喜欢对方。我说，我已经听说过豪勋爵性格和善，我很荣幸能够认识他。她说：“他就在附近，请允许我叫他过来好吗？”我说，“夫人，请随意，你认为合适就行。”

她按铃叫来了仆人，写了张便条，几分钟后，豪勋爵就走了进来。一番极其礼貌的寒暄之后，他说他此刻特别想要了解目前美洲的紧张局势，他听朋友们说，对此事谁都不如我了解得清楚，而且没有任何人比我更适合调解两者间的纠纷。他还说，政府部门对待我的方式不对，他对他们的这些做法很是不满。这时，豪太太提出要离开，但是我求她留下来，因为我对此事的根源并不想保密，完全可以告诉她。从这相识的短短几天来看，我非常赞赏她的判断力和理解力，我以前从没有对一个女人有过这么高的评价。

我请勋爵相信我真心地想要弥合两国间的裂痕，并且愿意尽我的所能来完成这件事，但是从国王的的讲话和现行措施来看，政府并没有类似的计划和打算。他希望我能起草一份提议，其中要包含一些我认为有助于双方建立互信的言词，等这份提议准备好后，我们就一起协商一下。我们商定，最好在他妹妹的家中见面，豪太太欣然同意。

于是我们约定下周三在此见面，然后我就开始着手草拟这份提议。下周三，我按时返回了城中，见到了豪勋爵，我向他道歉，因为我在乡间有事被耽误了，所以没有准备好这份提议。然而，我们还是开始仔细讨论这个议题。豪勋爵告诉我说，他现在可以肯定，诺斯勋爵和达特茅斯勋爵的确打算调解跟美洲的争议，并且愿意倾听对此有益的各种建议。然后他问我，如果派人去美洲调查人们抱怨的原因、跟领袖们进行商谈、与他们共同磋商出一些手段以消除双边误会，我对此有何看法。

我说，如果派一个诚实、正直、博学的高级官员去做此事，也许会起很大作用。

豪太太说："哥哥，我希望能派你过去处理此事，我认为这比让你去那里统率军队要好多了。"

我说："夫人，我想，他们该给豪勋爵指派更多的任务才对。"

法国人称之为"向汤里吐痰"

这时豪勋爵从口袋里拿出一份文件，他笑着把它递给我，说："如果合适的话，那我可否问你，你是否知道这份文件呢？"一眼扫去，我马上看出来它是巴克利手中的那份文件的复制品。

我说我见过它，有人还就这个问题咨询过我，这份文件是我起草出来的。他说看到我在其中透露出的感情，他很难过，他本希望我能帮助他促成双方的和解，现在他感到希望不大，因为他有理由认为，这些提议绝无可能被政府接受。然而，他依然希望我能重新考虑这个问题，提出一些能够被英国政府接受的计划。他说这对国家将会有巨大的帮助，当然我也有希望获得政府权力范围内的一些回报。然而这对我来说，就是法国人所说的，在汤里吐痰——恶心人。然而，我还是答应起草一个计划，不过，我说，我很怀疑，他是否会认为这个计划比他手里的那个更好。

他说，他希望会更好，但是我也许会提出一些不太合适的建议，因此最好是先送给豪太太，由她抄写后，把抄件送给他，由他去跟政府部门交涉，最后再把原件还给我。我同意了。

一两天后，我把文件装在信封里送给了尊敬的豪太太，她抄录后，又送给了正在乡间的豪勋爵，然后把原件还给了我。在这个文件中，我说到，英国废除殖民地议会要求废除的法案不会有任何损失，英国可以委派一位高官作为代表去主持下一次的殖民地议会，通过这种方式来强化那些亲英力量，然后，就可以设法寻求双方之间的妥协。

接下来的那个周二，1775年1月3日，我收到了豪太太的一张便条，里面是豪勋爵通过豪太太转交给我的信，信中说，“我们的一位尊贵朋友”的提议使得双方间的和解比他预想的更加困难，但是他仍然会努力去和政府部门交涉。过了一段时间，大概一周，豪太太送来便条说想见我。我立刻去拜访她。她给我看了她哥哥的一封信，豪勋爵在信中说，他想从我这里知道，议会是否会支付我买茶的费用，以作为对他们所受的种种不公的初步补偿。豪太太建议当晚就给她哥哥送一袋茶过去，于是我立刻写下了下述回答：提议未变，在对他们的不公做出补偿之前，我的选民们不同意支付茶的费用。

这位伟人的到访让我受宠若惊

1 月 29 日，周日，查特姆勋爵来到我位于克雷文街的家里拜访。他随身带来了同美洲殖民地的和解计划，该计划已经按照国会法案的形式写就。他把法案交到我手里，要求我认真考虑。他很高兴地说，他知道，没人能像我一样如此熟悉此事，并能提出有效的建议，他认为政府部门在美洲事务方面的错误主要是源于他们经常未能获得准确的信息，因此，虽然他已经仔细考虑过了和解这件事，但是他还是不敢确定自己的判断，所以他来找我寻求建议，就像人们靠校准器来对时一样。

他和我谈了近两个小时，他的随从们就等在门外，从教堂回来的人们都注意到了这一点，于是他们议论纷纷，大家都知道，任何一件小事都可能会影响到美洲的事务。这么重要的一位伟人来和我探讨这么重要的事情，这真的是让我忘乎所以。另外，12 个月前的这一天恰是我在听证会上受辱的日子，因此这种荣耀愈发使我高兴。

英国有史以来最恶毒、危害最大的敌人

周三，应查特姆勋爵的要求，斯坦诺普勋爵过来带我去了众议院，没多久，议院里便已经坐满了人。查特姆勋爵以一篇精彩的演讲介绍、解释并论证了自己的方案。他落座之后，桑德维奇勋爵站了起来，气急败坏地反对众议院就不应该接收此等提议，他认为，这样的提议就该立刻被弃之一旁，他坚决不相信这样的提议出自他的英国同胞之手，在他看来，这份提议更像是某个美洲人的杰作。他转头看着倚栏而坐的我，说，他想他已经知道是谁起草了这份文件，这人是英国有史以来最恶毒、危害最大的敌人。

他的举动引起了许多勋爵的注意，大家都看着我，但是我不为所

动，面无表情，脸上的肌肉好似是木头造就的。这时，其他好几位勋爵也发表意见，拒绝通过提议，其中希尔斯伯勒勋爵的反对尤其坚决。对于桑德维奇勋爵的恶毒攻击，查特姆勋爵做出了回应。他说，由于许多人似乎都有这样卑鄙的想法，因此他不得不声明，这份计划完全出自他本人之手。

荒谬绝伦

查特姆勋爵是这个国家的一位重量级人物，也是这个时代最优秀的政治家之一，在英国最为低迷的时候，是他带领这个国家战胜了欧洲最强大的两个王国，带领她走向胜利和辉煌，如今对他的提议，就算众议院不赞同，也应予以考虑，可是他却遭到了这些世袭立法者慷慨激昂的反对；这些议员们根本就没有仔细阅读这份计划，他们不仅对提议本身的内容有种种误解，而且还对计划中没有的东西凭空想象，他们根本就不愿意再看一遍提议，给自己纠正的机会。有些议员对文件的重点视而不见，有些议员内心里充满了偏见和愤怒，还有些人故意歪曲明显的事实。众多的议员根本不考虑自己是这个国家的第三个立法机构，竟然如此匆匆忙忙、无耻地拒绝了这样一个提议。这一切让我不由得对他们的能力有了最大的鄙视，他们的能力似乎都不足以管理一群猪，而这样的人竟然还声称自己对300万正直、通情理的美洲人民拥有管辖权。这看起来真是荒谬至极。我想，这些人真是世袭来的立法者。就算是允许世袭数学教授也比这样的做法危害要小。我脑子里还闪过一个念头：只要存在贿选，那众议院也绝对好不了。

我们不希望有战争

此事之后，我对于和平解决两地间纠纷的任何协商再不抱任何期望。然而，一两天后，巴克利先生派人给我送来张便条，要求 1775 年 2 月 4 日晚上在福瑟吉尔医生的家里会面。于是我应约前往。到后被告知，有人向政府部门递交了一份很好的建议，另外我们的建议也得到了考虑，其中好些内容被认为很有道理，其他的建议在经过小小的修改后，也会被采纳。一贯善良好心的医生极力向我们诉说战争给人们带来的凄惨景象，他说，最坏的和平也比最成功的战争要好，美洲的力量在不断增加，目前即使它被迫屈服，几年后，它一定会成长为一个巨人。

巴克利先生说，我有多大的能力来促成一份协议，又有多大的影响力来实施这份协议，我不仅有望恢复自己的职位（邮政局长一职），而且其他职务和荣耀也不在话下，等等。我不需要告诉那些了解我的人，这番话是多么的不合适、多么的令人恶心。医生的话就比这更得体一些。

我回答他说，我们不希望战争，只希望有合理的、必要的手段来保护自己的安全和福祉。这次，我们没有在这方面做过多的交谈，因为我坚信，只要国会宣称它有权随意改变我们的宪法，那双方就无法达成协议。因为那样我们就会被剥夺自己的权利，事事得不到保障。他们对我暗示，美洲现在是多么需要一份和解协议，因为英国轻而易举就可以烧毁我们的沿海城镇。听到这样的话，我发怒了，说，我自己的那点房产主要就在这些城镇中，只要他们愿意，他们随时可以用它来点燃篝火，失去财产的恐惧永远也不会改变我反对国会法案的决心，这个国家要小心，不要给我们带来伤害，因为迟早这些造成的损害都需要付出代价。

医生脸上露出了微笑，我认为，那是对我的这番激愤言辞的赞许。

这时，有位先生问我，要怎么做美洲人才会满意。我说，只要做到下列几点，那也很容易。

撤回军队

修复威廉城堡

修复对波士顿造成的损害

废除不合宪法的法案

放弃对我们的征税

退还已经征收的税款。

满足这些要求，英国就会得到美洲对于被毁茶叶的赔偿款和殖民地自愿拨付的款项，然后大家就可以快乐共处。

2 月 20 日上午，城里流传着一条消息：诺斯勋爵将在这一天向众议院提交一份关于如何解决英国和美洲之间的纠纷的议案。议员们都来了，大家心里充满了期待。最后，议案终于出来了。我以前提到过的放弃对殖民地监管的建议就在其中，许多人都说，这是这份议案中最精彩的部分了。

诺斯勋爵在议案中说，要容忍这样的省或者殖民地的存在，除了一些临时性的规范贸易的税种之外，对殖民地要有征税权，或者进一步征税的权利。经过激烈的争论，众议院以多数通过了该议案。

任何国家都不会总是坏天气

就是在这段时间里，我给我的姐姐简写了下述信件。

亲爱的姐姐：

我希望你一切顺利，我也很好，感谢上帝。一定要勇敢，任何国家都不会总是坏天气。我给你寄送过去一件本地制作的瓷器，我想你也许会喜欢，因此买下送给你。

祝孩子们健康，祝表弟威廉和全家快乐。

爱你的弟弟，本杰明·富兰克林

1775 年 2 月 26 日

我收到了妻子在费城过世的消息

1775 年的这个时候，我收到了我年老的、忠诚的伴侣黛博拉过世的消息。消息是我的儿子威廉和巴克先生发过来的，他们告诉我说，她患了中风，于三天前也就是 12 月 17 日平静地撒手而去，离开了这个烦心的世界。她的逝去对我是个巨大的损失，我日日陷入悲痛，不能自拔。因为她的死，我一定要回国了。

由于没有豪勋爵的任何消息，我偶尔对他的妹妹提起此事。我说，可能是由于他发现他给我提的建议（支付茶叶钱）不大可能实现，我希望她能催一催他，如果情况是这样，那就给我写封信，这样我就可以想别的办法了。豪勋爵在乡间住了一两天，刚回到城里，她就去见他。豪勋爵通过她给我传来一张便条，说他想尽快见我。我如约而至。他说，他最近没有见我是因为他天天都在盼望能有更多的实质性内容来说给我听，而不是所发生的那点事情，他希望我已经跟海德勋爵联系过了，因为我以前说过这样做也许有点用，然而他发现我并没有做到。

我回答说，在我们上次见面后，我就收到了妻子的死讯，她住在费城，全权处理我在那里的事务，所以我现在不得不尽快回到那里。

第二天早晨（3 月 1 日），我早早地就去见海德勋爵，他以他惯有的礼貌接待了我。我们就两国间的争议谈论了好久。我发现他对报纸上和宣传册里的各种话题都有了解：创建殖民地的费用；保护的费用；英国承受的沉重债务；为了缓解这些债务，我们也应该做出自己的贡献；英国的许多人在议会里也没有代表，然而他们都纳税，也都接受国会的管辖，等等。

我回答了他的全部问题，但是没有多大效果。他说，他希望诺斯勋爵的议案能够被接受，他问我对这份议案有什么不赞同的地方。我回答说，这份议案提出的条款是我们自愿拨付的钱款要达到国会的满意，但是对于国会满意的程度，我们却没有衡量的手段。另外如果我们拨付的款项不能达到议会的满意，国会就可以对我们随意征税，或者依靠武力强迫征税来迫使我们缴款，这就像是抢劫犯一手拿枪，一手拿着帽子，他没有对你提出具体的数目，但是如果你把口袋里所有的钱都交给他，或者他对你交出的钱数感到满意，他就不会伸手到你的口袋里。如果不是这样，那他就会举起手中的枪。

而且，现在又有了新的争议，国会妄称它有权改变我们的宪章和现行法律，这比它声称对我们有征税权还要严重，因为这样做就是摧毁了我们的根基，我们就成了无根的浮萍，只能任由他们处置。我们不可能允许这样的情况出现。谈话就这样结束了。

我们受到了极度的轻蔑

在我就要离开伦敦之前，我去了参议院。卡姆登勋爵上台发言，在发言中，他以羡慕的语气谈到了美洲的事务，议员们因此开始争执。许多人谈到了美洲人的勇气、宗教、知识，等等，他们以极度轻蔑的语气把我们描述为最低等的人，是和英国人不一样的人种，他们尤其看不起美洲人的诚实和正直，他们说美洲人都是流氓无赖，他们就是想要借这次争议来逃避还债，如果我们有公平正义感，我们就应该支付茶叶的费用，等等。我又气又恼地回了家，于是写了篇文章，想要在我回美洲之前，交给达特茅斯勋爵，我这样做的目的部分是为了驳斥他们对公平的看法。但是在我向我的朋友众议员沃泊尔先生咨询的时候，他有好几次看看文章，又抬头看看我，好像他认为我有点神志不清了。

因为我在忙着收拾行囊，所以我麻烦他把这篇文章交给他的邻居卡姆登勋爵、并请他提点建议。好心的沃泊尔先生答应了，但是他很快就把文章还给了我，还附了一张便条，沃泊尔先生在便条上说，他认为这篇文章会危及我的性命，还会激起全国人民的愤怒。

处处都在谈论美洲

第二天沃泊尔先生来家里看望我，听说我已经去了参议院，就到那里找我，他完整重复了便条上的话。接着说，我并没有接到指令让我发表这样的抗议，因此这样的做法会显得不合道理，而且还会被认为是侮辱国家。我本无意让事情变糟，而且这时，我的情绪也冷静些了，因此我接受了他好心的建议。

在我离开伦敦去美洲的前一天，我和普利斯特列两个人去了咖啡馆，我们大多数时间都在阅读美洲的报纸，尤其是那些关于人们如何对待“波士顿海港议案”的报道。有些报纸上，这些报道的周围都加了黑框，标题是“野蛮、残暴、血腥、毫无人性的谋杀”。报道中说，有些市民关闭了房门，郑重地烧毁了这个议案的文本，这些做法与印花税法时期的做法很相似。

好几家报纸版面上都以一条蛇来作为装饰，这条蛇恰好被分为 13 份，每一份都嵌着一个殖民地的首字母，下面写着“不联合就死亡”。在我读波士顿市民的演讲时，我真害怕美洲和母国之间会爆发可能持续十年之久的战争。我尽了我所有的能力来阻止两国的决裂，但是却未能如愿，一想到此，眼泪潸然而下。

那天晚上，我收到了福瑟吉尔医生给我的便条，里面还有他给费城朋友们的几封信。在便条中，他期望我能召集起这些朋友和其他人，告诉他们现在的谈判情况，并明确通知他们，政府的态度根本不是要与殖民地和解。他是医生，有机会借诊疗之际了解政府官员的思想，因为现在所有人的谈话中心都是美洲。

他写道，“再见了，你有宽广的爱心，你有无尽的能力，请尽你最大的努力来善待这个婴儿、这个成长中的帝国。祝你旅途愉快。”

一路顺利，经过6周的航行，我于1775年5月5日的晚上抵达家中。一路上的天气都非常适合航行，即使我乘坐伦敦内河的小船也可以来到美洲。在通过墨西哥湾流的时候，我用华氏温度计测量了海水的温度。欧洲的水手们对墨西哥湾流了解不多，但是它对航海的影响非常大，在去美洲的途中，他们经常遇到这股湾流，航程受阻，结果行程被严重拖延。从欧洲去北美洲的船队本可以借助温度计来避开这股湾流，从而缩短了航程；从美洲去欧洲的船队也可以这么做。因此，从美洲到欧洲的时间就比从欧洲到美洲的时间要短。我用法语和英语分别发表了一份湾流图，以帮助水手们了解这个情况。

我的孙子威廉·坦普尔一直跟着我，后来他父亲领他去了新泽西的安博伊，但是为了不耽误他的学业，在9月份的时候会把他送回来。我的女儿萨莉和贝奇先生都很好，身体健康。我的孩子们都尽心尽力地照顾着我，三个孙子都很有前途，我很高兴。最小的孙子叫威尔，和同龄人相比长得又胖又壮，像个小大力士。他喜欢吹着横笛，带着他的小手枪昂首阔步。如果没有殖民地的这次争议，可真是其乐无穷了。

第四章 议会和《独立宣言》

1775 年—1776 年

除了武器，什么也不想

我一到达美洲，就发现这 13 个省里的所有人都在忙着学习如何使用武器，贸易、生意、建筑等都暂时停了下来，大家想的只有武器。军队对波士顿人民的攻击激怒了所有人，整个大陆上的人们都行动起来了。费城的商人们使出了自己全部的力气，每天早 5 点和下午 6 点，自愿出城巡逻两次。我们有三支队伍，有轻骑兵的装备，还有大炮，这可是个巨大的进步。处处群情激昂，人人同仇敌忾。

马萨诸塞的总督提议召开集会，讨论诺斯勋爵的和平计划，但是盖奇将军拔剑相向，战争开始了。据说，他一手执剑，一手拿着橄榄枝，似乎是他选择先让我们尝尝刀剑的味道。所有的美洲人都被他的行为激怒了，大家愈发地团结。

议会代表团

第二天上午，我被宾夕法尼亚议会一致选举为大陆议会的代表。

1754年，我就是在奥尔巴尼召开的第一届议会的成员，曾经第一次提出殖民地联合体的计划。新的议会下周要开会，在这个关键的时刻，代表团成员将要讨论目前殖民地的紧张局势，提出措施来应对美洲和英国之间的战争。

我全部的时间都用来拜访老朋友和处理公共事务。我们早上9点开会，经常一直坐到下午4点。宾夕法尼亚议会还要求我组建安全委员会，负责这里的防御。这个部门的会议在早6点召开。大家都勤奋工作，没有人是经过贿选而来，也没有人抱着拿薪水、地位或者津贴的想法。这让我不由得想到了两国人民的差别，一边是善良的人民，抱着为公众服务的思想；另一边是腐朽的国家，那里的人们脑子里根本就没有这样的念头。对组织防御的决议，所有人都没有异议，我们的队伍也已经组建起来，人数很快就会超过2万。

敌人的暴行

盖奇将军背信弃义，他率领军队攻击我们的人民，烧毁房屋，毁坏沿海城镇。这些残暴的行为激怒了所有人。在毫无必要的情况下，他们野蛮地劫掠和烧毁了波士顿对面一座叫查尔斯的城镇，这里有约400座房屋，其中许多建造优美，还有些老弱病残的可怜居民，由于未能及时逃出，被烧死在了大火之中。

从我们来到美洲定居到现在，在我们经历的所有战争中，即使是野蛮的印第安人也没有对我们造成如此严重的损失。在这场战争中，英国要求所有的欧洲国家都不要出售军火给我们，这样我们就没有防御手段，就会任人宰割。仁慈的德雷珀爵士曾经在殖民地的每一个地方都受到了人们热情的款待，他如今提议所有美洲的奴隶们都起来割断主人的脖子。约翰逊博士在他的《税收不是暴政》一文中也建议这种举措，还建议雇佣印第安野蛮人刺杀种植园主。但这些都不是一个合法的政府应有的行为：它们是野蛮的暴虐行径，而非正义之举。

若你如羔羊般软弱，必被群狼食之

因此，殖民地现在已经对与英国和解不抱希望，我们现在也很难再去卑微地向国王请愿，祈求再给英国一个机会，能够与殖民地重归于好。我们已经给过他们机会了，但是他们没有把握住。我们已经下定决心，并且正在准备冒险，我们绝不会屈从于英国的疯狂的要求。

既然英国人开始使用武力，那我们绝对有必要以暴制暴。老话说，若你如羔羊般软弱，必被群狼食之。我再加一句，自助者，得天助。我想，将军肯定没想到我们有能力以牙还牙。然而大批的英国军队在莱克星顿被乡民们打败；在邦克山的战斗中，他们两次被击退，第三次才勉强获胜。这些事实足以让英国政府明白，美洲人有能力战斗，这块骨头比他们所想的要难啃得多。

在这场战斗中，英国人以 300 万英镑的代价杀死了 150 个美洲人，相当于 2 万一个人。在邦克山的战斗中，他们前进了一英里的距离，但是由于我们占领了铧犁山，其中的一半又被我们夺了回来。与此同时，在美洲有 6 000 个婴儿出生。从这些数据，他们可以轻易地计算出征服我们的领土和杀死我们所有人的时间和代价。

如今你是我的敌人，而我也是你的……

我给斯特拉恩先生写了下面这封信（但是从未寄出）。

斯特拉恩先生：

你是议会的成员，也是那些试图毁灭我祖国的黑手之一。你们已经开始焚毁我们的城镇，杀戮我们的人民。看看你的双手，那上面沾满了你亲戚的鲜血！你和我曾是老朋友，而现在我们互为敌人。

本杰明·富兰克林

1775 年 7 月 费城

一个生性恬淡的人也会被激怒，现在在美洲出现的就是这种情况。勤俭节约和发展工业在美洲成了一种时尚，那些以前吃饭要两三道主菜的男人们现在自豪地宣称自己只要有牛肉和布丁就可以了。通过这些措施和终止与英国的消费品贸易，我们能拿出更多的钱来纳税，从而支持我们的军队。我们在贸易方面节省下来的钱款达到了每年 500 万英镑。

1775 年 7 月 21 日，由我提出的建立北美殖民地永久联邦的草案被呈交给了议会。这个提案的目的就是要为了把大家联合在一起来保卫自己的自由和财产，保护自己的家人和创立美好生活。

议会在 8 月 2 日到 9 月 5 日休会。这之前我已经被选举为北美联合殖民地的邮政总长，现在我终于有时间来设立新的邮政总局，另外我还需要与印第安人就俄亥俄和其他一些小事签署一份协约。所有这些事情都要在议会再次开会前完成。

对于这个职位，议会给我的年薪是 1 000 美元，我把这笔钱全部用来帮助那些在保卫这个国家的战斗中不幸致残的人身上，这样我不会被怀疑只想保全自己的小部门。安全委员会要求我把我们这里留存的炸药都送到波士顿去，我派了一辆马车送去了 2 400 磅，因为宾夕法尼亚目前的导线也很紧缺。

除了步枪，我建议再增加弓箭作为武器，弓箭和步枪都可以用于攻击，但一个人在装填和射击步枪一次的时间里，弓箭手可以射出四支箭，而且没有火药发出的烟尘阻挡他的视线，飞行的箭支可以震慑敌人，影响他们的注意力。敌人只要被箭支射中任何部位，都可以使得他们退出战斗。弓箭要比步枪和大炮更容易制造。

9 月 9 日，我们最后一批 34 艘货船离开码头后，我们就终止了与英国的贸易。我们知道，我们这样的做法就是放弃了我们的海岸线，把它留给了残暴的英国军舰，但是我们一定会坚决保卫我们的内陆，我们要保卫富饶的土地，保卫自己的自由。英国人切断了我们的对外贸易，然而，这样的举动实际是让我们接触到了大地，我们会像巨人安泰一样，一点点吸收大地的力量，最终崛起。农业才是财富和繁荣的最大来源。为了抵御英国军队，我设计了阻拦器来阻挡战舰，这种发明可以用来封闭港口。使用后的效果良好，英国人被阻滞了 7 周的时间。

响尾蛇成了美洲的象征，“不要踩我”

我注意到，海军的一面鼓上画着一条响尾蛇，蛇的下面是几个大字，“不要踩我”。我忽然想到，也许正因为响尾蛇是美洲独有的蛇类，所以才会被选来代表美洲。由于经常见到响尾蛇，所以我脑子里开始仔细思考它的特性。我记着，它的眼睛特别亮，没有眼睑，因此人们认为它是警惕的象征。它从来不主动攻击，但是一旦攻击，就绝不退缩。因此，它是高尚和勇气的象征。大自然赋予它以武器，但是它似乎不愿与他人发生争吵，因此它把这个武器隐藏在自己的上颚中，结果那些不了解它的人就认为，它是没什么攻击力的动物，甚至在它亮出自己的武器后，这些武器看起来也弱而无力，但是无论它造成的伤口多么小，都会形成致命的伤害。由于它知道自己的这种能力，所以它从来不去伤人，即使是对于它的敌人，它也会先示警，警告他们别踩它。

我承认我完全无法理解响尾蛇的意义，直到我数了一下它们的数目，发现是 13 条，正是美国联合起来的殖民地的数目。也许只是我的凭空想象，我似乎看到画这幅画的人还另外画了半条蛇，我想可能是代表加拿大省。

画中的响尾蛇明显是各自独立，但是又紧紧连接在一起，除非把它们剁成碎片，否则谁也无法把它们分开。一只响尾蛇的声音没有多大，但是 13 只响尾蛇的声音就足以令最凶残的敌人害怕。响尾蛇平时独居，只有在面临生存危机时才会与同类联系。在冬天里，群居的响尾蛇会幸存下来，而独居的响尾蛇可能会死亡。

它们是如此令人着迷，所代表的含义也许是：那些相信美国会给他们带来自由和护佑的人们一旦踏入美国这片领土，就不会再离开她，而要在这个国家度过终生。响尾蛇幼年时就是个“美人”，随着年龄的增加，这种美日渐增长，“它住在坚硬的岩石里，舌头分叉，如闪电一般”。

我把自己的想法跟一个邻居说了，这人好动心思，又关心公共事务，他立刻联想到了诺斯勋爵在众议院上所做的声明：他会想尽一切方法让美洲屈服在他的脚下。看来，即使美洲真到了他的脚下，踩它一脚也是件危险的事情。

纵使劳累，我也开心

虽然我年届七十，但是有这么多的适合我做的事情，纵使劳累，我也极度开心。要做的事情太多了，我几乎没有吃饭和睡觉的时间。1775 年的大多数时间，每天我都要拿出 10–12 个小时来做事或者坐在封闭的房间里跟人讨论，根本就没有闲暇去休闲。这年冬天，我决定无论如何也要和家人出去放松一下。在我这个年龄，事情太多了，身体吃不消。

我在给雷夫·西普利的信中写到，退休后回到特怀福德的日子是多么开心，在这里，我唯一要做的事情就是在花园的书房里信手涂鸦，写我的回忆录，或者跟教士一家子说说闲话。

1775 年 10 月，我跟议会派出的两个代表一起去了马萨诸塞的坎布里奇，要和华盛顿将军商谈一些事情。将军要求，委员会应该向议会说明自己要求定期拨款的必要性。就我自己而言，我赞成公共财政要厉行节俭。我不是担心这场战争的花费，我说只要美洲人稍微节省一点就可以轻松地支付这笔费用。假设战争的费用是每月 10 万英镑，或者说一年 1 200 万，只要 50 万个家庭每周少花一个先令，或者多挣一个先令，那么公众在不知不觉中节省下来的这笔钱就足以支付全部费用。控制一下喝茶的习惯就能节省四分之三的费用，这就是每周 50 万，足以支付其余费用。

我了解到，那些从波士顿被驱逐的人们、在查尔斯镇失去一切的人们和其他地方的人都赞成这样的做法。所有人都认为，只要自己对自由事业多一份热心，自己的财产就多一份保证。在战争期间，我的姐姐简·梅科姆离开家，和格林太太一起搬到了沃里克。我购置了一辆马车和马匹，打算带着我的姐姐跟我一起回我费城的家。

《常识》的真正作者

1776 年初，查尔斯·李将军从纽约给我写了封信，他提到了如今在美洲正广泛流传的一个著名的宣传册，叫《常识》，李将军称它是独立事业中“一场不可错过的精彩演出”。我告诉李将军，托马斯·潘恩才是这本册子的真正作者，他是个很有见解的诚实的人，还曾经想结识将军，我知道他和将军的想法有共同之处，于是很高兴为他引荐。

古希腊、古罗马的演说家们只能对那些接近自己的人发表演讲，著作也影响不大，因为大众无法读到。如今，通过印刷机，我们可以对全国的人发表演讲，好的书籍和宣传册会产生巨大而广泛的影响。有了印刷机，报纸就可以反复登载一些事件，让所有的人都能读到，这就给它扩大自己的影响带来了机会。我们不仅发现，趁热打铁的说法是正确的，而且认识到不断地击打铁也能使它热起来。

我一直很珍惜跟潘恩先生的友谊，他对美洲的革命起了极大的促进作用。我很高兴自己把他介绍到了美洲，能结识这样一个了不起的公民，我感到很荣幸。

从宾夕法尼亚议会到国会

如果我能尽我最大的能力为公众服务，那我会非常高兴。但是我年老了，考虑到这点，我认为自己承担这么多的事务是件不公平的做法，基于这样的想法我认为我有必要舍弃掉一部分工作，因此我向宾州议会申请退出安全委员会，但保留国会议员的身份。在议会里，我被任命为秘密通讯委员会的成员，我们立刻委派塞拉斯·迪恩先生代表 13 个美洲殖民地去法国，处理商业和政治方面的事务，并会见对我们的事业持赞成态度的人士。迪恩先生将以一个商人的身份出现，去后马上向负责对外事务的官员韦尔热纳先生递交申请，然后告诉他，由于美洲议会发现美洲大陆无法装备必需的武器弹药，因此委派迪恩先生来向法国购买。

加拿大之行

这时，国会报告说，他们正在和加拿大来的一个人协商。那人说，当加拿大人刚听说这场争议的时候，他们普遍站在美洲这边。但是后来一些神职人员和贵族不断地游说和劝说他们反对美洲，他们现在也不能肯定自己该站在哪一边。他认为如果议会派几个人过去会有很大作用。这样，议会就任命了三个特使去加拿大，我很荣幸地成为其中一员，另外两人是查尔斯·卡罗尔和塞缪尔·蔡斯。我们的目的是说服加拿大，使他们相信我们的目的正确，并说服他们也建立一个像我们这样的政府，以谋求自己的幸福，我们最迫切的想法是把他们拉过来作为我们联合体的一员。

我们在3月11日经纽约前往500英里外的加拿大。在萨拉托加，由于湖面的冰还未融化，我们被耽误了，这时我感觉身体从未有过的累。我们坐的是无蓬的小船，我不得不在狭窄的船上坐了好多天。

我们处在生死攸关的时刻

费了些周折，我们艰难地穿过了冰冻的乔治湖，于4月末到达蒙特利尔，并受到了执政官阿诺德将军的礼貌接待。天花病正在军队里传播，很不幸，托马斯将军被传染上了。你绝对无法想象大陆的信用在这里低到了什么程度。无论我们做什么事情，他们都向我们要硬通货，如果不马上支付金币或者银币，那再小的事情也做不成。当地的居民以前经常遇到失信的情况，因此决定绝不相信我们。

大家普遍认为，只要国王的军队一到，我们就会被赶出这里。我们催促议会尽快给我们送一大笔钱到这里（我们认为需要2万英镑），否则我们就无法继续这里的事情，也根本无法引起他们的兴趣。因为加拿大人开始认为议会已经破产，他们的事业也将陷入绝境。

我以自己的名义向阿诺德将军借了 353 英镑的金币，这笔钱对于我们军队的给养供应起了很大的作用，但是我们都认为，在更多的钱送来之前，我们似乎不应再提议加拿大这个封建性质的省份与其他省份联合，因为如果我们的信用无法恢复，我们的军队无法保护在这里的财产，那我们在这里仅有的几个朋友也不敢利用自己的影响力来提出这样的建议。我们报告说，如果不赶快送钱过来，那我们的部队的物资就会极度短缺，尤其是粮食，如果无法定期拿到薪水，那我们的士兵就很可能违反纪律。我们建议，如果无法送硬通货到加拿大来，那就应该把我们的队伍后撤，通过加强对湖上通道的防御来阻止敌人和加拿大人闯入我们的边疆来掠夺我们的财产。

我们还了解到，我们在这里的队伍完全没有医生。有人告诉我们，只要一听到英国军队到达的消息，就有人要发动暴动，赶我们出去。我们处在生死攸关的紧要时刻，每小时都有人提出大大小小的需求，可我们又满足不了，这里多数人都反对我们的事业，我们的队伍很薄弱，现在又没有钱，给养更加困难。只有赶紧送来各种必需品，否则这支队伍就只有去掠夺、饿死或者投降。

5 月 10 日，从魁北克来了 5 艘战舰，上面的敌人大约不到 1 000 人。我们的队伍太分散，只召集起了 200 多人。在这种情况下，撤退就不可避免。混乱之中，我们丢失了大炮、给养、500 支步枪，还有一艘装满火药的小船。

两天后，我和其他两人一起回国，我的身体日渐虚弱，还染上了痛风。我的身上长了疖子，有时候，两三个长在一起，让我深受折磨。后来这些疖子治愈了，但是每个都留下了疤痕。如果没有卡罗尔先生的悉心照顾，我几乎忍受不了这样的折磨。费了天大的劲，我们终于找到了一辆马车，这里的乡民都不敢让人知道他们曾经给我们提供过运输工具。就这样我终于在 5 月 26 日夜晚安全抵达纽约。

在这里，我见到了宾夕法尼亚议会派来的两个军官，他们带来了给我们的一封信和一笔硬通货。我读过信后又封上了，告诉他们带着这封信去波士顿和加拿大。我们不得不放弃加拿大，我们驻守要塞的队伍在人数上远远落后于敌人，根本无法在魁北克抵挡敌人一个冬天，我们的支援部队去得也太晚了，也许他们得了天花，对抗不了这个病魔吧。

我回到了费城的家中，休息了一个月，严重的痛风病也好转了。这一个月我没去议会开会，身边也无人陪伴，因此对发生的事情知之甚少。秘密通讯委员会派威廉·宾汉乘坐一艘修复的单桅帆船去了西印度群岛，想要在那里获得 1 万支能安装刺刀的高质量步枪。

退出这个国家是我们天生的权利

6 月份，议会要求我协助起草《独立宣言》，跟英国最终决裂的时候到了。我一向认为，一个人生来就有权利退出他从小就生长的国家或者社会，他也可以加入或者组建一个新的国家。撒克逊人就是这样，他们认为自己有权退出德国，于是在英国建立了一个新的国家。

1775 年，我给议会写过下述草案：

保护臣民的生命和财产是国王的职责，然而，当开始毁坏它们时，他就不再是国王，而是暴君，人们就不必再对他忠诚。我们郑重宣布，如果国王命令如今驻扎在美洲的、或者以后要被派来的军队和军舰去损害美洲的任何一所房屋和居民或者雇佣野蛮人去刺杀我们可怜的边民及其家人，我们就将停止对英帝国的效忠，直到这个王国向我们或者我们的后代低头。

《独立宣言》：我们赌上自己的生命和财产

在我患疖子和痛风的修养期间，《独立宣言》的起草者托马斯·杰斐逊先生请我去仔细阅读宣言并提出可能的修改。我做了一些小小的改动，用“不言而喻的”替代了“神圣而不容否认的”，这样，句子就读成了“我们坚信这些不言而喻的真理”。

然而，当《独立宣言》被提交到议会讨论的时候，因为有些内容冒犯了一些议员，大家对这份文件做了许多的修改和删节，例如关于苏格兰和贩奴方面的内容。我坐在杰斐逊先生旁边，看到他对此无动于衷。我对他说，我的原则就是，尽可能地避免做需要交由公众讨论的文稿的起草人。这个教训来自于我亲身经历的一件事情。

在我还是一个印刷工人的时候，我有个工友是个做帽子的，在学徒期满后，他打算自己开个店。他首先关心的是要有个漂亮的招牌，上面写几句适当的描述。他是这样写的，“约翰·汤普森，帽商，制作并销售帽子，现金”，另外还加了个帽子的图案。他咨询的第一个人认为“帽商”这个词重复了，因为后面有“制作帽子”这样的话，这一句足以表明他是做帽子的。于是这个词就被去掉了。第二个人注意到，“制作”这个词不妨也去掉，因为顾客不会在意谁在制作帽子。只要觉着合意，他们就会买，不管是谁制作的。于是这个词也去掉了。第三个人说，他认为“现金”这个词没用，因为本地人不习惯赊售，所有人都会付现金。这个词也被去掉了。描述词就成了，“约翰·汤普森卖帽子”。又一个朋友说，“卖帽子”，没人期望你白送，那这个词还有什么用？后来又把“帽子”这个词去掉了，因为招牌上有帽子的图案。最后，这句话就成了“约翰·汤普森”和一个帽子的图案。

经过周密的考虑，议会一致同意与英国分裂。这是民众的正当要求，是国王残暴的破坏活动的必然结果。我们冒着失去生命和财产的危险，签署了《独立宣言》，然后把它公之于众，并把副本寄送到法国和欧洲的其他国家。

打碎那个高贵而精致的瓷瓶（大英帝国）

对这样一个残暴野蛮的政府，我们绝不会屈服。在严冬之时，他烧毁了我们的城镇，挑动野蛮人来屠杀我们的村民，鼓动奴隶谋杀自己的主人，带着外国雇佣军来血腥地屠戮我们的人民。这些残暴的杀戮掐断了人们心中对那个曾经亲爱的母国的最后一丝感情。

长期以来，我一直怀着一颗真诚的心，不辞辛苦地操劳，目的就是想要保护英帝国这个高贵的花瓶不要破碎。因为我知道，一旦它碎了，那些破碎的部分就再也无法拥有原来的整体所拥有的价值和力量，破镜重圆几无可能。我记得，在豪勋爵妹妹的家中，勋爵曾经对我说，双方有望达成和解。在我听到这样的话时，欣喜的泪水不由得流过了我的双颊。可是不幸的是，这样的期望落空了，而且还被人当作了这场我费尽心力想要阻止的不幸的缘由。

在面对这样无端、恶毒的指责时，我唯一感到安慰的是，在那个国家里我获得了许多睿智而优秀的人们的友谊。

与豪勋爵在斯塔顿岛会面

我刚一到达纽约，豪勋爵就和我联系，想要谋求两国间的长久和平与复合。遵照议会的命令，我和约翰·亚当斯、爱德华·拉特里奇与豪勋爵在斯塔顿岛举行了会谈。豪勋爵的长篇讲话中并没有提出有关和平的具体建议，只是要求殖民地应该重新效忠和归顺政府。豪勋爵告诉我们，他无权根据《独立宣言》认定殖民地是个独立的国家，也无法接受我们的议会的地位，因为国王不承认这个议会。

他说，他的权限就是恢复和平、颁发赦免令，并处理人民的投诉和陈述。我回答道，美洲对于早先自己的请愿未被国王接受表示惋惜，但是英国对这份请愿的轻蔑和在那之后所采取的残暴措施已经改变了殖民地人民的想法，如今向殖民地提议，让它屈服于英帝国，这样的做法将不会有任何结果。

过了好久，豪勋爵说，如果殖民地不肯放弃独立的制度，那他就无法再进行任何的协商。

我给豪勋爵写了一封信，信的结尾如下：

尊敬的豪勋爵：

我对您怀有深深的尊重，请允许我说感情，因此看到您参与到了针对我们的这场战争中，我深感痛心。我相信我们的后代将会谴责那些发起战争的人，对那些主动参与到战争中的人，即使他们获胜了，那也不会洗刷他们的耻辱。我知道您来这里的目的是替国王谋求和解，我相信，当您发现国王给您的任何授权都无法达成这一目的时，您一定会放弃这一想法，退回到您更为尊贵的个人立场去。

谨致以最深厚、最真诚的尊重。

您卑微的仆人

本杰明·富兰克林

1776年7月20日 费城

反抗暴君就是顺从上帝

7 月 4 日，我和托马斯·杰斐逊及约翰·亚当斯被任命为委员会成员，共同设计合众国的国徽。我的设想如下：摩西站在大海边，冲着大海伸出双手，海上起了一阵波浪淹没了坐在战车中的法老，法老的头上戴着皇冠，手里拿着一把剑。金色的阳光从火柱中升起，照耀到摩西身上，意味着他的行动秉承了神的旨意。箴言是，反抗暴君就是顺从上帝。

就像是把春天从一年中砍掉

这时，坦普尔提出要去看望他的父亲威廉，当时威廉还是新泽西的总督。由于我的儿子威廉追随国王一派，因此那里的人们把他抓了起来，送到了康乃狄克。人们要他以自己的荣誉发誓不从这里逃跑，这才允许他可以在几英里的范围内活动。然而，我不同意坦普尔进行这样一趟旅行，因为路途很长，他还年轻，没有经验，路上还有感染天花的危险，野外宿营很不安全，另外还会耽误学习。我告诉比利，他应该回学校里继续学习，这正是为未来的发展和地位打基础的时期，如果耽误了，那就像是把春天从一年中砍掉一样。

如今我年老了，却发现我唯一的儿子威廉不在我的身边，没有任何事情对我的伤害和影响如此之大。

而今，不仅是两人相隔千里，我把自己的名誉、财产和生命都投入到了这个事业当中，在这紧要关头，却发现我的儿子拿起了武器和我对抗。他说，他对英国的职责和使命要求他这样做。我不应该因为他在公共事务上和我观点不同而责备他。我们都是人，都会犯错。我们的观点不由我们自己支配，它是由我们所处的环境所造成，我们所有人常常都无法解释其中的原因也无法抗拒。虽然有些与生俱来的责任要先于政治责任，而且也无法被政治责任压制，但是处在他的境况，如果他保持中立，没几个人会责备他。这个话题不受人欢迎，我还是不谈了吧。

好几个殖民地批准了《独立宣言》，制定了宪法成立了单独的州。议会也在谋划大联邦，这些殖民地有共同的目的，共同的国防，大家联合起来就是一个强大的集体。然而在 8 月份，联邦条例第一稿中的一个条款规定，最小的州有一票的投票权，而最大的州也是一票，这两者的面积可能相差十倍，甚至更多。我以宾夕法尼亚大会主席的名义起草了一份文件，反对这个条款。作为宾夕法尼亚的代表，我宣布对这个条款有异议，我们认为它不公平，损害了最大的州的利益，因为按照其他的条款，所有的州都是依照各自的能力按比例承担。因此各州在议会的投票权也应该依照各州的重要性来按比例划分。然而，有人劝我不要提出这样的抗议，此时要考虑的是把所有州都联合起来。

早有人预测我们守不住纽约

《独立宣言》得到了各州的批准，在保卫国家的战斗中，人们的热情更高了。在各个殖民地，由议会付薪的民兵数量达到了 8 万人。华盛顿将军现在占据了纽约，但是到 1776 年 8 月的时候，威廉·豪将军在被赶出波士顿后，带领他的军队占领了史坦顿岛。

理查德·豪勋爵随后带着增援部队也到达那里，并且还带来了德国黑森雇佣兵。我们的民兵大多在新泽西，武器弹药也在加速运输中。法国政府已经答应私下里给我们提供武器弹药，因为他们衷心希望我们成功。豪勋爵的海军舰队远超我们的海上力量，因此早有人预测，我们守不住长岛和纽约。敌人登陆长岛的部队有 2 万多人，我们的队伍有效人数不到 2 万，都驻扎在国王桥、纽约和长岛上。

然而，他们分出 5 千人包围了我们，我们的军队败退了，但是他们的胜利也代价惨重，这必将导致他们最后的毁灭。这之后，豪勋爵设了个圈套，想借此消灭我们在岛上的所有队伍。但是华盛顿将军看清了这个情况，他来了个出人意料的、漂亮的撤退，挫败了他的阴谋。双方都称赞这次撤退真是个奇思妙招。

我方此前已经决定放弃纽约，我们的大炮和物资也都已及时搬运出去。敌人占领了这座城市，并在哈莱姆的空地上安营扎寨。后来，纽约城被付之一炬，其中的六分之一到五分之一被烧为灰烬。

他们想要以这样残暴的手段压服我们，但是这样的做法失败了，因为华盛顿将军在战前评估纽约形势的时候，就了解过议会的态度。议会决定疏散城内居民，留下一座空城，因为他们毫不怀疑，在以后的某一天，他们有能力重新夺回这座城市。此举让世人看到，我们不愿毁坏城镇，而是把这件精美的作品留给了敌人，作为他们的荣耀。总体上，我们在纽约附近的部队不足以跟豪将军的队伍在野外对抗，因此，我们的部队开始巩固阵地，准备防守。

面对着强大的敌人和寒冬的严酷，而且还没有御寒的衣物，所有人都不愿去当兵服役。这样的情况令人倍受打击，但是我们却要经受两倍于此的困难。

托利派的数量日益增多，而且言论也更加公开，许多人担心英国人的军队，有些是因为他们对议会的措施不满，更多的是他们不认同当政者和各州的措施，但是这各种各样的言论、期望和情感混杂在一起，产生了很大的影响。如果美洲真的战败了，那也更多地是由于此事，而不是由于敌人的军力。

出使法国

9月，议会任命我、塞拉斯·迪恩和阿瑟·李作为美利坚合众国的特使去拜会法国国王，并递交一份协约。我告诉我的朋友、议会议员本杰明·拉什，我的生命只有几年了，我决定要把这几年奉献给我们共同的事业，或者就像卖旧衣物的店主所说的那样，尽听差遣，如你所愿。

我们此次出行严格保密，议会要求我们尽快到达法国，并命令秘密委员会在法国预存1万英镑，以备我们几位特使调用。我们认为，如果法国要和我们站在一起，那不会有任何危险。美洲很快会成为一个独立的国家，而法国会得到以前英帝国拿走的大部分财富和权力，立刻成为欧洲最强大的国家。

议会要求我们得到法国对我们的独立和主权的认可、签订和平和贸易协议、阻止他们在战争中站到英国一边，尽快从法国获得2万支步枪和刺刀、大量的弹药，另外，通过购买或者租借，从法国获得8条战舰，要求配备好人员，还要有74门炮或者64门炮，以及所需的全部装备。

临出发前，我把自己筹集到的3万英镑交给了议会。这差不多是他们收到的第一笔借款，此举起了带动作用，其他人也把钱借给议会以支持我们的事业。

1776年10月25日，在我又一次要踏上法国领土的时候，我给波士顿的雷夫·塞缪尔·库珀写了一封信。信中说道，我完全相信，在这场战争中，依靠上帝的保佑，我们最终会取得胜利。据计算，我们已经使敌人损失了100万英镑，他们肯定很快就会承受不了海上贸易的损失。对英国这样的商贸国家打击最大的就是，我们现在停止了跟它的贸易往来，并且还把靠劫掠它的商船而来的战利品带回我们安全的港口中。不管我们在防御方面的花费有多大，我们都可以依靠劫掠来得到补偿。

人类历史的奇迹

整个事件的发展表明，它完全是人民创造的奇迹。如果我不是身处其中，并见证了其中的一点一滴，我绝对无法理解其中的过程。要想理解它，就让我们一起来看看在连续数月没有政府和法律的情况下，人民的所作所为。在这个国家里，民主政府还未成立，陆军和海军也在建立中，这里的人们没有战舰、没有士兵，没有枪支、弹药、大炮；也没有同盟国，所以我们想和人联盟。要做的事情太多了。但是，这不是个和平的年代，也不是能安安稳稳地坐下来跟他国谈判的时代，装备了最强大的陆军、海军和各种毁灭性武器的敌人已经侵入我们的国家，他们有强大的同盟军，而我们和他国的贸易已经大多被迫中止，不论我们提出什么样的理由，每个可能提供武器弹药的国家都因受到了敌国的影响而不敢出售弹药给我们。困难还不仅于此。我们还有内部的反对者，仅仅这些人就足以破坏我们付出的所有努力。到处可见的苏格兰人，只要有机会，就会成为我们的敌人。教友会的信徒们在宾夕法尼亚组成了一个强大的组织，他们利用各种手段反对革命。另外还有各种反对的声音、保守派的意见、个人恩怨、对可怕敌人的恐惧，敌人狡猾的承诺和威胁，一些不冷不淡的朋友们提出的革命建议，所有这一切构成了一个复杂的混合体。然而尽管有各种各样的障碍，历经艰险，费尽辛苦和智慧，这个国家终于建立起来了，这是人类历史上从未有过的成功。

我们一定要记住，这场革命的主导不是某一派的领导人，而是大多数人民的共同主张，建立国家的根本原则经过了这大多数人中的每一个人的了解、权衡和批准。它不是混乱争吵的结果，而是经过深思熟虑的决定。因此，那些通常会——不，总是会——影响和摧毁公众行动的软弱、优柔和迟钝没有影响到我们的决定。

相反，每个人都尽力去完成他决定去做的事情，那种紧张感和危机感只会加速他们的行动，激发他们的斗志和勇气。身居高位者引领群众的思想，田间劳作者则努力生产武器弹药，为士兵提供膳宿。

在商业方面，殖民地做出了巨大的牺牲，他们对紧缺的武器弹药给予正常贸易的千倍利润。于是，几乎所有国家的人们都不顾政府的禁令运来这些违禁品。

公共舆论阻止了无政府状态导致的坏影响，那些想要趁机利用这段法律真空期的人都会受到大家的驱逐。这段时间几乎没有出现什么不良现象，有个先生先前还抱怨建立政府的过程太缓慢了，可现在他却认为，殖民地人民也许会发现没有法律也完全可行，因此，如果建立政府的过程被延误了，那就不必再组建政府了。

有史以来最伟大的革命

不到几个月的时间，政府就组建起来了，并出台了各种体现智慧和公平的法律条文，这使得欧洲那些有思想的人士羡慕不已。

战舰建成了，大批装备齐全的巡洋舰也下了水，这对英国的贸易造成了更大的损害。经历了严冬的考验，我们的军队也组建好了。在这场防御战中损失的人员和物资也得到了补充。抵抗无处不在，敌人处处被困。在海上、在货运途中、在港口，敌人的船只不断被抢，他们的贸易几乎停滞。

这是这个世界上出现过的最伟大的革命，几百年来，英国这个强大的力量曾经让整个欧洲颤抖，她有 2 万德国雇佣兵的协助，与此同时，欧洲国家几乎同时对美洲禁售武器弹药、禁止美洲战利品的买卖、禁止出售战舰给美洲，她侮辱和伤害美洲人民，因为她认为这些人没有能力抵抗和报复。但是如今，这个强国最终被那些她曾经侮辱和伤害的人们打败了。

再见，英国

我很希望和平再现，但是现在的和平将会是和以前不同的和平了。我曾经愚蠢地期望能维系和英国的关系，看到双方分裂，我曾经万分惋惜。但是他们对我们的极端残忍熄灭了我心中仅存的回归念头，让我们成为永不可能复合的两方。英国失去的肢体将永远无法再生，而我们也蒙受了巨大的损失，但是我们有正确的管理措施、勤劳的人民、富饶的土地，这些损失很快就会得到弥补。

归属她会伤害我们， 如果我们屈服了，回归这个国家，那这样的危险会再现。我们太了解她了，绝不会听从她的类似提议。意大利诗人但丁曾经用下面这些优美的诗句来纪念他心爱的女郎，我们就用这些话来告别英国吧。

啊，我心之所爱的夫人，

你为我买了一名奴隶送到这自由之国度，

究竟你是用了什么办法，

通过了条条大路上的关卡。

第五章 驻法公使

1776 年—1778 年

《同盟条约》

抵达法国时，我几乎无法站立

经历了 30 天的长途跋涉，我终于安全抵达法国，旅途的艰辛使我身心疲惫。一路上我受到了非人的待遇——乘坐的“复仇号”军舰非常简陋，根本不适合在北海海域行驶（这一点很快就被证明了，因为它返航的时候不幸沉没了），舰上的住宿条件很恶劣；我头上的顽劣皮癣也频繁地折磨我，奇痒无比；而且伙食非常差，以至于抵达法国时，我连站着的力气都没有。不过之后我很快就恢复了体力，没过几天，便去了 250 英里以外的巴黎。当地的驿递马车要是能像英国的四轮马车那么强劲的话，去巴黎的旅途也不至于那么艰难。遗憾的是马车非常疲弱，马瘦、夜黑、沿途一个人都没有，就我们几个孤零零地艰难前行。为了让我们歇一歇、缓一缓，车夫在路边的一片小树林边停了下来，他还告诉我们这一带经常出没一伙十八人的劫匪，两周前，就在我们歇息这个地方，还抢劫并杀死好几个过路人。

此行我还带了两个孙子：坦普尔，16 岁，一个前途无量的大男孩，我非常宠爱他，我带着他一方面是想让他受受教育，另一方面是让他做我的私人秘书；另一个叫本尼·贝奇，这是个 7 岁的孩子，我打算把他送到寄宿学校，让他学学法语。他的父母认为他能在战争期间跟我来法国，是个非同小可的经历，这比呆在美国强，对于年幼的孩子来说，这是一次宝贵的受教育的机会。

在法国我受到了热烈的欢迎

法国有很多美国人的朋友，而且我在这里很有名——他们都知道我是电学家，知道我发明了避雷针，所以我来到这里，受到了非常热烈的欢迎。但是由于英格兰的报纸一直在鼓吹他们的军队在美国连连获胜，使得法国人倍感沮丧。后来我向他们保证美国人不会气馁，一定会直面敌人，一定会阻止英军的两支队伍会合，我的话让法国人又有了一点信心，又振作了些许。在法国没有人知道我此行的真正使命，作为公众人物我也不得不隐姓埋名，[1] 但是从那些大人物赏光见我，而且对我非常客气、招待周到来看，我发现他们好像都猜到了我来是跟法国谈判的。我还发现装满武器的舰船正准备向美国进发：[2] 种种迹象表明，我们将得到很好的援助，下一次战役我们的力量会更强大。

《独立宣言》发布之后，国会知道一切主张与大不列颠妥协和谈的可能都不存在了，于是下令组建了 94 个步兵营和几个骑兵营。自从费城成为战场，国会便迁往巴尔的摩，在这里可以从容地处理公共事务，

1 富兰克林收到指示，在面见法国内阁之前，不能对外公开他此行的真正使命（即向法国寻求军事和财政方面的援助）。

2 尽管富兰克林到现在还没见到法国的内阁，还没请求援助，但是议员塞拉斯·迪恩此前来过法国，并成功获得法国在资金和军事上对美国的援助。

不会受到外界的干扰。我接到一封来自前线的信，信中说华盛顿将军得到查尔斯将军率领的部队和几支民兵力量的支援，率领2500人渡过了特拉华湾，袭击了驻扎在特伦顿的一股敌军，并取得特伦顿大捷。[1]我们知道这事关美国独立的成功与否，所以我们被国会派往法国和西班牙，希望能够说服法国尽快参战，同时，由于我们急缺战舰，所以希望能够从法国得到一批战舰支援。

法国朝廷不情愿参战

我抵达法国不到两周，迪恩和阿瑟·李便从伦敦赶了过来。法国外务大臣韦尔热纳伯爵分别接见了我们。我们向他递交了一份协议草案，还呈交了一份请求支援的报告，包括八艘人员配备完整的战舰，尽快提供2万或3万支火枪和刺刀、大量弹药和野战炮，并提出要求法国派人把这些护送到美国，一切费用由美国承担。在伯爵的建议下，我们还拜见了西班牙驻法大使阿兰达伯爵，伯爵先生好像对我们很有好感，他答应会把我们的请求转达给西班牙朝廷。据说他们的战舰训练有素，人员配备精良，非常适合航海。法国国内的民众呼声也是支持我们的，但是他们的国王，据说不情愿参战。

1776年—1777年间的美国

我认为要想得到别国的慷慨资助，最保险的途径是我们自己要有斗志，要坚持不懈——自助者，天助。人们都惧怕帮助那些对自己都不负责任、不思进取、满不在乎的人，更别说那些帮了可能会白帮的人。

---

1 华盛顿率领部队渡过特拉华湾，于1776年12月26日袭击了驻扎在特伦顿的黑森部队，取得了独立战争的第一场胜利。

我知道我们已经做了很多，但是据说我们在刚刚取得一小点胜利之后就开始松懈，而且也不思在装备军队方面多下点功夫。如果每一个美国人，无论男女，能更勤奋一些，生活上能再节俭一点，那么我们自己创造出的财富会远比我们从欧洲的那些友国乞讨或借来的多得多。

因此，在我写的《英国北美殖民后期的现状备忘录》中，我向法国朝廷说明了我们的团结一心和强大力量。独立的 13 个州拥有大约三百万人口，而且随着早婚早育，这个数量还在增长，按 25 年一代人[1]来算，我们的人口可以每 25 年增长一倍，如果把陌生人也计算进去的话，在有的殖民地区，增长速度会更快。如此一来，也许英国就不会想继续这场战争了。

我告诉法国和西班牙朝廷，美国已经拥有一支由小船组成的海上小舰队，这支舰队对英国的商贸形成了干扰势力，同时，一些自发的武装民船也加入了抵御英军的战斗。此外，由于很多美国渔民因为战争而无法正常捕鱼，所以便加入了护卫舰队和武装民船的行列。

说到农业和商贸，迄今为止，农业还没有因为战争而减产，那些没参加战斗的人工作比以前更努力，所以目前国家粮食供给充足且价格便宜。鉴于供需预测，我们缩减烟草种植面积，扩大亚麻种植面积，因为未来一段日子，被服需求会很大。战前商贸交易额高达 500 万英镑，用于商贸运输的船只多达八九百艘。但出于两方面原因，商贸目前几乎停止：一是担心被英国人俘虏，二是缺少运输船只——中部和北部的大部分殖民地区的商人，以前都是做小麦、面粉、鱼、和其他食物出口生

1　早在 1751 年，富兰克林就在他撰写的一个重要的政治手册《人类数量增长观察报告》中说到了这个问题。在那本手册里，富兰克林说得更加乐观：“每 20 年我们的人口就会增长一倍……这样一来，无论是从陆上还是从海上，对于大英帝国，那都将是多么大的一股威胁力量呀！对于经济增长和航海实力，那将形成多么大的一股促进力量呀！”

意，但是他们预测到战争的影响，都把船卖到欧洲，而木匠们都在紧锣密鼓地建造舰船和武装民船，所以商贸运输量微乎其微。英国的商贸如今几乎已经瘫痪，而现在的美国，在不久的未来将实现诸多方面增长，而且如果法国和西班牙能站出来保护，那么美国将从中获益；同时法西两国也可以通过出售产品和农产品，获得更多的财富和船员，变得更强大，同时英国会变得越来越弱，这对于英国来说是雪上加霜，而对于法西美等国将是如虎添翼，双方差距将成倍增长。法国和西班牙消费不了的烟草等将被卖到欧洲其他国家，收益相当可观。

慷慨高尚的资助

法国民众从内心深处是支持我们的，而且向英国开战的呼声非常强烈。实际上已经万事俱备，只是法国朝廷出于某种考虑还想再拖上一段时间再参战。此时，法国的富人们帮助我们的愿望也非常强烈，他们免息借给我们200万里弗尔，[1]而且答应什么时候美国和平富强了，什么时候再还给他们；完全是无条件，而且不需要任何担保，也不需要我们做出任何承诺。我们接受了这个慷慨而高尚的资助。

在我们与法国国务大臣的初次对话中，我们发现法国朝廷尽管私下里对我们非常客气，但是很明显他们对于得罪英国还是很谨慎的。因此，国会的那些大臣们希望避免公开承认我们，也不愿意公开接见我们，甚至没有与我们进行任何的正式磋商。但是，为了让我们放心，国务大臣答应作为友国，我们可以使用法国港，美国人可以自由购买和运输可能需要的任何货物，也可以自由贩卖美国自己的商品；而且

1　里弗尔是法国货币——官方称谓是里弗图尔（图尔镑），名字来源于该货币的铸造地图尔市。英国的英镑和法国里弗图尔的兑换汇率大约是1：24，里弗尔在法国大革命期间被废除，取而代之的是法郎。

法国政府是愿意帮助我们的，按照协议条款，我们应该还可以利用法国政府现在提供给英国用的一切设备设施。尽管当时法国给予美国援助这件事已经不是秘密了，当时大家都知道从国王的弹药库里拿出了 200 门黄铜野战炮、3 万挺轻型燧发枪，还有大量的军需物资，都是运往美国的，但是在我们面前，国务大臣却假装对此事一无所知，而且宣称那么做对法国朝廷没有什么好处。但是私下里却暗示我们如果我们不对外人讲起我们之间的事，那么他们的人愿意在任何方便的时候与我们协商资助的事情。

我们正在想办法筹集一大笔钱急用，于是想出了一个从法国通用农民联合公司预支烟草货款的方式，因为该公司从美国购买了两万桶[1]的烟草。于是，经过几番努力，我们终于与通用农民公司达成了借款协议。之后，法国朝廷又资助我们 200 万里弗，50 万当即支付，其余部分将分别在四月初、七月初和十月初，每次支付 50 万；说这是法国国王的赏赐，无条件、无须偿还，唯一的条件就是我们跟任何人都不能提起我们所得到的帮助。我们当然守口如瓶。

各级军官都为我提心吊胆

在法国，各级军官都强烈要求加入美国军队参加对英国的战斗，人数之多、愿望之强简直是令人惊奇。处理他们的申请和诉求信使我们精疲力竭，成百上千封信件都无法收到满意的回复，因为我们得到的命令是不招军官，只招工程师。

我认为，华盛顿将军手下已经有太多的外国军官了。然而，即便是这样，还是有一位多赛特先生不顾我的建议，一个人自费去了美国。

1　一桶重 54 加仑。

我告诉他不可能在我们的军队里谋到职位，但是他的愿望太强烈了，这种对我们的事业所表现出来的热忱至少是值得我们尊敬的。

之前做过普鲁士国王的军需官等职位的中将施托伊本为了我们的独立大计只身来到美国，施托伊本将军参加过所有普鲁士军队参加过的战争。向我们推荐他的是最好的两位军功评判家韦尔热纳和热尔曼，他们与施托伊本相识很久，韦尔热纳和热尔曼坚信施托伊本在普鲁士军队里 20 年的研究和实践所积累的军事知识和战斗经验一定会对我们有很大帮助。法国还促成了波兰的普瓦斯基伯爵来美，这位波兰的伯爵以勇敢名震欧洲，他就是那个率军抵御俄国、奥地利和普鲁士三国入侵,解放了波兰的普瓦斯基。我觉得他可能会为我们所用。拉法叶，一位年轻的侯爵，出身贵族，家境殷实，在几位知名的军官的陪同下，开着自家舰船来到美国加入我们的军队。他受到了空前的爱戴和礼遇，就连那些之前指责他做事轻率的人都为他鼓掌。我们对他的礼貌和尊重博得了他的那些贵族亲戚、法国朝廷，以至于法国民众的欢心，后来在我们去法国求助过程中这还派上了用场。他抛下了身怀六甲的妻子来为美国效力，我们真是于心不忍，我们希望他不要像以往那样奋不顾身，希望他能平安回国，照顾妻儿。

大多数来美国谋差事的军官都难遂心愿。我们的军队人员已满；很多满怀希望来到美国却没找到活计的人生存都成问题。我出面举荐也于事无补，于是他们不得不返回，路途遥远，费用不菲，而且还有被英国人抓住投入大牢的危险。毕竟，如果这些绅士找不到容身之所，那么在异国他乡，他们将陷入痛苦，而且还会咒骂那些当初教唆他们来美国的人，今天的困苦境遇都是拜那些人所赐。我觉得法国人天生自以为是，他们写的推荐信里总是把人夸得名不符实。假如谁一无用处、一无是处，简直就是亲人的累赘，而且还不知检点、恣意挥霍、奢侈放纵，那么这个人往往会被推荐给美国，这样法国人倒是眼不见心不烦。我是这么看法国人的推荐信的，我自己是不会接受或者写这样的推荐信的，我也不会建议别人相信推荐信里的内容。

你简直无法想象我有多么煎熬

天啊，我快煎熬死了。这些要求去美国的申请简直就是对我无休止的折磨。尽管我一再声明我不是来雇佣军官的，但是法国人铁了心地认为我就是为这个目的来的。事实上，我从来没接到过类似的指令。但是许多法国人都暗示我，这么做我的选民们会欣然同意的。虽然我不是来招募的，但是几乎天天有来信，天天有来访的人，都是要求去美国参战的。我要是能满足他们所有人，哪怕只是部分人，那也是令人愉快的。我本来可以答应他们的要求做他们的推荐人，这样至少会使他们暂时心满意足。但是当他们满怀信心地来，却大失所望地无功而返时，他们一定会因为我顺从了他们不理智的要求和欺骗了他们而诅咒我，会成为我的国家和我们的事业的敌人。为此，我的朋友都受到牵连，都受到嘲讽，他们也笑话我出力不讨好，各部门大小官员、各阶层的妇女，包括职业律师，人人都为我日夜提心吊胆。国会中稍有风吹草动，我都胆战心惊。我特别害怕有人在美国以外的其他地方请我吃饭，因为肯定会遇到某些军官，或者他们的朋友，一两杯酒下肚，他们就会攻击我。幸运的是我连做梦都很少遇到这样的窘境，否则的话我将永无宁日。

一封推荐信范文

为了回应那些永无休止的要求，我写了封推荐信的范文：

尊敬的先生：

持有此信的来人逼迫我给他写推荐信，不过我对他一无所知，甚至不知晓他的姓名。这好像是天方夜谭，但是我可以向你保证，在这里，这种事司空见惯。有时，两个彼此互不相识的人会你推荐我、我推荐你。至于这位持信的先生，要想了解他的性格、他的优点，你只有问他自己了，因为他一定比我更了解他自己。我推荐他，是因为礼多人不怪，只要不是恶人，就都应该受到这样的礼遇，而且，我也请求阁下善待他，在今后的深入了解中，你会发现他值得你对他好的。能够作为他的推荐人，我很荣幸。

本杰明·富兰克林

1777 年 4 月 2 日 巴黎

等到 1779 年，大量的外国军官来到美国谋求职位，但是空手而归，为此，美国国会表示非常尴尬。因为我们的军队已经人员齐备，而且军官人浮于事。于是我发现，当初，无论是谁，我都不该给他们任何鼓励和希望。

我们的事业受到普遍拥戴，我们的事业是全人类的事业

整个欧洲都支持我们。我们的《十三州联邦宪法》被翻译成法文，而且在法国公开出版，这件事给了美国各州和联邦政府以巨大的信心和信念。若干个州自己的宪法也被翻译成外文在欧洲出版。大家普遍认为假如我们成功地建立起自己的自由政府，那么只要战争一停，马上就会有家族带着自己的财产从欧洲来美国享受我们宪法里写的那些特权，随之而来的还会有大量的财富。因为世界的其他地方依然还是

独裁专制，所以，一想到以后的美国将成为一个庇佑之所，人们就欢欣鼓舞，于是，我们的独立解放事业被誉为全人类的事业。那些被奴役的人们一直生活在最底层，过着悲惨的生活，所以我们在为人类的尊严和幸福而战，我们的事业是神圣的，是光荣的。任何叛逃者或背叛者都将受到憎恶和诅咒。

法国的舰队已经整装待发，跟西班牙的舰队联合起来，战斗力将会比英国强很多。法国朝廷的态度也更加明朗了。据说英国驻法大使斯托蒙特向法国外长暗示说，如果法国继续给美国提供军需，那么英法之间的和平将不会长久，而法国外长坚定地回答："我们既不希望战争，也不惧怕战争。"这样一来，谁都明白，用不了一年准会打起来。欧洲各国希望看到英国能谦卑一些，因为英国在利益面前从不让步，她的傲慢冒犯过每一个欧洲国家。

我们将心甘情愿地冒险，不顾个人的自由和生活

1777 年年初，英国打了几个胜仗，给我们来了个下马威，而且确切情报显示，将有 8 000 人，其中主要是德国人，在伯戈因将军的带领下，春天的时候将来到美国，而且装备了战船准备进攻弗吉尼亚和马里兰。于是，我们赶紧把这一紧急情况上报给法国和西班牙朝廷，希望与其建立友好亲善关系和商贸往来，同时，希望他们对英国宣战。因为需要有人去马德里、荷兰和欧洲更北的国家，所以我们达成一致，决定派李去西班牙，迪恩去海牙。意识到目前的局势对我们的自由梦想有威胁，于是我们认为有责任冒一切风险去争取他们的支持和保护。因此，作为特使，我们同仇敌忾、一往无前：

特使誓言

为了达成协定，我们将不惜一切。为了得到抵御外敌的物质帮助，或者民众对我们的支持，我们应该向祖国人民保证，我们会冒着被国会责难的风险，该越权绝不犹豫；为了这个伟大的目标，我们不惜牺牲自己。

本杰明·富兰克林

塞拉斯·迪恩

阿瑟·李

1777 年 2 月 5 日 巴黎

整个欧洲都站在我们一方，尽管有的只是为我们鼓鼓掌助助威。但是，那些生活在专制统治下的人们是赞成自由的，而且是向往自由的。同时人们对在欧洲重建自由国家已经不抱任何幻想，他们如痴如醉地读着我们的独立宪法，而且到处都有人在谈论，想在我们独立以后，太平了的时候携全家老小和全部家当移居美国，届时，我们将从这些欧洲移民那里获得巨大的力量、财富和艺术，于是为了减少或者阻止移民，欧洲的专制统治必须收敛，必须给予他们的人民更多的自由。

与各国通商，拒绝战争

英国国会议员、我的老相识哈特利先生于 1778 年 4 月来到美国。他通常是反对派，尤其是在关于美国的事情上，但是他很尊重诺斯勋爵。在我们的对话中，他表达了强烈的愿望，希望与美国休战，而且非常想知道我对那些提出来很可能会被接受的休战条件的态度。他想知道为了实现和平，美国会不会给予英国贸易特权，是否会跟英国结盟，或攻击性的，或防御性的结盟；如果英国与法国开战，我们会不会违背条约加入法国队伍，抵制英国。我告诉他美国人不喜欢战争，而且听友人的建议很愿意在公平公正的条件下谋求和平；但是我们没有什么条件可提，而且我也没说任何条件；倒是英国，挑起了这场非正义的战争，给我们造成了严重的伤害，应该想想怎么赔偿我们，而不是要求在与美贸易中寻求别国没有的特权；英国一贯好战，而且之前动辄就与别国交战，这些足够让我们拒绝与之结盟攻击其他国家，如果因为美国的原因，英国对法国宣战，那么美英之间不可能实现和平；而且为了曾经在我们受到英国攻击的时候对我们慷慨解囊的法国，我们将与其拧成一股绳，不遗余力地并肩御敌。

总而言之，美国的制度就是要与世界各国和平地进行商贸往来，拒绝战争。

我们的战俘抱怨受到了残酷的虐待

我告诉哈特利先生，我们的战俘在英国的监狱里受到了虐待，这违背了文明国家间的战争法则。远离朋友和家人，而且冬天即将到来，他们身陷囹圄，缺衣少食，狱室寒冷，没有取暖的火炉，既不可以给亲朋写信，也不允许探监，甚至不允许接受来自英国人道主义和慈善救助的捐助。从位于普利茅斯的米尔监狱中获悉，我们的战俘在那里不准使用笔墨，不准看报纸，也不准与朋友交谈。我跟哈特利保证，在美国的英国战俘一直都受到的是优待，吃的是与我们的部队相同的健康食物，住的是舒适的居所，还可以在好天气出来放风，享受一下假释的愉悦。我请求哈特利先生，后来又拜托诺斯勋爵，请他们找一个可靠的、人道的、谨慎的人，能够给那些为了自由而献身的勇士们减轻痛苦。后来哈特利先生告诉我说他没有辜负我的托付，找了一位雷恩斯牧师，很仁慈，改善了我们的战俘的恶劣处境。

同时，在法国，我们有200多名俘虏，都是约翰·保罗·琼斯抓获的，被囚禁在德雷克，因为陆地上没有监狱可以看押他们，所以只能关在那里。后来我们得到允许，可以用法国的监狱关押英国战俘。我写信要求用我们俘虏的英国士兵来交换500名被英国囚禁的我们的士兵。

刚开始，我们的几次请求都被傲慢地拒绝了。俘虏在那个时候被视为叛逆者，犯有叛国罪，只有通过法律程序才能释放。后来我们就只能退而求其次，尽最大努力使他们的处境好一些。多亏了哈特利先生的不懈努力，经过漫长的游说，我们终于获得了英国海军部的勋爵们的同意，答应换人，同时要求用交换战俘的运送船把关押在法国的英国战俘送回英格兰。但是实际实施被一拖再拖，哈特利先生说“法美联盟是通往和平路上的绊脚石”，交换战俘这件事就被搁浅了，那些不幸的人继续生活在水深火热之中。后来，我觉得英国政府毫无信任可言，出尔反尔、阴险狡诈、冷酷不公。简直就像汤姆森[1]笔下的“蜘蛛”，狡猾残忍、可憎可恶。

现在看来哈特利先生和我们一样受到了欺骗。很明显他们的拖延是蓄谋的，就是想争取时间对我们的战俘软硬兼施，希望他们能够与祖国为敌，来换取个人的人身自由。我们从逃出来的士兵那里得知每天都有人对他们威逼利诱，告诉他们美国已经抛弃他们了；说英国政府已经答应换人，但是由于我们的过错而没成行；告诉他们一切不利于美国的消息和美国很快就会被征服，所以如果他们不答应英国的大度应允，允许他们为国王效忠，那么他们就会被绞死。

1 詹姆斯·汤姆森，《四季·夏天》（牛津，1981），72行269–270.

最终，在 1779 年 4 月，交换战俘终于开始了，听说那些被俘士兵终于摆脱了英国回到祖国美国，我由衷地高兴。从普利茅斯监狱返回的战俘整整装了一船，有一百多名，最后证实是 97 名。船返航的时候满载的是英国战俘，后来又从朴茨茅斯送回了一批战俘。根据双方协定，这种交换要持续到全部交换完毕。美国人主要打点了詹姆士船长和兰德斯。我们的战俘都证明是忠诚的，而不是叛徒，使这次交换战俘意义更加重大。

我希望能够尽一己所能帮助那些需要帮助的人，哪怕是去满足那些为了祖国的事业而身陷囹圄之人。但是万事皆有无奈，英国巡航船频繁地拦截国会发出的供给，致使在战俘这件事上我难展拳脚。那些依然被囚禁的战俘写信要钱，希望可以打通关系逃离苦海，即使他们的要求是合理的，但是确实不切实际。一个人十个金币，那将是不小的一笔数目。资金不足，用项众多，所以他们的要求根本满足不了。

英国在交换战俘这件事上一直行事不公。故意拖延的目的是想拖垮那些可怜的战俘。经过长时间的搁浅，在我们已经释放了他们的战俘，用我们的巡航船送他们重返自由时，英国人最终还是拒绝释放我们的人。跟野蛮人讲文明，讲人道，真是对牛弹琴。

我一直觉得：
这场战争的最终受益人是我们

凭良心说，我觉得人类是邪恶的，只要能雇得起屠夫，他们就不会停止杀戮。但是，在我有生之年所经历的战争中，英国在英美战争中所扮演的角色最无耻，师出无名，只是嫉恨美国的自由，妒忌美国的商贸。而且我认为，他们是恶有恶报：不仅完全丧失了自己的自由，而且还毁了本国的商贸。说到美国，我坚信下一次较量我们一定会表现得比前一次好；毕竟我们现在装备更精良了，纪律更严明了，而且有了更多的弹药。我在去波士顿之前，军营里每个人只有不到五发子弹。这种情况即使对自己人都是保密的。外界还纳闷，为什么我们很少开炮，实际上是我们开不起炮，但是很快我们就造出了大量的弹药。

到了我这个年纪，我的身体还那么健硕，这已经不多见了，尽管我偶尔会犯痛风。但是我一直都希望自己能活着看到战争的结束，能看到我的国家获得自由，能看到伟大而光荣的美国成为欧洲所有受压迫的人们的庇护所，成为富人们的天堂，他们热爱自由，从四面八方来到这里，与我们一起共建美好家园。我觉得好像这场战争的最终受益人是我们，而英国将以毁灭而告终。一天，一个英国绅士正在跟几个法国人在一起，他说法国不立即对英国宣战是愚蠢的；其中有个人回复说“在英国，别妄想谋求和平”。

国旗上有十三道条纹，红白蓝三种颜色

我们非常高兴地把美利坚合众国的国旗介绍给欧洲各国的政府，我们的国旗上有十三道红白相间的条纹，左上角是一个含有 13 颗白色星星的蓝色小方块——意味着一个新的星座诞生了。有的州的舰船上挂着不一样的旗帜，比方说马萨诸塞湾州的战舰上就曾经挂着松树旗，南卡罗来纳州的旗在十三道条纹中间有只响尾蛇，一些商船挂的旗上只有十三道条纹。但是有国会规定的合众国的旗上不仅有十三道条纹，还有十三颗五角星。

关于间谍和安全

哈特利先生在动身回国之前提醒我要注意个人安全。他说万事悬而未决，正是人心浮动的时候；但是对我来说，人生已经过了大半，我对余生没有太多期待。就好比跟布商讨价还价一块布头，我会跟那些想要我的命的人说：“我已行将就木，老朽无用了，我不会再与你争论了，如果你乐意，随时可以来取走我的性命。”也许像我这样古怪的人的最好归宿就是为国殉职。

哈特利先生还提醒我警惕法国间谍，我告诉他我不怕，不管法国朝廷在我身边安插多少间谍，我都无所谓，因为我身上没有秘密。我一直遵守着一条原则，这样可以给予那些伪装是朋友的人们或者间谍们方便：那就是绝不做我认为羞于公开的事情，只做间谍们能看到的、欢迎的事情。当一个人的所作所为是公正的、是可敬的，那么他越有名，就越有声望。因此，如果我确认我的随从是间谍（很可能真是），我觉得如果他在其他方面做得很让我满意，那么我也不会开除他。

我们面临破产的危险

在钱的问题上，国会长时间没有给我们汇款，使我们非常难堪：我们跟法国签订的关于被服和武器的合同也到该还钱的时候了，但是因为汇款失败，我们现在面临着破产的危险。我们把目前的困境上报了法国和西班牙朝廷，然后耐心地等待回复。在此期间，他们又重新表示对我们的事业的支持，支付我们第四笔 50 万里弗的捐赠款。我们继续对法国的援助守口如瓶，即使对我们的国会也只字未提，因为国会里有英国的情报人员；但是我们觉得有必要解除这个禁令，应该让外界知道。

我们不断地接到投诉，说我们的战船征掠中立国家的船只和商船，给其分派任务，这使我们非常麻烦。投诉说在荷兰，来自查尔斯镇的两艘武装民船，“美国人号”和“实验号”征用了他们的一艘单桅帆船“切斯特号”；在加的斯，“民用号”武装民船征掠了一艘法国船只“财富号”，船上装有西班牙的货物；在巴黎，征掠了德国的“昂珀勒尔号”。我们要求公平审判，要求迅速做出公正的裁决，要求赔偿抗议者。我们在欧洲的主要任务就是消除敌人可能到处宣传我们是海盗的可能，阻止他们激起全世界的民愤来对付我们。

出乎意料的萨拉托加大捷

1777 年 10 月 4 日，一个叫奥斯丁的先生从南特过来，送来一份来自波士顿的急件。我迫不及待地问：“先生，费城被占领了吗？”

“是的，先生。”他答道。

就在我起身要返回酒店[1]的时候，突然奥斯丁说道：“但是先生，我还有比这更大的好消息。伯戈因将军和他的整个军队已经成为我们的俘虏了！”

我们马上发布了这个消息，在法国引起了迅速的反响。伯戈因将军的部队全军覆没的消息令法国人欣喜若狂，就好像是他们自己的军队打败了自己的敌人。我马上找韦尔热纳说关于伯戈因将军所率军队的实力的消耗问题，还讲了将军本人和他率全军缴械投降的事；告诉他豪将军占领了费城，华盛顿将军正在斯古吉尔河以西休整部队，招募士兵，蓄势赶走豪将军。我们谈话的目的是想促成拖延已久的美法

1 美国的第一个大使馆位于帕西的德·瓦伦蒂诺酒店，离巴黎大约几公里的路程，当时也是富兰克林的住所。下一章的开头写了他在帕西的居所。

之间的协定的履行，这样可以大大提高合众国的声望，同时也能打压一下敌人的气焰。

1778 年与法国结盟

几周之内，我们的谈判取得了胜利，与法国签了两个协定：一个是两国亲善和通商协定，并且在国会的提议下，额外附加了好多有利于我们的条款；另一个是共同防御联盟协定，法国国王答应与美国联合起来，如果英国企图阻碍他的国民与美国进行贸易往来，那法国将会站出来。这两个协定保证了美国的绝对自由、主权和独立，承认美国现在所拥有的一切；美国作为回报在协议里向法国保证他们将享有任何其他国家都没有的好处和特权。另外还有一份附加的秘密条款，就是答应西班牙也可以加入这个联盟，但是却被一拖再拖。

1778 年 2 月 6 日，由双方全权代表共同签署了以上两个协议，而且在递交给国会之前一直没对外界公布。法国国王表现非常慷慨大度，没有因为我们的处境而趁人之危，在法国力量强大的时候，我们不情愿，人家就没有对我们提任何苛刻的要求。我还需要补充一句就是法国国王非常明智地希望美法两国的友谊能够长久。我倡议全美人民想方设法消除历史的偏见，冰释前嫌，与法国人交好。

签订协议那天我穿着和韦德伯恩在白厅辱骂我那天一样的外衣。当迪恩问我为什么的时候，我回答说：“小小的报复。”

满载军需供给的船只，在法国舰队的护卫下，朝着美国进发。英国惊慌失措，国务大臣诺斯勋爵在当月的 17 号发表了冗长的演讲，承认之前他所采取的所有措施都是错的，和平是最重要的，而且还说到了两个提案，打算安抚美国，但那都是诡计和谎言。

第六章 驻法公使

1778年—1779年

大使的生活

我很享受与和蔼可亲的人们做邻居

来到巴黎几个月后，我就住进了位于帕西的伦蒂诺瓦酒店，在这里可以摆脱那些蜂拥而至的无聊的人们的打扰，那些人要么是来捐赠的，要么是要在我们的军队中谋得一官半职的。

从到了巴黎我就一直在忙，一直没得闲给以往经常有书信往来的亲朋写信。远离家乡，客居异地，没有办法及时给我爱的人们写信，这是非常不方便的一件事。我非常心疼我的姐姐简，被敌人追赶着在宾夕法尼亚到处躲藏，身心疲惫，因为我现在被朋友们追得四处躲藏，我深感不便，所以更能体会她的不容易。我在巴黎受到巨大的礼遇，每天都跟大人物吃饭；但是我仍然渴望回家，渴望休息，渴望能够在费城友人的家里，与大家其乐融融地吃印第安布丁。

德·肖蒙先生，是我在帕西的房东，他是我们在法国最早结识的朋友，曾经是那么的信任我们。在1776年，我们还没有拥有明显的偿还能力的时候，借给我们两千桶火药和其他的军需储备。他没有收我房租，答应战争结束了再以美国届时的房价从国会收取房租。我非常同意这么做，因为我不想在这个当口跟他讨价还价，每年我只有 500 英镑的薪水，以支付我的日常开销，此外还有一个秘书。1764 年宾夕法尼亚使馆以同样的薪水派我出使英国，还提前一年告知我，让我安顿家里的事，别因为我的突然离开和不在家而导致不便。但是我没有从国会得到这样的好处。

德·瓦伦蒂诺酒店是个空气非常好的地方，离巴黎 2 英里，位于一个山上的规划整齐的村庄里，酒店带有一个大花园，挨着一个小树林，闲暇的时候可以散散步。窗外有一条小河。我每天都在花园里散步，吃得饱、睡得香。我觉得跟英国人比，法国人的烹饪方法更合我的口味，因为他们的酱料里不放黄油，或者放得很少：即使我敞开了吃，也没有犯胃痛的毛病，说明我的消化非常好。我很享受跟和蔼可亲的人们做邻居，他们好像都很喜欢我。我结识了好多人，一周有六天都在外面跟他们吃饭。礼拜天是我特意留出来在家吃饭的，因为美国人都这么做，这一天我和外孙本尼还有他学校的几个美国孩子一起吃饭。如果说受到法国人的最高礼遇，得到来自各阶层的尊重和爱戴，这样可以使一个人快乐的话，那么当时的我是快乐的。

我变得十分讨厌肖像

法国人给我塑的第一个肖像是个圆形的泥塑，之后便一发而不可收拾，大小不一的，有的塑在鼻烟壶的盖上，有的甚至在戒指上；而且带有我肖像的那些物件还卖得非常好，销量惊人。到处都是我的照片、半身像和印章，结果使我这张脸简直就像月亮的脸那样，无人不知，无人不晓。根据词源，“孩子们玩的玩具”中“玩具”这个词取自偶像这个词[1]。以当时那么多有我头像的玩具来看，可以说我在法国是被偶像化了。

在朋友的请求下，我经常被要求坐在那里供画家画，或者供雕塑家塑，我非常讨厌这样，一个姿势一坐就是几个小时，简直是烦死人了。我礼貌地拒绝了一个朋友给我塑像的邀请。如果真是必要，我想我会配合，但是已经有了那么多我的脸，挑好的多复制几份会比重新画好得多：任何一个艺术家只要有了脸，画出身子就不难了。我告诉他们，可以从钱柏林[2]的作品中复制一份。

想想我为什么会出现在那些法国政要们中间呢？愉快的、健壮而精神饱满的，穿着朴素，戴着仅有的一顶皮帽子，下面露出几缕灰白的直发，遮住了额头，甚至有点挡到了眼镜。我希望法国的每一个绅士和淑女能够帮帮忙，学学我的时尚风格，像我那样梳头，辞退掉发型师，把付给发型师的钱付给我一半就行了。

除了有这么多的琐事让我心烦以外，还有不计其数的人上门拜访，有的是出于好心和礼貌，但有的纯粹是好奇，其中有完全不熟悉美国的人，也有来自欧洲各地的陌生人，当然也有法国各地的居民专程赶到巴黎来看我一眼。这些事情花费了我大量的时间，我无法专注，晚上，我经常是筋疲力尽，却什么也没做，一天碌碌无为。名望会偶尔满足一下自己的虚荣心，但是后果很麻烦的。

说到那首写我的拉丁文小诗，Eripuit coelo fulmen, sceptrumque

1 英文词Doll(玩具)的词源是Idol（偶像）。

2 曼森·钱伯林在1762年画的画上，富兰克林手里拿着大翎毛，背景是闪电。1773年，弗朗索瓦·马蒂内把这幅画做成雕塑，画面上的富兰克林长得像法国人。

tirannis,[1] 翻译过来的意思是：“他从上天盗取雷电，从暴君手里夺回权杖”。对这句诗我真是不敢妄加评论，不过有一个方面我不得不说，就是把我写得太伟大了，尤其是关于暴君那句话，革命是无数大无畏的人们共同的努力，如果我的努力也算为革命做出了一点点贡献，那么我已经无比自豪了。

我发现法国是一个最适合居住的地方

他们告诉我说要是给巴黎的女人写信，一定要谈时尚。坦普尔对女人的关注比我多。他注意到在南特的舞会上，每个女人的额头上的头发都束成五倍甚至七倍于脸部长度那么高的发髻。然而我们在德·拉罗什富科公爵家的舞会上，看到了三个公爵夫人、一个伯爵夫人，没有人的发髻高度有一个半脸那么长。所以好像越是天高皇帝远，人们的装束越离谱。

尽管如此，我发现法国是一个最适合居住的地方。一般都认为西班牙人残忍，英国人傲慢，苏格兰人无理，荷兰人贪婪。但是我发现法国人没有全民性质的缺点，他们有点轻浮，但是无伤大雅。他们把头发整得高高的，以至于带不上帽子，然后把帽子夹在腋下，抽烟用鼻孔吸，看上去有点可笑，但是不邪恶，只是长期独裁统治的结果。总之，法国人的身上洋溢的是可爱可亲，是值得尊重。

---

1 这首著名的歌颂富兰克林的名句出自法国财政大臣安尼·罗伯特·雅克·杜尔哥之手。见美国传记作家沃尔特·艾萨克森的《本杰明·富兰克林：一个美国人的一生》(纽约：西蒙与舒斯特出版公司，2003)，145.

有人宣扬我喜欢女性

在这样一个礼仪之邦，用来取悦人的惯用的恭维话已经是老生常谈了，让人听了平淡无趣，再把这些话拿来赞许人是会招来责难的。因此，以前大家用来称赞音乐好听的最常用的词就是 bonne（法语“好”），再好一点的音乐就说完美的、超级好听的、极好听的、美妙绝伦的、仿若天籁等，现在这些词也已经过时了，就剩下神妙的这个词还可以用。当实在找不到比之前的词更贴切的，更能说明问题的词的时候，我觉得就是返璞归真，回归从前的时候了。就像在较量哪个车厢上的画好、值钱，最后终于黔驴技穷，于是变成了只是简单地刷着单色漆，什么图案都没有是最好的。

总之，法国是地球上最有礼貌的国家。在这里第一个认识你的人会想方设法找到你喜欢的事情，然后告诉别人。如果他们发现你喜欢羊肉，那么吃饭的时候一定会给你准备好羊肉。好像有人说我喜欢女士，于是每个人都把自己的太太介绍给我（也有的女士主动把自己介绍给我），法国的见面礼是拥抱、男士亲吻女士的脖颈。法国不时兴亲吻嘴唇和脸颊，亲吻嘴唇是无理的，而亲吻脸颊会蹭掉女士的腮红。当然，法国女士有无数个招数来给人留下令人愉快的印象，比方说她们的优雅举止和善解人意的言谈。这真是一个可爱的民族，让人喜欢与之相处。

与布瑞林夫人愉快的谈话

布瑞林夫人就是这样一个令人愉快的朋友，她是我的邻居，一个和谐美满的人家的夫人，每周我们见两次面。她性格随和，谈吐讨人喜欢。她多才多艺，是一个非常出色的音乐家，有时她会组织小型的音乐会来招待我和我的孙子，其中她的几个朋友演奏乐器、她的女儿们唱着优美的歌曲，还有茶点、国际象棋。她的丈夫布瑞林先生给我讲了很多的趣事，与他谈话是一件令人非常愉快的事情。我把这个称作是我的歌剧，因为我很少去巴黎的戏院。

布瑞林夫人希望能通过小小的消遣让我从繁重的工作中解脱一下，放松放松。我把她当作我的女儿，因为来到法国，我就失去了我自己的孝顺的女儿的真心陪伴。在法国如果可能的话，我每周可以见布瑞林夫人两次。我和她在一起的时候总是很幸福，享受着她甜美的陪伴，看着她，听她讲话。确实，有时候我怀疑我都有非分之想，但是我努力地克制自己。如果说以我的年龄，爱上了一个年轻的女人有点不合适，那么我不得不坦白地说我羡慕年轻的灵魂，我喜欢女人的温柔和优秀才华，我爱我的法国女儿，因为她值得爱，也因为她爱我。这么说近乎疯狂，不过无济于事：我这么说没能给我赢来赞赏！但是当一个人爱得疯狂的时候必须做点疯狂的事情。[1]

下面是我们之间的几封往来的信件：

本杰明·富兰克林：

昨天，布瑞林夫人很荣幸能向富兰克林先生展示自己的才华，能够有机会为他演奏一曲苏格兰小调，而且富兰克林先生好像很喜欢。

能够时不时地给她所爱的富兰克林先生带来快乐使她无比高兴，富兰克林先生是值得爱的；不过，先生无情地杀败她六局国

1　托马斯·杰斐逊说过，“有女人的陪伴，他（富兰克林）就丧失了自控力，会变得几乎癫狂。”见《本杰明·富兰克林：自传和其他作品》，作者肯尼思·希尔弗曼（纽约：企鹅出版社，1986），206.

际象棋，倒着实令她有点生气，而且她警告他，她会不遗余力地复仇的！

布瑞林夫人

1777 年 7 月 30 日

让你在浴缸里待了那么久，我们深感抱歉

布瑞林夫人：

昨晚回到家，我发现都快 11 点了。我担心因为我们下棋太投入了而导致忘了其他的事情，为此给你带来了不便，还让你在浴缸里待了那么长时间。[1] 亲爱的朋友，告诉我你今天早上感觉怎么样。以后我再也不会同意在你的浴室里下棋了。能原谅我的轻率之举吗？

我送你一本比陶韦先生的《荷马》。这个可爱的家伙非常想结识布瑞林夫人，也想听她的音乐。下个礼拜三我可以带他去你家吗？

本杰明 · 富兰克林

1777 年 11 月 29 日

1　这里指著名的浴缸事件。富兰克林和他的邻居路易斯 · 维拉尔下棋下的太投入了以至于忘了时间，他们待的时间太晚了，布瑞林夫人一直在木制浴缸里泡着。见克劳德—圣安妮 · 洛佩兹著的《我亲爱的爸爸：富兰克林和他的巴黎女人们》（纽黑文：耶鲁大学出版社，1990），59.

本杰明·富兰克林：

昨天的事情无所谓，能看见你我就很高兴，早把因为在浴缸里泡的时间长而带来的疲惫忘到九霄云外了。

我会读比陶韦先生的《荷马》的，非常感谢你，我亲爱的朋友。

周三、周六见，希望我这一生的每一个周三、周六都能见到你。

布瑞林夫人

1777年11月30日

“没有一个伟大的人物能免于有自己的弱点”

本杰明·富兰克林：

亲爱的兄长，昨天谈话中你对我的信任令我很感动。你作为驻法公使，万事都为自己想得那么少。只要你是爱上帝的，爱美国的，其中最爱我的，我会赦免你的一切罪恶，现在的、过去的、将来的。而且我答应将带你穿过铺满玫瑰的香径，到达理想的天堂。

我的忏悔者很清楚，人有七宗罪，亲爱的兄长，您只是犯了其中的一条罪。这很容易证明给你看：

第一宗罪是傲慢——一个贤德的人总是做好事，所做的一切都出于善念，为他的人民的幸福着想，那么如果他的行为给他带来了荣耀和光环，但这并非他的初衷。所以从这个意义上说，你不傲慢。

第二宗罪是嫉妒——只有庸人才嫉妒别人的名望、优点和成功。你是不可能心存嫉妒之念的。

第三宗罪是贪婪——适度的欲望、简单、做事有条不紊，这样的你绝对不会贪婪。

第四宗罪是暴饮暴食——我觉得你好像还真是挺贪恋美食的，但是你却克制着自己的食欲，所以，你不算暴饮暴食。

第五宗罪是愤怒——你有冷静的灵魂，做事总是那么理智，所以在这方面你是无可挑剔的。

第六宗罪是懒惰——先不说你在防雷电方面所做的贡献，如果有人可以作证，那么美国可以为你作证，要是所有人都能像你这样，懒惰这个词将被从字典里抠除。

第七宗罪——我不说它是什么。没有一个伟大的人物能免于有自己的弱点。或许这种所谓的弱点删除了纯粹哲学可能留下的粗糙和严酷。你爱过；你善良可爱；你也被爱过！什么该死的弱点？有弱点怎么了？亲爱的兄长，继续做你的伟大事业，继续爱美丽的女人；只要你爱的女人都是美丽可爱的，我就支持你：你要爱上帝，爱美国，最爱我。

布瑞林夫人

1778年3月7日

我承认我总是打破戒律

布瑞林夫人：

我被我的灵魂向导深深吸引，我甘心情愿听从她的指引，因为她许诺要领我穿过铺满鲜花的香径去往天堂，有她的陪伴，无论前路多坎坷，我都无怨无悔，一往无前。即使对着忏悔者 ，她对我也是那么地偏爱，她帮我考问良心，认为我只有一个过错，而且还给我的过错起了个好听的名字，叫弱点！我听从你的教诲来赦免我过去、现在、将来的罪过，你让我做的是那么轻松而愉快的事情——爱上帝、爱美国、最爱我的灵魂向导。一想到我将被未来赦免，我就兴奋不已。

人们通常说的有十大训诫，但我所知道的有十二条。第一条是增加人口，繁荣地球。第十二条是我给你新加的，彼此相爱。我觉得这一条不应该是最后一条，应该是第一条。这两条我做起来都不费劲儿，而且一有机会绝不错过。普雷告诉我，无论我是否遵守这两条，因为这两条不在摩西十诫里，所以我的诡辩不可以弥补我犯十条里的任何一条，我的意思是说摩西十诫是绝对禁止我觊觎邻居的妻子的，问题是我承认我经常犯这样的错误。每当我想起我那可爱的忏悔者，我就默念上帝宽恕我吧：即使我真的占有她了，恐怕我应该也不会后悔我的罪过。

说到良心的事，让我想起有个教父的观点，我是非常赞同的，尽管我不确定是否是正统的观点。这个观点就是——最有效的消除诱惑的方法就是获得满足。不知道我要是真那么做会冒多大风险？

既然你都答应为我的未来赎罪，那我为什么要如此小心谨慎呢！再见了，我迷人的女向导，相信我，永远都是最尊重你，最喜爱你的。

你最顺从谦卑的仆人

本·富兰克林

1778 年 3 月 10 号 帕西

“女人如有欲望则不应屈服于欲望 ”

本·富兰克林：

你是男人，我是女人，我们可能想的一样，但是说的做的一定不同。也许对于男人来说，有欲望却退缩了可能没什么大的害处；但是一个女人要是有了欲望，是决不允许退缩的。你虔诚地履行着两条非常愉快的训诫；但是你却违反了另一条很容易违背的训诫。可能是出于虚荣，我们之间的友谊促使我原谅你；但是在没有跟你确认你到底垂涎于谁的妻子之前我不敢做决定，因为你比我诡辩。正如穷人理查德说的，在重大事情上找人商量商量是最好的。

再见了，我亲爱的忏悔者。不过在结束之前，我想真诚地向你坦白，其实在欲望这个问题上，我的罪孽一点儿也不比你轻。我渴望见你，渴望了解你，渴望得到你的尊重，渴望得到你的友谊。从一开始我就对你毫无保留，希望你也能对我好点。现在，我希望你能永远爱我。这种渴望越燃越烈，一辈子都不会消失。仁慈的上帝告诉我，我们心中所有的渴望最终无疑会带领我们到达天堂！

布瑞林夫人

1778 年 3 月 16 日

“我把你当作父亲”

本杰明·富兰克林：

你把我当作你的女儿，我把你当作我的父亲。你说在美国，你有一个尊重你、爱戴你的女儿；在这里，我替代了你的亲女儿！我们爱我们的美国盟友，也尊重崇拜他们的领袖。两国人民之间的友谊将永远持续下去，因为这对双方都有极大的好处；但是如果美国人把你留给法国，那么这个利益联盟再配上灵魂的联盟，不是更好吗？

亲爱的爸爸，昨天我忘了提醒你，你不是答应借给我一卷你写的书吗？这样我也能学学什么是龙卷风。关于龙卷风，连库克船长也要向著名的富兰克林博士讨教呢。

等我到了天堂，假如圣彼得问我信什么宗教，我会告诉他："我信仰的宗教的主仁慈宽容；人们爱戴所有像圣彼得的人，而我爱富兰克林，而且崇拜富兰克林。"我确信圣彼得会说："来，快到富兰克林先生身边来。你看他挨着主坐着呢。"然后我走过去，从此过着天长地久的幸福生活。

布瑞林夫人

1778年9月30日

致布瑞林夫人：

自从你向我保证我们会在天堂里相遇，而且还会认出彼此，我就经常思考在天堂里我们的生活安排。我可能要比你早到40年，这样我有四十年的时间练习吹玻璃口琴，也许到时候能练到足够好，可以和得上你的钢琴。我们还可以经常开开音乐会：帕金会来，你的那些邻居和可爱的朋友们会来，肖蒙等一些老朋友和其他的一些人会给我们当观众。我们吃着天堂里的黄油豆蔻烤苹果，会为那些没死的人感到惋惜。

本·富兰克林

1778年10月10日

“人们指责我总习惯坐在你的大腿上”

本杰明·富兰克林：

我也在考虑我们到天堂以后的生活。我听到有人开始指责我们之间来往过密。亲爱的爸爸，你知道吗？已经有人指责我总习惯坐在你的大腿上，也指责你总是求我答应你我不愿答应的事情。在这个破国家，人们总是把人往坏处想，而我却像美国人那样性格随和，所以我很讨厌他们嚼舌根子。但是智者怎么能跟疯子、邪恶的人和傻瓜一般见识呢？让我们剥夺他们讲别人坏话的能力吧，剥夺他们作恶的能力吧，就让我们相亲相爱，尽享我们的幸福，让他们羡慕去吧。

我看不起那些背后诽谤别人的人，我一直低调，与自己和平相处。但是在礼节面前，人人都必须屈服。尽管我不是经常坐在你的大腿上，但是那都是因为我太爱你了。我惧怕张扬，我们应该谨慎收敛一些，这样可以堵住那些嚼舌根子的人的嘴，毕竟防民之口甚于防川呀。

明天来我家喝茶，每个周三和周六都过来吧，我给你准备你喜欢的音乐、象棋还有朋友。

布瑞林夫人

1778 年 12 月 15 日

我们在姆兰久利园共度了一天

1778 年的夏天，我们在姆兰久利园共度了一天，那是塞纳河上的一个小岛。那天，河上飞着一群小水蝇，学名蜉蝣，当地人叫美味昆虫。我仔细研究了那些昆虫，后来还给布瑞林夫人写了封信，解释了我的研究结果。

布瑞林夫人：

亲爱的朋友，你还记得我们在姆兰久利园共同愉快度过的那一天吗？你记得我在散步的时候总是停下来吗？我们看到了很多叫作蜉蝣的小水蝇的尸体，据说，它们的存活期只有一天。我碰巧在一片叶子上看到了几只活的蜉蝣，它们好像在对话。你知道我懂所有动物的语言：我研究它们的语言也给了我很大的启发，推进我对你的甜言蜜语的研究进程。出于好奇，我凑近这群小虫，想听听它们到底在谈论些什么，结果他们却像你们法国人一样，精力充沛，说话很快，三四个词一起说，致使我都没听懂多少。不过，通过偶尔听懂的只言片语，我发现它们正在热烈地争论着两个外国音乐家的优点。它们尽情地沉浸在喜欢的争论中，仿佛完全忽略了生命的短暂，就好像它们确信自己可以活一个月那么久。多么幸福啊！我想，它们生活在一个英明、公正、温和的政治环境中，既没有什么委屈可抱怨的，也没有什么别的分歧，只是在品评外国音乐的长短。我回头看到另一片叶子上有一个灰脑壳的蜉蝣老者，孤独一人，自言自语。我对它的独白非常感兴趣，于是便拿笔记录了下来，期待能够博得美人一笑，这些天，多亏了她的甜蜜陪伴给我带来了欢心、让我感受到天堂般的友好融洽。

它说，根据我们种群中一些学识渊博的哲学家们的观点，那些哲学家生活在很久以前，他们认为姆兰久利园这个广阔的世界，不可能独自存在 18 个小时以上。我认为他们的观点是有根据的，通过万能的造物主的兴衰我们就能看出，在我的有生之年，它已经明显衰萎，融入大海，流向世界的尽头，然后结束一生，消失在我们的周围，留下冰冷黑暗的世界和不变的生死循环。我已经活了七个小时；已经算是高寿了，还剩下不到420分钟的生命。没有几个能活到我这么大岁数的呀！我目睹了一代一代从生到死。我现在的朋友是我年轻时的朋友们的儿子或孙子，而年轻时的那些朋友们都已经作古。而我也很快就要随他们而去了。自然的规律谁都逆转不了，即使我现在身体康健，到了该辞世之时，也绝对不可能多活出七八分钟。我现在不辞辛苦地收集叶子上的蜂蜜，到头来却没有时间享用！我为了给同胞们谋得美好的生活，为了生活在这个丛林里的所有的生灵而不懈地战斗，我为了种族的利益而不懈地研究，我付出了太多的努力啊！至于政治，没有了道德又哪里来的法制？我们现在的蜉蝣种群会像其他的灌木丛一样瞬间消亡，空留悲凉在人间。从哲学角度说，我们所取得的进步微乎其微！唉，艺术不朽，而生命短暂！我的朋友们安慰我说我会名垂青史；他们告诉我说我已经算高寿了，而且一生荣耀。但是对于蜉蝣来说，生命都没了，还要名声做什么？当第18个小时来临的时候，这个世界将变成一片废墟，姆兰久利园将不复存在，那么历史将记录下什么呢？对于我来说，一生求索，一切欢乐无非都是过眼云烟，但是回想我这漫长的一生，真正有意义的只有那几个美丽的女蜉蝣的甜美言语、时不时的嫣然一笑，还有布里兰特那亲切的音乐旋律。

1778年9月20日 帕西

向爱尔维修夫人求婚

我在法国的另一个朋友是被布瑞林称作“善良的、强大的对手”的爱尔维修夫人。她住在奥特伊，社交广泛，有来自各界的朋友围绕在她的左右，就好比众星捧月——有政客、哲学家、历史学家、诗人，还有各行各业的形形色色的人。[1]我不想就这个做过多的解释，但是有那么一个典故，有人问为什么哲学家总要想法设法结识国王，而国王却没想过要认识哲学家呢？回答说那是因为哲学家知道他们想要什么，而国王不知道自己的需求。她的这个小圈子，迷人可爱、和蔼可亲，人人谦恭有礼貌，人人都感到开心欢喜，这种氛围是其他小团体所不具备的。

在阅读爱尔维修先生（她的亡夫）的作品时，我经常能够发现，尽管我们出生在不同的地方，但是我们经常会有相同的想法；我很荣幸我们喜欢同样的研究、同样的朋友[2]，还喜欢同一个女人。

1779 年 9 月 19 日，我致信卡巴尼斯先生[3]，请他帮我把信转交给我们的奥特伊女主人："富兰克林上次弄坏了夫人美丽的头发，为此深感不安，他是那么地愿意欣赏你的秀发。如果夫人喜欢与他共度余生，那么他将用一生陪伴。他爱慕夫人已多日，而且他已年近古稀，夫人却从不曾与其共度良宵。良辰美景，岂容虚度？他愿紧拥夫人在怀，尽管夫人并非完人，他依然愿意爱她一辈子。"

1　这是爱尔维修夫人已故丈夫的习惯，就是每周二都邀请著名的法国科学家们和哲学家们来家里共进晚餐，聊天聊到深夜，爱尔维修夫人组织的这个非正式聚会叫"奥特伊学会"，其中的成员包括法国财政大臣杜尔哥、哲学家狄德罗、经济学家孔多塞，化学家拉瓦锡。杜尔哥尤其愿意接近爱尔维修夫人，向她求了两次婚（两次都被拒绝了）。见克劳德－圣安妮·洛佩兹著的《我亲爱的爸爸：富兰克林与他的巴黎女人们》（纽黑文：耶鲁大学出版社，1990），244-250

2　富兰克林加了脚注：伏尔泰、休姆、杜尔哥、马蒙泰尔、勒罗伊、莫雷莱、德拉罗奇，等等。

3　皮埃尔－乔治斯·卡巴尼斯，一位住在爱尔维修夫人家的房客，是一个年轻的医科学生。

“天堂乐园”之梦

遗憾的是她决心一辈子单身，听到这个消息，我回家写了一个故事，取名叫“天堂乐园”，[1]故事如下：

昨天晚上，你那么决绝地说为了怀念你的亡夫，你将终身不嫁。听了你的话，我心灰意冷，回到家里倒在床上，仿佛已经死掉了，仿佛来到了天堂乐园。

在那里，爱尔维修先生热情地接待了我，他说我在那里也很有名，所以他早就知道有我这么个人。他问了我很多问题，有关于战争的，有关于目前宗教的，有关于自由的，也有关于法国政府的。“你怎么没问问你的爱妻？”我说道，“她至今仍深爱着你，我一个小时之前还和她在一起。”

他说：“啊！你让我想起了我曾经的幸福生活。但是为了能够在这里快乐地生活，我必须忘掉过去。刚来这里的那些年，我满脑子都是我的爱妻。最终，我又娶了一个妻子，这样可以聊以安慰一下我的思念之情。我现在的妻子非常像我的前妻。她不十分漂亮，但是她聪明果断，品质高洁，而且她爱我。她坚持学习，目的是取悦于我；她出去寻找甘露和美食了，今晚要好好犒劳犒劳我。你留下来吧，你可以见见她。”

话音刚落，新任爱尔维修夫人拿着甘露走了进来：我一眼就认出来她是富兰克林夫人[2]——我的美国老朋友。我喊她的名字，但是她却冷冷地跟我说，“我做了你四十九年零四个月的妻子，差不多半个世纪了，我们在一起的日子我无怨无悔。但是在这里，我又组成了新的家庭，而且我和我的新丈夫将永远在一起。”

1 来自极乐世界，在希腊神话中是天堂的意思，是有福的人居住的地方。

2 黛博拉·富兰克林，本杰明·富兰克林的妻子，1774 年过世了。

我被我的欧律狄斯的拒绝所恼，突然决定要离开这个忘恩负义的女人，回到地球上，重返阳间，重新与你相处。“我回来了！让我们在一起来报复他俩的背叛吧。”

我经常思量我在奥特伊同爱尔维修夫人以及她的家人共同度过的美好时光。当我们在天堂相遇的时候，每当回忆起在奥特伊的日子，我们的生活会倍加甜蜜。

我与史蒂文森太太细水长流的友谊

每当想起那些最快乐的岁月，想起我和史蒂文森太太和她的女儿波莉在她家和伦敦一起度过的那些日子，我就感到无比幸福。我频繁地给史蒂文森太太写信。如果情况允许的话，没有什么比和她一起呆在一个屋檐下更令人心满意足——享受她对我无微不至地关照和她对我的爱好、健康和舒适生活的关注，那种感觉使我对她永生难忘，而且终身心存感激。我给她写的信如下。

玛格丽特·史蒂文森：

得知你恢复了健康，现在在一个乡村小镇上与邻居相处融洽，而且可爱的孩子们也绕膝左右，我很高兴。我很喜欢你的孩子们，期待着能与你们相见，但是当下的局势不允许我那么想。

为什么你从不给我写信？我以前是那么愿意读你写的信，对你长时间的音信全无，我非常遗憾。我非常留恋对你的那种好感以及我们之间的友谊，哪怕是你的笔迹我都爱不释手：波莉知道我是爱屋及乌。我没有给她回信，不过你可以告诉她我已经收到了她 11 号的加急信件，我很高兴收到她的信。

除了公务繁忙我一切都好，我希望你能用你的聪明才智来掌管我家的一切，包括钱财。纸短情长。

永远是你最亲爱的

本杰明·富兰克林

1779 年 1 月 25 日

几乎 20 年没病没灾

我几乎 20 年没病没灾，只是每两三年偶尔犯一次痛风，[1]不过一周到十天左右就好了；还有一次发烧，主要是做污水实验感染。有时后背很痒，尤其是牛肉吃多了就会犯病。有时候，坐在那里写作写的时间长了，缺乏运动，会觉得浑身的肉刺痛，据说是败血病的征兆。之前一次旅行就能使我摆脱这一切。现在每年的旅行也保证不了了，但是我身体依然康健，在法国的时候因为公务繁忙，所以没时间旅行。我已经适应了所谓的舒适的生活，繁忙但是很少锻炼，一方面是因为我的工作的缘故，另一方面也是因为我爱书，所以我整天就在房间里写作或者读书。不过我住的地方有个大花园，倒是得天独厚的优势，我经常在那里散步。

永恒运动的机器

我平时很少思考哲学问题，但是却收到了沃尔特先生的关于电机的描述，他给它取名叫起电盘永动机，这个永动机据推测通过电力启动后，可连续几年一直运作不停息，电的能量一直存在。从他的描述中我可以断定这准是个错误。我所知道的一个例子是之前有人把电密

1 关节炎的一种，非常疼痛，通常是因为吃脂肪含量高的食物引起的。痛风又被称作富贵病。

封到一个小瓶子了，希望能永远保存，但是最终只是保留了几个月；尽管人可以通过用一个小的绝缘板不断地去触碰带电的瓶子（就像起电盘的上面那样）产生无数的火花，碰一下就产生火花，跟磁铁发电没什么明显的不同，然而，最后电流会越来越小，最终彻底耗尽。但是我没有亲眼看见这个实验，所以不应该发表任何观点。

我从来没有从我的任何发明中获得丁点儿好处

我的哲学观点从来没受到过任何的异议。我把它们留给这个世界，让它们自己碰碰运气。如果我的观点是对的，那么真理和经验会支持它们的；如果不对，那么就会有人拒绝、有人反对。分歧往往容易激起人们的情绪，打破世界的平静。我对于这个世界是否能够接受我的发明毫不关心，也从来没有、压根儿也没打算从中获利。英国国王把尖的导体换成了钝的，这件事对我来说也不重要。如果说我对这件事曾经有过期待，那就是他曾经反对我的发明，说避雷针完全没有效果，但是考虑到自己和家人的安全，他不敢冒险用自己的无知去跟雷电较真。

一天的烦恼历险

在巴黎，我体验了各种历险。以下的描述记录的仅是其中一天的不愉快：

首先，有个人跑来告诉我说他发明了一种机器，可以自动运行，不需要借助弹簧、砝码、空气、水，或者任何外力，也不需要人力畜力，这个机器可以同时带动四台切割烟草的机器。他已经试验过了，如果我能够去他家，他会展示给我看；而且还可以把这个秘密以 200 个路易斯金币[1]卖给我。我半信半疑，但是答应他会去他家，为了亲眼见识一下。

接下来，一个叫科代的先生拿着一份提议书来找我，说要征用600人登陆英格兰和苏格兰，烧毁城镇村庄，目的是以恶制恶，以牙还牙，这样可以制止英国人在美国的暴行。我向他表示了感谢，但是告诉他我不同意，而且我也没有钱支持他。此外，法国政府也不会允许这样做。

然后，又有一个人来找我，要求我赞助并向政府推荐他们的一个新发明，这样他们就可以借机潜入镇上，神不知鬼不觉地等聚齐人数之后，来个出其不意。我告诉他我不是军人，当然也没有能力判断这样的事情，而且建议他去找比罗·德·拉·盖赫。他说他没有朋友，所以没有人会注意到他。推荐给我像这样盲目的计划实在是太多了，答复他们占用了我大量的时间，于是我开始拒绝接待，尽管可能有一些会有些许价值。

最后，我收到了一个素不相识的哲学家邮寄给我的包裹，他提交给我一份研究报告，让我考虑他的一项关于火元素的研究，其中还谈到了在暗室做的几个实验。报告写得不错，用英文写的，偶尔用到几个法语成语。我想看看实验，毕竟不亲眼看看，我也不好下结论。

1778年5月20日晚9点，我收到一封匿名信件。写信人好像故意要把我引到花园里，不知道有什么不良企图，说是有急事找我，可是人却一直没露面（尽管我拒绝晚上出去见他），但是我还是跟他约了第二天中午11点见面。

1　路易斯金币相当于一个英镑，或者24里弗尔。

有坦普尔和本尼的陪伴，我多了很多乐趣

我的孙子坦普尔一切都很适应，是我在法国的左膀右臂，但是却意外地从费城的贝奇先生那里听说，有人阴谋要把他从我身边整走。依我看来我阻止了一个有为青年变成保守党人，对其灌输了辉格党的共和思想，成功地挽救了这个孩子，这是一件好事。如我所期待，他的正直、他的勤奋、他的睿智以及他在做生意方面表现出的非凡能力，会让他适时地成为对祖国有用的人。难道我已经失去了我的儿子还不够吗？他们还要我赔上孙子？年逾七旬的老者，不畏严寒，在国会的一声号令下，为了服务他的国家，连个随从都没带，独自一人漂洋过海，来到法国。谁会来安慰我？如果我死了，谁来料理我的身后事宜？坦普尔在我这里恪尽职守，勤奋忠诚，这既对我有很大的帮助，也让我深感欣慰。他给我做秘书很出色，我确信国会不会想要分开我们。

我对本尼的表现也很满意。他是一个优秀、诚实的青年，长大后也会成为栋梁之才。每个周日和节假日，他总是和我一起用餐。他在寄宿学校的成绩很好，名列前茅，现在他的学时已经超出了学校所能教授给他的。经过一番考虑，我打算给他找个好一点的学校，最后决定送他去日内瓦，那里的学校一点儿不比巴黎的学校差。在那里，他可以学到共和主义思想，可以成为新教徒，这些在法国都不是那么容易做到的。我通过日内瓦的一位绅士获得了机会，借他的光，本尼上了他儿子的那所学校。他兴高采烈地去上学了，但是我却怀念每一个周日他陪我共进晚餐的天伦之乐。不久，他就学会了法语，说和写都不错，而且还获得了拉丁文—法文翻译大赛的最佳作品奖。

我失去了近二十年间的所有往来信件

大约就在本去日内瓦读书的时候，我收到了国会的詹姆斯·洛弗

尔的报告，说1778年6月敌人攻陷了费城，后来又被我们来自福吉谷的部队夺了回来。我的女儿萨莉和贝奇先生给我写信，说在豪将军撤军之后，我家有人搬回了费城的房子里，发现在敌人占领我家的时候，拿走了我的画像，[1]只留下我妻子的画像，这回她真成寡妇了。我还听说我的儿子威廉与一位美国俘虏的英国士兵做了交换，会很快离开英格兰。还有我的书柜，里面有我在英国居住期间所有的公私信件，书柜被敌人破开了，所有的信件都散落一地，屋内屋外到处都是，有的被风吹雨淋，已经面目全非。有一些散在地板上的信件已经被收拾起来，但是一些手稿已经遗失，遗失的可能还有一些其他的宝贵资料。我的八本手稿中有我在英国的差不多二十年间的所有信件。我只找回了两封。我要是不把我的信件交给加洛威先生保管就好了，要是他没骗我就好了。他说自从国王宣布我们不再受到英国的保护了，他就像所有人那样挺身而出保家卫国；他加入了卫国军，在自家门前还款待了400多名士兵。于是我把他看作是为了崇高的事业而献身的忠诚的朋友。结果我错了。因为他是我儿子的朋友，我指定他作为我的遗嘱执行人之一，把一大箱子手稿交到他手里，心想在他那儿会比在我自己家保险（军队不会经过他家）。结果我打错了算盘。

在所有事情中，我最讨厌争执

加上伊泽德先生和威廉·李，在巴黎城我们共有5个人共同执行着特殊的使命，每个人都忠肝义胆、能力非凡（如果我也可以这么形容我自己的话），而且每个人都很有影响力，但是我们彼此性格迥异，所以经常产生争执，我们自己也不喜欢这种争执，但是控制不了，而

1　本杰明·威尔森画的富兰克林画像，现在陈列在美国白宫。

且有时会走极端。

我总是下决心不再争吵了，于是不断地告诫自己绝不说气话、冒犯别人的话、脏话，然而李和伊泽德却从不收敛，他们信笔胡言，有时恶意中伤，借此掩盖他们对我的文章的偏见。

我经常能够收到阿瑟·李的来信，信中充满了对我和迪恩先生的愤怒控诉和措辞艺术的不公的讽刺；他对朝廷没有通知他就派特使这件事感到不满；也指责我们没有做好政府账目；还指责我没有坚守职责。李先生是我认识的最不友好的人，善使雕虫小技，时刻都想着占小便宜，生性多疑，非常烦人，好像除了他自己，这世界上没有可信的人。

这里有一封我和李先生之间的信件，已经修改过的：

尊敬的富兰克林先生亲启：

先生，

昨天获悉吉拉德先生被连夜派往美国，众人皆知，唯有我不知道，为此我倍感震惊；还听说迪恩先生陪他一起走的，而且无论是你还是他都没回复我头一天写给你们的信。

在目前的局势下，吉拉德要执行什么样的任务竟然没有跟其他的特使商量，这说什么都是不妥当的。[1]我的住所离你只有十分钟的路程。告诉我一声既不会耽误事也没有什么困难。而且这几天我天天都能见到你。这么长时间，这么多次碰面，你竟然一直缄口不言，对发生的事情只字未提。更可气的是，你的言谈举止故意误导我，装出一无所知的样子。要是你研究过怎么欺骗狡猾

1　这次派遣是秘密执行的，不是迪恩和富兰克林的主意，而是法国朝廷的意思。吉拉德后来告诉国会议员，说当时韦尔热纳担心李和他周围的人，希望对他保密。

危险的公敌，你也一定做得比任何人都出色。

先生，我相信你不会拒绝我要求你解释一下为什么这么对我。如果你对我有什么不满，你说出来，我可以向你解释。如果没有，那么你的所作所为为什么与你的职责不符，如此伤害于我？难道目前的欧洲局势不需要我们精诚团结，互通消息吗？难道我们不应该把我们的共同想法告诉我们的选民吗？

先生，我相信你不会像对待我以前给你写的信件那样，不屑于回复我的这封信。尽管我一直保持沉默，但是你多次这么对我，我心里非常不舒服。我应该得到尊重。

阿瑟·李

1778年4月2日 夏约宫

我是这样回复阿瑟·李的……

这是我写的手稿，但是信没寄出去：

阿瑟·李亲启：

先生，

我确实有几封信没给你回复。因为我不喜欢回复充满愤怒情绪的信件。我痛恨争执。我老了，剩下的时间不多了，我还有很多事情要做，我没有时间与人争执。如果说我经常收到你的信，信中充满了你专横无礼的指责和诘难，而我没有回复的话，那么我是有正当理由的：我认为我们的争吵会毁了我们的使命，破坏我们的成功；我热爱和平，我尊敬你的优秀品质，但是你总是心怀恶意，然后自己折磨自己，你嫉妒心强、生性多疑，还总是幻想，觉得别人都认为你不好、误解你、不尊重你。你要是不改掉这个毛病，你早晚会疯掉的，你这样的例子我见多了，你这是精神病的前兆。上帝保佑：保佑你平安，保佑我太平。

你最谦恭的仆人

本杰明·富兰克林

1778 年 4 月 3 日 帕西

但是邮寄了这封

这是我真正邮寄出去的那封信（只是一部分）：

阿瑟·李亲启：

先生，

迪恩先生跟我说他打算马上秘密启程去美国，他要求我不要跟任何人说这件事。我答应了。如果是他认为你不应该知道此事，那么你要是真想知道理由，就亲自去问他吧。

你说我的所作所为与我的职责不符，你这真是恶意中伤。先生，你这是在冤枉我。我是对民众负责的，而不是对你负责的。我大半辈子都在为民众服务，我对他们忠贞不贰，而且我也为此得到了民众们的首肯和爱戴。在此之前，从来没有人控诉我违背民众的利益，没有很好地履行我的职责。

如果你认为是我刻意不告诉你迪恩和吉拉德离开，那么你错了，是国会要求我不要告诉你。我相信这一点他们可以为我作证的。

我确实没有回复你的一些信件，尤其是那几封充满火药味的信，信中你专横跋扈，给我乱扣帽子，对我横加指责，好像我是一件你家里的摆设，想怎么污蔑怎么污蔑。我们有幸生活在体面的文明社会里，我们还身负伟大的使命，我们之间需要的是精诚合作。而你妒忌心强、生性多疑、恶意中伤、争强好胜，这些臭毛病你都拿来对待迪恩先生和差不多你身边其他所有的人。我用沉默回答你的污蔑，没有给你回信，把那些充满火药味的信都给烧了，等到下次再见到你的时候，我依然表现出谦恭尊重，全当你没有写过那些冒犯我的信。因为我最痛恨争执。我以德报怨，为了我们共同的事业，但是你知道这对我来说很难的。

再说说账目的事情。我们所做的事情的无穷性是账目不清的真正原因，也是唯一原因；这也是为什么我们没能坐下来，面对面地核对一下银行家的账户上的条目和我们的收据，他的支出项都是得到首肯的，而且我们把钱交到他手里，他再贷款给我们。我理解这是我们在这里所能做的一切。我们给银行开的汇票都分别向国会做了解释。这件事迪恩先生到了会去办，他带回去了一本账目的副本。如果你认为我们应该互相解释一下彼此的花销，我没有意见，当然我从没想过需要这么做。我相信你会发现花销的数目很小。至少我保证我花得不多，除了买生活必需品外，我就买了本百科全书，没有给亲朋买过一分钱东西。

本杰明·富兰克林

1778年4月4日 帕西

他们给我写了长信来污蔑我，我没回复

我对先生们的努力一点儿也不紧张。李和吉拉德在大洋彼岸中伤我，引起了国会内部的分歧。我们在法国遇到过韦德伯恩这样的人，

在英国也有。他们向我吵闹，而不是同我争吵，因为我根本不跟他们吵。他们给我写了长信来污蔑我，但是我都没回复，而且依然对他们以礼相待，见面的时候就全当他们没写过那些信。我认为作为公众人物我非常谨慎，但是同时我也有个小小的邪恶的想法，就是我能够想象我这样的不在乎会让他们更恼火，他们更希望我针锋相对地与他们对峙。这种恶意伤害不会坚持很久的。其实对我来说真没必要去报复；我只需要对他们不闻不问，让他们互相拆台、互相叮咬、互相伤害吧。

我相信国会是公正的，不会听那些对我的诽谤。我知道那些绅士们对我不怀好意，尽管我从来没有做过对不起他们的事情，甚至没有因为正当理由而对他们有过丁点儿的冒犯。但是我名声太大，民众对我太好，他们尊重我，恭维我，这些都令那些绅士们很恼火；他们主要是脾气不好、内心黑暗、嫉妒心强、爱发火、生性多疑，看不了别人比他们好，对人总有恶意。好心人总会因别人的不幸而心生怜悯，但是他们却因为别人的好运而内心恼怒、闷闷不乐，他们这种人永远也不会快乐。这样的人不需要报复，只需要让他们生活在因为自己的恶毒品质而造成的悲惨心境里，喝自酿苦酒，让他们自作自受就够了。同时继续享受世人给我的美誉，让他们继续咒骂我，我也不打算用改变我自己来缓解他们的痛苦。

畸形的腿和健美的腿

我跟李和吉拉德的故事让我偶尔会想起来，我曾经写过的一个小故事，名字叫《好人和腿》，我是用法语写的，英语翻译如下：

世界上有两种人，他们，同样健康、富有，其他生活条件也一样，但是一种人是幸福的，另一种人是不幸福的。那些幸福的人关注的是言语中令人愉快的部分，欢欢喜喜享受生活。而那些不幸福的人说的做的都与幸福的人相反。因此，他们总是对自己不满意，总是说些令人不高兴的话，冒犯了别人，还使他们自己处处格格不入。要是这种人不改掉这个坏毛病，不能够被愉快的事情所打动，那么别人最好离他们远点，因为他们总是很难与人相处，有时让人觉得很不适，尤其是很容易卷入与他们那无休止的争吵中。

我有一个老朋友，很有哲思，他在这方面很有经验，他总是小心翼翼地与这种人保持着距离。跟其他哲学家一样，他总是拿个温度计，量量当天的气温，也随身带个气压计，随时掌握气压变化；但是目前世界上还没有一种仪器可以一眼就测出哪个人性格不好，我朋友的方法是用他自己的两条腿。他的一条腿非常健美，而另一条腿因故扭曲畸形。假如一个陌生人第一眼看的是他的丑腿，而且接下来很少关注那条美腿，那么这个人值得怀疑。如果陌生人谈论那条丑腿，完全忽视美腿，那么我的朋友确信不会与之继续交往。

因此我奉劝那些吹毛求疵、爱发牢骚、心怀不满、郁郁寡欢、闷闷不乐的人，如果他们想被别人喜欢和尊敬，想过幸福的生活，那么他们应该别总盯着别人的丑腿看。

管理美国将很便宜

我们的人民主要不是商人，而是一些谦卑的农民，他们快乐地耕种土地，通过自己的勤劳和老天的恩赐，能够在保证没有额外花销的情况下衣食无忧：我们的土地辽阔，绝对不需要去侵占别人的土地，连想都没想过。我们的卫兵人数足够保护我们的国土不受外来侵略，我们的贸易活动也有与我们有贸易往来的国家保护。因而我们没有舰队和常备军，这些昂贵的国家机器让那些浮华的王子们留着好了，他们的财富不过是继承了老祖宗的。

如果可能的话，我打算与全人类和平相处；我们希望别的国家也别来惹我们，别把我们变成掠夺别人的海盗。因此，我们独立出来，建设一个独立帝国就没什么大不了的：我们一直维持着自己的人民政府，因为花销不大，所以可以负担。统治管理一个勤劳善良的国家是很便宜的。我们决定不设营利性部门，也不设虚位。在一些守旧的腐败的国家的政府总是有很多虚位和没有实际价值的岗位，我们自我管理一年的花销只够英国政府一个部门用的。

关于自由贸易

我接到来自国会的通知，计划取消与法国签订的《商贸协定》中的第十一和十二条，主要涉及从西印度群岛进口糖浆的关税。[1]法国外务大臣韦尔热纳同意删除以上条款。在我看来这么做好像不是很体面，就好像要打贸易战，没有哪个诚实守信的国家愿意挑起这样的战争。别人会认为此举有些不友好，会挑起报复行动，并且为报复行动提供很好的理由，第一个项目就无利可图，这是不公平的。无论是国家之间，还是私人之间的商贸交易都应该是公正平等的，公平交易、互惠互利。这种不公平地占邻国的便宜，尽管暂时得逞了，但终究是埋下了祸根，总会挑起事端。在友国需要的进口商品上加收关税简直就是不劳而获的无赖行径。最先发明这个方法的政客一定是有扒手的天赋；如果机缘巧合准会成为扒手。征收进口关税的国家会遭受一个扒手应该遭受

1　与法国签订的《商贸协定》的第十一、十二条要求免收从西印度群岛进口糖浆的关税。

的四重报应。萨伏伊在进口白酒上征收关税，结果失去了瑞典的酒供应，从那时起，不得不自己酿酒；（再举个例子）英国征收进口茶叶的关税，结果失去了与殖民地的买卖。但是既然我们生产的商品也不是我们国家专属，别的地方就不能有的，所以通过出口关税鼓励我们少消费，以此激起那些与我们有商贸往来的港口国家之间的竞争，这是纯粹的愚蠢行为，而且或多或少有点耍无赖。对我来说，如果我的抗议有用，那么我应该抗议我们曾经做过的那些劫掠性行为。这简直是卑鄙行径，我绝不会如此玷污我的祖国的良知和品质。

我请求国会把我们分开

我的同事迪恩已经被国会召回了，替代迪恩的人叫约翰·亚当斯，乘坐的是波士顿号大陆护卫舰（该护卫舰曾经因为运送了价值 7 万英镑的货物而获奖）。我认为迪恩被召回肯定是因为来自巴黎或者南斯的一两个敌人的谣传的缘故。和迪恩朝夕相处了十五个月，大部分时间呆在一个屋檐下，我目睹了他的做事风格，我认为他是一个对祖国忠贞不贰，活跃而有能力的特使，据我所知，他在很多方面表现都很出色，为祖国做过重大贡献，我希望我们这些为祖国服务的人都能够为了祖国的利益而不懈努力，希望祖国越来越好。然而，国会控告迪恩先生挪用公款，用公款进行证券交易谋私利。我认为迪恩是个正直的人，他是无辜的，但国家还是放弃了他。

我向洛弗尔先生打听国会到底什么意图，是不是要在法国保留三个大使，事实上现在算上伊泽德我们是四个人，伊泽德一直呆在巴黎，而且还因为签署两国协定的时候没咨询他而非常恼火。我们很快就会有第五个了，因为派往维也纳的公使威廉·李没被那里接受，正在往回赶呢。我向洛弗尔保证养活我们这么些人的花销将非常巨大。但是就我们的人数来说，尽管在互相商讨决定协议的框架和条款内容方面三个人一起是有优势的，但是对于管理日常事务来说三个人一点优势都没有。三个人就会导致凡事都要互相问一问，即使是回复每一封信件的时候都要事先征求每个人的意见，假如哪怕是一件微不足道的小事，如果没问哪一个人就决定了，那么也会冒犯那个人，长期相处的不容易、观点上的分歧，还有与之辩论浪费的时间，等等，都会导致事事拖延、商务通信不及时、错失良机，结果是我们的工作总是滞后。考虑到这一切，我请求国会把我们分开。

我们没有收到来自美国的消息，倒是收到了来自英国的消息。我们获悉英国的军队也担心他们的进军速度，英国军队的全部舰队和力量都被堵截在纽约了，陆上是华盛顿和盖茨两位将军，海上是德斯坦伯爵，英国军队很快就将弹尽粮绝。

第七章 驻法公使

1779年—1781年

战争在继续

我被委任为全权公使

1779年2月11日，拉法耶特先生抵达巴黎，带来了国会对我的任命，任命我为驻法全权公使，同时还带来一封呈交给法国国王的书信。得到公众的信任是最让我高兴的事情，为此我没有做过任何游说，也没有走过后门，也没有给任何人写过只言片语来夸大我自己的功劳，或者去贬低别人。其他三个人的委任被撤销了，其他人都前往欧洲的其他王国去履行新的职责。亚当斯先生回了趟美国，然后马上又返回位于费城的国会。我致信韦尔热纳，解释一下为什么没去凡尔赛宫，因为我犯了严重的痛风。等到3月23日的那个礼拜二，我感觉好了很多，可以坚持参加觐见仪式，于是便去了凡尔赛宫，以全新的身份拜见了国王，向国王递交了国书，我受到了亲切的接见，之后又随着其他国家的使臣共同拜访了法国王室。由于太累了，我的脚差不多一个礼拜无法走路。

在那之后，我每个周二都和其他的外交使节一起去参加早朝，一有机会就向国王表达国会的感激之情，并向国王保证我们会一分不少地偿还所欠下的债务。敌人不断地削弱法国朝廷对他的新盟友的信心，说因为战争我们的人民已经疲惫不堪，我们的政府、我们的国会因为众多政见不合的人而争吵不休，美国已经不堪一击。这给我带来了很多麻烦。好在敌人的诡计没有得逞，他们的离间之计没有起到多大作用。虽然法国的商贸损失不小，但是自从战争开始，法国朝廷的态度就一直没变（将一直支持我们获得彻底的独立），对我们的尊重也从没减少过。

拉法耶特的英勇善举

来自国会、军队以及各州政府的不同人的信件里都赞扬拉法耶特。他的英勇善举已经赢得了整个美洲大陆人民的尊重和爱戴。华盛顿将军给我了一封信举荐拉法耶特，但是因为拉法耶特的谦逊，这封信在他的手里扣留了挺长时间。从他一到巴黎我们彼此就相识了；他对我们美国的热爱、他对我们在法国的事业所做的贡献，以及他对我们的独立大业的坚定信心和他对华盛顿将军的拥戴，都给我留下来深刻的印象。

来自家乡的战报

拉法耶特先生谈到了英国军队占领了萨凡纳，在英国国内引起巨大反响，有助于他们助长士气，但是我认为，在夏天结束之前，他们会发现占领佐治亚的州府对他们没有什么好处，就像之前他们占领波士顿和费城那样，到头来都是一场空。而且那里的瘟热天气就算不能毁了英国军队，至少也会大大削弱军队的战斗力。我很高兴听说美国国内精神高涨，还听说女人们和商人们也开始捐赠来资助战争。他们用实际行动驳斥了苏格兰作者的断言，这位苏格兰人说女人没有故乡，商人没有祖国。[1] 我在弗吉尼亚报纸上看到 1779 年 2 月 6 日是与法国签订协议的纪念日，而且在国会里，在整个费城，都有盛大的庆祝仪式。

有时我后悔自己出生太早

当时，我没有完全忽略哲学，尽管我没有多少时间研究它。我写了一篇关于北极光的论文。那篇论文被翻译成法语，在科学院传阅，广受好评。

我很高兴听说普利斯特列先生还在做关于大自然的实验研究。自然科学现在所取得的快速进步让我有时候后悔自己出生太早。简直不敢想象，千年以后，人类的力量将能够达到什么样的高度。我们可能会让大件货物丧失重力，变得轻便以方便运输。农业可以发展到只需如今一半的劳动力，收获两倍于现在的产量。所有疾病都有预防措施和治疗方法，甚至可以预防衰老，人们到那时可以任性地活，可以活到大洪水时代以前的水平。还有道德科学应该也会取得相当大的进步，人类将不再互相侵犯，弱肉强食，人类会最终明白什么是人道！

我们在自然科学领域每天都取得巨大的进步。我希望在道德哲学中见到的是：发明一种计划，可以引导并迫使国家与国家之间能够和平解决分歧，而不是彼此消灭。人们什么时候才能够足够理性，才能

1 凯姆斯勋爵在《男人历史的素描》里写道，女人“没有男人那么爱国”（第二版，第四卷，爱丁堡，1778），第二章，4–5. 亚当·史密斯在《国富论》中写道，“有一个恰当的说法，说商人没有必要是哪一个国家的公民”（第二卷，伦敦，1776 年），I，509（第三册，第四章）。

够看到这种解决分歧方式的优势呢？什么时候人们才能明白，短期来看成功的战争放长远来看也是一种不幸，获胜之人不应一味的庆祝而忽视战争造成的后果。

给詹姆斯·库克船长的美国通行证

1779 年 3 月，我给当时在法国和西班牙的所有美国的巡洋舰发出了信函，命令所有的巡洋舰不要拦截，也不要打扰库克船长，以防在船长返航的时候与他们遭遇，[1] 库克船长是著名的航海家、发现家。1776 年库克船长就从英格兰出发了，战争还没开始之前，船长就在未知海域里发现了新的国家，这实在太值得赞扬了，因为地理知识的增加可以帮助相距遥远的国家间互通有无，开展商贸，交流艺术，从此人类的快乐将成倍增长，全人类都将从中受益。我还往荷兰发出了通行令，通行令被印在荷兰的报纸上，这样可以让更多的海上巡洋舰知晓，不致于劫掠、阻截船长的船，要求他们对库克船长以礼相待，还要伸出援手。

这将是库克的最后航行。1784 年，英国皇家学会理事会颁给我一枚金勋章，为表彰我给库克船长办理通行证，海军部把库克的最后航行作为礼物送给我，由豪勋爵给我送到法国。

毫不吝惜地浪费我们的财富

我所担心的财政紧张的问题越来越严重了，让我非常不安。我们急需欧洲的援助，但是又无力偿还。附息汇票可以用来购买武器、弹

1 结果富兰克林给詹姆斯·库克船长的通行证没起作用，因为这位著名的发现者早在 1779 年 2 月 14 日就已经被岛上人杀害了。直到 1780 年 1 月库克身亡的详情才传到欧洲。

药、被服、帆布和其他防御用品。通过调查那些给我送来账单的人，我发现大部分钱花在了购买奢侈品上，一大半是用来买茶叶的！在这种局势下，人们怎么那么愚蠢？商人们怎么那么贪婪？竟然合起伙来挖自己国家的墙角，这实在太令人遗憾了！我之前计算过，战争之前，我们每年花费在茶叶那一项上的费用就有50万英镑。后来停止使用才省下了点钱。我非常赞赏我国妇女能够戒掉喝茶的决心，但是同时又哀叹她们这么短的时间就坚持不住了。如果把这50万英镑用在保卫国家和骚扰敌人上，那将起很大作用。我们自己都这么挥霍无度，还有什么颜面去请求朋友的援助？

给女儿萨莉的信

想到这些，我给我的女儿萨莉写了封信，内容如下：

亲爱的萨莉：

我正在读你10月22日和1月17日给我的来信。18个月间，这是我收到的唯一两封你的来信。如果你知道你的来信令我多么高兴，如果你想到有多少封信没有送达，我想你一定会更频繁地给我写信的。

当我读到你说物价很高，“一双手套7美元，一码纱布24美元，全家老小的温饱要花掉很多钱”的时候，我希望你能告诉我，每个人，包括你在内都变得节俭勤勉了；但是我接着读下去的时候，简直不敢相信自己的眼睛，你写到“从来没有这么多装饰品，没有这么多有趣的东西”，而且你自己还想要一副法国的黑色发夹，我看照这架势，你还想要法国装饰羽毛，是吧！

这让我觉得好像物价还是不够高，钱开始贬值，物品极大丰富；人们还生活得很安逸，就好像一副手套花半克朗就能买到。战争确实会在某种程度上抬高物价，而且为了支持战争而征收的高额税金也使我们有必要过节俭的生活了。我的理论是，无论从良心上还是从面子上，我都不能鼓励我自己的孩子们愚蠢地过着奢侈的生活。于是我尽量满足你的要求，凡是有用的、有必要的东西我都给你买了寄回去，没用的就都没买。你可能会说你“穿戴爸爸给你买的东西很骄傲，那展现了你父亲的品位”，所以我必须避免给你机会出去炫耀蕾丝或者装饰羽毛。细纱褶皱上再弄几个洞，不就变成蕾丝了吗？至于羽毛，亲爱的女儿，美国就有啊，哪只公鸡尾巴上没有羽毛呀？

如果你能再见到华盛顿将军，一定向他表达我真诚的敬意，告诉他，我这里的那些老将军们都在研究他的战术，都高度赞扬他所取得的赫赫战功。

向所有关心我的朋友们转达我亲切的问候，尤其是达菲尔德先生及他的家人。同时，记着常写信，亲爱的孩子。

爱你的父亲，

本杰明·富兰克林

1779 年 6 月 3 日 帕西

同情我的处境

一位阿姆斯特丹的商人已经开始为我们筹划一笔贷款，150 万弗洛林，6% 的利息。但是通过我对那个商人的了解和判断，我觉得不是很可靠，他不一定能办成此事；尤其是英国人在他那贷款的利息还比这高，赫尼克·菲泽奥克斯有限公司的利率已经高出 6%。经过几个月的艰苦努力，最终我只成功地贷出了 51 000 弗洛林。

我通过各种方法、各种渠道，向法国内阁说明目前美国的困窘财政状况。所有人好像都愿意帮我们，只有主计长内克尔先生，据说这个人对我们没什么好感，只要是用钱来帮助我们摆脱困境的提案都在他那里受阻。1779 年，法国国王决定不再在国内增加赋税了，也许这个决心下得有点仓促，结果导致法国朝廷也捉襟见肘，为了打造可以和英国相抗衡的海军，他们付出了巨额代价。尽管如此，法国国王还是亲自出面担保，努力促成我们在荷兰的贷款，答应支付 300 万里弗贷款的利息；最终我们也只贷出了 80 000 弗洛林。

说到我们在法国的财政状况，简直是让我焦虑万分，苦不堪言，我就担心支付不起港口的开支：时不时地就要运送被服、武器弹药，还有海军供给，都要用这里的港口；此外还有很多开销，比方说要资助那些被英国俘虏后来逃走的士兵，还得救济在法国生活困苦的美国人，总之，是一大笔开销，我一时也说不出来个具体数字；威廉·李以及伊泽德每人还得给 5 500 英镑；“罗利号”“阿尔弗雷德号”“波士顿号”“普罗维登斯号”“联盟号”“兰杰号”等护卫舰的维修费用，我估计平均每艘就得 60 000 到 70 000 里弗；养活那些英国俘虏 100 000 里弗都不够，这一项我们已经预付了 65 000 里弗；有些贷款也马上到期了。再跟法国朝廷要钱，实在是令我困窘。我又把之前申请援助等报告提交了一遍，得到的答复也与之前无二，说政府在海军建设上投入了太多，所以实在拿不出钱。不过还是感谢上帝，我总算把该还的贷款按期还上了。不过提醒国会，要是再往法国送舰船来保养维护，或者又出现什么要还的贷款单，那么我可能真的就破产了。

商务委员会给我寄来了一张货物发票，大概是 1 200 多万里弗。我不得不使劲地压缩，因为给我的钱不够支付。如果杰伊先生能够从西班牙筹集到一些资金，那么还可以用来弥补一下亏空。我的处境太可怜了。他们对我的期待太高了，不仅国会指望着我，一要就是一大笔数目，就连欧洲和美国商会的那些代理商们也指望着我，他们认为他们苦难的时候也可以来找我，因为他们断言他们的信誉对于国会来说很重要，所以必须确保他们的自身利益。最近一次筹钱收获不大，令我很惭愧。各种账单像雪片一样加到我的身上，马德里的约翰·杰伊还总来烦我，以至于我得了严重的失眠症，长期的焦虑使我健康状况急剧下降，以致都无法写作了。

四处乞讨，我羞愧难当

我们在欧洲的信誉和地位更多地靠我们的行动获得，而不是靠我们说过什么。我们奔走于国家与国家之间，四处乞讨钱财，到处拉关系，一想起这些，我就羞愧难当，关键是你越这么到处乞讨，人家越不给你；要是你不去要，人家还很可能主动就给你了，这真是左右为难。我们唯一的借口就是解燃眉之急。有句成语说“上帝帮助那些自救之人”，在这一点上，世界各国还真跟上帝挺像的。

最后，我终于克服了畏难情绪，发现一旦豁出去了便是无往不利的，我再一次向法国政府提出申请更多的财政支持。我陈述了目前我们的负债情况，也说了一些新的用钱之处，请求法国的援助。从杰伊的来信上看，他很可能在西班牙政府那里一无所获，于是我把之前计划由他负责筹集的 25 000 美元也加到我要筹集的数目里，因为本来即使是他借回来的，也得我还。尽管法国朝廷没有因为要钱而难为我，而是让我放松，告诉我他们一定会给予我们必要的帮助。我在给杰伊先生的信的结尾处写道：“如果听到这个好消息，你想拥抱一下我的话，那么我委托杰伊夫人代我接受你的拥抱。”

我们手里操纵的货币简直就像一台机器

美国当时面临的最大的困难就是货币贬值，主要是过量的发行，以及商贸往来中使用得越来越少造成的。货币贬值严重地影响到了工薪阶层、寡妇和孤儿。我收到的一份来自国会的报告其中描述了货币贬值影响下的美国的状态，几乎每个政府官员或是军官，都想要做投机买卖，因为那点薪水真的是不够养家糊口的。

我竭尽全力在国会游说，提出了两个阻止货币贬值的方案，一个是钞票应该产生利息，这个建议遭到了他们的反对，没被采用；另一个是发行完第一批钞票之后，别再印制了，而是加上利息买进，当然这个也没被采用，他们继续印制大量的钞票。等到由于市场上流通的钞票太多了，开始导致货币贬值的时候，他们同意加上利息买进了，我建议为了保证当事人的利益，利息要用硬通货来支付。我的建议又被否定了，说不可行。当大量货币处于全面贬值的时候，掉价的势头已经是不可逆转了。唯一的解决办法就是通过税收来减少流通的钞票的数量，税钱名义上数目很大，但是鉴于数目大而实际价值小，所以老百姓还是支付得起的。在这样恶劣的局势下，唯一令人欣慰的是由于货币贬值，国债减少了，通过不易察觉的税收，钱在一收一付的一倒手之间，价值掉下来了。要记住这么做的初衷是通过税收减少钞票数量，同时有效减少国债，可以拯救当下美国的烂摊子。

欧洲没有明白我们的纸币效应。事实上，对于一些政客，整个事件也是一个谜。我们是如何在没钱的情况下坚持了四年的战争；之前没有专门的固定基金用来偿还纸币债务，我们是如何用纸币实现支付呢？我们手里管理的货币简直就像一件神奇的工具。我们发行的时候它就是钱，它可以养活军队，提供被服给养和枪支弹药；当我们不得不超量发行的时候，它又通过贬值来自偿。

远征加拿大的计划因为没有充足的硬通货而被延期。加拿大人惧怕我们的纸币，所以拒绝接受国会的钱。军队开进别国内，还想跟人交朋友，每天还要为军队补充新的战马、战车，还有各种劳动力，要是当地不接受你的货币，势必动武，这样一定会惹恼人家，冒犯人家，会不同程度地与其人民为敌，于是之后一切行为都将受到阻挠，难上加难，一切行动就都暴露了，我们会被人家想方设法驱逐的。

喜欢收信的人应该写信

美国和欧洲之间的友人书信会因为邮船被截获、或者被击沉而石沉大海。经常需要等很长很长时间才能收到一封朋友给我写的信。但是那都是我的过错。我已经很长时间没给朋友们写信了。喜欢收信的人应该常写信。我希望我可以弥补一下自己的过错。但是除了因为上了年纪而懒得动笔之外，我平时公务缠身，我总是有太多的公务要处理，所以就不得不把该做的私事往后推，没时间做，还不能不做。

我终于找时间给远在英格兰肯特（英国东南部州名）的老朋友托马斯·威尼写了封信，内容如下：

托马斯·威尼亲启：

亲爱的先生，

当尘埃落定，如果我在有生之年还能够回到那里，亲眼看看我的老朋友和他的孩子们在那里过着安定的生活，那将是多么令人激动的事情呀！我希望我们可以坐在葡萄架下，或者无花果树下，畅谈人生，享受宁静，我们为一个法治、自由的政府而效力，来实现人生的全部价值。我对您满怀敬意，我亲爱的朋友。

本杰明·富兰克林

1779 年 5 月 4 日 帕西

我每天都思念在日内瓦读书的外孙本尼。我最希望看到他学业有成，然后我把他交还给他的父母，看到儿子有学问、人品好，他的父母也会很高兴；我希望未来，他能够成为一个值得尊敬的人。我听说他们学校闹天花，已经有四个学生染上天花丧命了。幸亏本的父母在他小时候领他去接种过。

布瑞林夫人家里发生的私通和背叛

就在这个时候，我收到了一封布瑞林夫人的来信，信中说她的丈夫残忍地伤害了她，她请求周三上午十点见我（1779 年 5 月 5 日），希望只有我和她，她需要我的安慰和建议。她跟我说她的丈夫跟女奴仆 J 小姐私通（当年我的房东建议我雇的女人呀！）。“我的人生被他的私通和背叛给毁了！”她说。

与她私底下见了一面之后，我给她写了如下这封信：

布瑞林夫人：

亲爱的女儿，你说你的心太容易受到伤害了。看了你的信，我想是的。能够清楚地认识到我们自己的过错是件好事，因为这可以引导我们在以后避免受伤害。但是太敏感了，用别人的过错来折磨自己——那就不好了。那些做错事情的人应该被折磨。至于我们，应该保持内心的宁静，那才是清白的人应该享受的。如果你用惩罚来复仇的话，那么他们会觉得不再亏欠于你，反而给了他们心理平衡。但是如果你宽恕他们，不惩罚他们，那么你就会把他们推向内疚的深渊，让他们一辈子都感到对不起你，永远偿还不了他们欠你的人情债。我亲爱的、温柔的女儿，你现在最明智的决定就是继续履行一个好妈妈、好妻子、好朋友、好邻居、好教徒的职责（还有别忘了做你老爸的乖女儿），如果你可以的话，最好忘掉现在的不幸。假以时日，你的举动一定会征服所有的人，哪怕是最不堪的人。时间会修复一切。然后所有人都会深怀歉意地请求与你重归于好，而且他们将成为你未来最好的朋友。

我意识到我的法语写得很潦草，不好意思让你忍受我的不堪的字迹，而你的法语却是那么有魅力，字迹清晰优雅。

本杰明·富兰克林

1779 年 5 月 11 日

别花大价钱买个口哨回来

11 月我又给她写了一封信。

布瑞林夫人：

这个周三的夜晚，我没有像往常那样去你那里和你在一起，而是独自一人坐在这里，想你，给你写信，一遍一遍读你给我写的信。

我依然沉醉于你对天堂和那里生活的描述，我同意你的说法，我们应该从这个世界带去一切美好。我认为在那里我们会生活得很好，幸福多一点，痛苦少一点，而且尽量避免为了一个口哨花太多钱。因为对我来说，好像大部分我们见过的不幸福的人们都忽视了这条忠告，都在做得不偿失的事情。

你问我到底是什么意思，你喜欢故事，不会介意我给你讲一个关于我的小故事吧？

我七岁的时候，有一次过节，大人们给我的衣袋里塞满了铜币。

我立刻向一家卖儿童玩具的店铺跑去。半路上，我却被一个男孩吹哨子的声音吸引住了，于是我用所有的铜币换了他这个哨子。回到家里，我非常得意，吹着哨子满屋子转，却打扰了全家人。我的哥哥、姐姐和表姐们知道我这个交易后，便告诉我，我为这个哨子付出了比它原价高四倍的钱。他们还告诉我，用那些多付的钱，我不知道可以买到多少好东西。大伙儿都取笑我傻，竟使我懊恼得哭了。回想起来，那只哨子给我带来的悔恨远远超过了给我的快乐。

不过，这件事情后来却对我很有用处，它一直保留在我的记忆中。因此，当我打算买一些不必要的东西时，我便常常对自己说，不要为哨子花费太多，于是便节省了钱。

我长大了走进社会，观察人们的作为，感到我遇到的很多很多的人，他们都为了一个哨子付出了过高的代价。当我看见一个人过分热衷于猎取恩宠荣禄，把自己的光阴牺牲在侍候权贵、谋求接见之中，为了得到这种机会，他不惜牺牲自己的自由、品德甚至于自己的朋友，我便对自己说，这个人为他的哨子付出了太高的代价。当我看见另一个人醉心于名望，无休止地投身于政界的纷扰之中，却忽视了自己的事，我说，他的确也为了他的哨子付出了过高的代价。如果我听说有个守财奴为了积累财产，宁愿放弃各种舒适的生活、为别人做好事的一切乐趣、同乡们对他的尊重，以及慷慨无私的友谊的快乐，我说，可怜的人啊，为了你的哨子，你付出了过高的代价。

当我遇到一个寻欢作乐的人，他不愿使自己在精神或命运方面得到一切可赞美的改善，而仅仅为了达到肉体上的享受，为了这种需求，损坏了自己的身体，我就说，误入歧途的人啊，你真是有福不享自找苦吃；为了你的哨子，你付出了太高的代价啊。

当我看到一个人沉迷于外表，或者是漂亮的装束、讲究的住宅、上等的家具、精致的设备，这一切都远远超出了他的收入的水平，为了得到这一切，他借债，最后以被投进监狱而告终。我说，天啊！为了他的哨子，他付出了太高太高的代价。当我看到一个漂亮温顺的姑娘相信对方的甜言蜜语而嫁给一个生性恶劣、人面兽心的丈夫，我说，多么遗憾呀，她为了一个哨子付出了太高的代价。总之，我认为，他们所遭受的人类极大的悲苦都是由于他们对事物的价值做出了错误的估价而造成的，都是为了他们的哨子付出了太高的代价。

然而，以我的聪明才智，我觉得这个世界总有一些诱惑，所以我对这些不幸的人们心怀怜爱。比方说约翰王的苹果是买不到的，因为如果真的有人拍卖，那么我就得倾家荡产，最后买回来却发现没有多大用处，也就是说，我可能又一次花大价钱，就买回来个口哨。

本杰明·富兰克林

1779年11月10日

“我经常花大价钱买回个破口哨”

布瑞林夫人的回信如下：

本杰明·富兰克林：

我向你保证，我亲爱的爸爸，我会非常小心，不会再花大价钱买个口哨的。我曾经经常花大价钱买回个破口哨。我相信当我爱一个人的时候，这个人一定也爱我，因为我是以自己的灵魂标准来判断别人的。结果我总是付出的多，得到的回报少，我这简直就是花大价钱买回个口哨。

布瑞林先生读了你的口哨的故事笑得前仰后合。我们发现，你所说的烂法语经常使你的叙述尖酸刻薄，你的句式和你发明的单词往往收到意想不到的表达效果。

我的好爸爸，下周周六，我会给你开个小音乐会，让你玩国际象棋，还给你沏好茶。该不该告诉你一想到能再见到你我是多么地高兴？不应该告诉你，应该让你猜。

布瑞林夫人

1779 年 11 月 16 日

新的铜制硬币可能给年轻人留下印象

在美国，人们想打制一种铜硬币，不仅可以用来做零钱，还可以用在其他方面。可以不再重复那个人人皆知的无聊的故事（如果没人知道也不会对人类造成损失），说什么乔治三世是大不列颠的国王，也是法国和爱尔兰的国王。我想出了的方案是，在铜币的一面上印些格言，用成语格言来影响人的思想，尤其是对年轻人，用几个所罗门的名言，一些忠诚的、道德方面的、严谨的、经济方面的格言，对他们的教育会更有效，还可以调节他们的行为，比方说“对主的畏惧是智慧的开端”“诚信是最好的政策”“用好手中的犁就能过上好日子”“人人都要自力更生”“一分耕耘一分收获”“省钱等于赚钱”“买了没用的东西，很快就得把有用的东西卖出去”“早睡早起，身体棒、财富多、头脑智”等很多很多。在另一面上印好的图案，可以是法国最好的艺术家的画作或浮雕，图案可以是英国在美国发动的战争中各种野蛮行径，反映出他们残忍、没人性的每个可恶的场面，这样可以在子孙后代中留下强烈的、持久的印象。这个方案一直没被采纳，但是当康涅狄克州的民房被烧毁，当野蛮者的借口那么苍白无力，当此次烧城是在英国的授权下提前预谋的真相大白于世的时候，美国再也无法矜持了，人们希望多发行一些这样的铜币。

让敌人付出惨痛代价

1779 年夏天，在英格兰的沿海地区，我们让他们也尝了尝受骚扰的滋味。尽管我们没有烧他们的城镇，我们还是在很多地区制造了恐怖和骚乱。一只小小的敦刻尔克武装民船，黑王子号，在国会的授意下，由几个美国人、爱尔兰人还有英格兰的走私者组成的一个小队，在 3 个月的时间围着他们的岛屿，获得了 37 个战利品。我们的美国小分队在海军准将约翰·保罗·琼斯的率领下执行的这一次海上行动，极大地警告了英国，激起了他们国内的巨大反响，而且给他们的贸易带来了很大的损失。“联盟号”和“博诺姆·理查德号”，船上大部分是美国人，载着 500 名英国战俘，要不是逆风和一些小意外的耽搁，这支联合舰队和主力部队对英国的进攻可能会成功，这样的话就会给英国以更大的打击，让他们对自己在美国的任意妄为付出一点代价。大不列颠和爱尔兰的沿海地区都受到了严厉的警告，他们还以为琼斯的部队登陆了呢。这迫使敌人付出了惨重的代价，拖着疲惫的部队四处躲藏。我们缴获了很多有价值的战利品——商船，尤其有两艘非常值得一提，一艘来自伦敦，300 吨位，载有 84 人，船上装载着 22 支枪还有给魁北克的海军给养；另一艘是从利物浦开往纽约和牙买加的，船上有 22 支枪，87 人，还装载着补给品和捆装货物。我们的海军准将率领的 “博诺姆·理查德号”已经七零八碎，无法继续航行，人员已经全部转移，交战开始的第二天就沉了。小分队的人被转移到“特塞尔号”，离开的时候满载战利品，还俘获了400名英国战俘（这样我们俘虏的英国士兵比他们俘虏的美国士兵多多了）。很少有海上行动如此干脆、漂亮，如此坚定英勇，此次琼斯做到了。琼斯在此次行动中的英勇表现和赫赫战绩为他赢得了极大的荣誉。

他们的罪恶削弱了我的决心

鉴于英国在美国的野蛮行径——在新泽西的一个谷堆附近隐蔽着15名美国伤兵，他们披着谷草作掩护，结果英国军队放火把他们都烧死了，美国国会号召全国同仇敌忾。我被授命把这些编写到教科书中，一共35页。印刷和刻版工作在巴黎完成，由优秀的艺术家操刀，书中的每个插图都反应了一些可怕的事实，目的是给孩子们和子孙后代们留下深刻的印象，让他们深深地记住我们的敌人的血腥、贪得无厌和阴险狡诈。每每听到有英国人对我们的俘虏有一点点恩惠，我都想停止这项工作，希望可以和解。他们每犯下一条新的罪恶就会削弱我希望和解的决心，让我恨自己怎么还能幻想与这么邪恶的民族重归于好呢？

同时，法国朝廷颁布了一条废除奴隶的皇家法令。几年前我们就想，也许可以在有生之年看到法国国王解放奴隶，结果英国的国王却在努力奴役自由人！

当世最伟大的首领之一

我经常能够听到这个尚武之国的老将军们（他们研究美国地图，在上面标示出所有华盛顿将军指挥的战役）对华盛顿将军以及他指挥的战役诚心诚意的赞许和喝彩，称赞他是当世最伟大的首领之一。我的人生很快就要谢幕了，但是华盛顿将军（和其他人）将活着看到我们的国家走向繁荣，战后美国的迅速复苏给了我们很大的信心。就好比一块印第安的玉米地，长期沐浴在艳阳天里，被太阳晒得奄奄一息，突然一场疾风暴雨，看上去玉米好像不堪一击；然而，暴风雨过后，玉米地又是一片葱绿，长势更劲，不仅令所有者眉开眼笑，就连路过的人都喜上眉梢。

“联盟号”水手哗变

1780 年，杰伊在马德里，亚当斯返回了巴黎。我们相处融洽，但是一开始，亚当斯从来不跟我说他工作上的事情，我也没问，我也没收到任何来自国会解释、说明的信件，所以我完全不知道他来此的目的。

李和伊泽德一起去了东方港，开始着手做“联盟号”的工作。没有人因为他俩的离开而遗憾。我们礼貌地告别，我没有告诉他们我知道他们给国会写信诋毁我。“联盟号”计划立即开往美国。但是水手们要求支付奖金，不支付就拒绝开拔，还有很多复杂的其他原因，涉及其中的交易和人员编排。这个“联盟号”对我来说就像情人一样，总是吊着我的胃口，真的不确定什么时候能拥美人在怀。我给了他们 24 000 里弗尔，在奖金下拨之前，先解燃眉之急。另外还有军饷，我认为答应在法国给他们发军饷的想法是错误的。在欧洲，没有哪个国家有权给他们发军饷（我认为应该由自己的政府来支付自己的船只的费用）。后来，我收到一封大约有 115 名“联盟号”水手的签名信，他们声称除非先支付他们六个月的工资，还有全额奖金，否则的话他们绝不起锚，也绝不会离开东方港，此外他们还要求把已经派往挪威的船只还给他们，还要求兰迪亚斯船长回来。这次哗变无疑是由船长挑唆的。我马上去了凡尔赛宫，请求法国朝廷出面帮忙，从联名信上看，船长的罪行昭然若揭，于是当晚法国国王就下令逮捕并收押他，并答应向琼斯船长提供一切友善援助，为船的开拔提供便利条件。阿瑟·李先生一直在东方港待着，等着搭乘盟军的顺风船。据说他还参与煽动了船上船员的哗变。那个焦躁不安的天才，无论在哪儿，准能制造出争执。我得到允许下令逮捕并收监几个领头闹事的。这次兵变事件给我带来了不可想像的麻烦和苦恼。我多次向国会请求不管此事了，但是都没如愿。

后来我得知兰迪亚斯事件已经平息了，“联盟号”也已经出港了（没有携带任何被服和军需物品），琼斯船长也放弃了指挥权。

我必须休息一会儿了

我大部分时间都在做跟我的本职工作毫不相关的事情，我多次写信给国会要求设立港务领事，这样可以把我从海事和商贸事务中解脱出来，但是没有人理会我的请求。汇票和其他事务发生的费用也给我带来了很大的麻烦。一直说要给我派个秘书，我就一直等着，本来可以找到人来帮忙，结果也没去找。多亏我的孙子坦普尔，一天天成长起来，能够补一下秘书这个缺，帮我分担了很多工作，这样我才勉强挺过来了。要是没有他，我恐怕真的熬不过来。很长一段时间以来，我一直处于水深火热中，被别人的热情的、莫名其妙的甚至恶意的幽默和疯狂困扰着。这么遭罪我还依然康健简直就是个奇迹。汇票、巡航船只、供给等这些我职责以外的事情，整天困扰着我，简直有干不完的事情。我必须休息一会了。

最优秀的人树敌最多

1780 年 3 月 31 日，我收到了来自国会的罗伯特·莫里斯先生的书信，信的主要内容是追认为了美国的事业而光荣牺牲的迪恩先生为烈士。我以前说过，敌人也能让人受益，对于最优秀的人来说常常如此。莫里斯写道："很长一段时间以来，我一直受到别人的恶语中伤，好在最后终于大白天下，让公众们有机会知道那些诽谤我的话是多么地无中生有，多么地恶毒，而我是多么地无辜，多么地忠诚。我的敌人，因为阴谋暴露而羞愧难当，所以放弃了继续污蔑我，我才得以有机会过上向往已久的平静的令人尊敬的生活，一个公民在自由的国度里应该享有的生活。

"亲爱的先生，你本人不也遭受过这样的无辜诽谤吗？但是他们的故意伤害实在是太显而易见了，以至于最终他们都自食恶果。您品德高尚，处事公正，他们根本就没有办法伤你一分一毫。这些事儿让我明白了一个道理，对我的人生大有帮助，就是我发现对社会最有用的人总是树敌最多，因为总有一些嫉妒心强的人；如果说因此我对人类的看法就变坏了的话，那么也正是这些事情，让我对那些值得称赞的品德高尚的人更加崇拜，更加尊敬。我就是这么看富兰克林博士和迪恩先生的。"

委任罗伯特·莫里斯为财务秘书

一年以后，1781 年 7 月，我收到国会的来信，委任罗伯特·莫里斯先生为美国财务监管人。但是我提醒他："你所从事的工作非常复杂，必须投入大量的时间，全神贯注，而且还会伤害到你个人的利益；公众是很小气的，他们不会买你的好，而你肯定会受到一些恶意批评和诬告信的责难，那些人享受着你的服务， 还写信侮辱你的人格，就像肮脏的臭虫，吃着我们的汗，吸着我们的血，结果还在暗地里骚扰我们、伤害我们。”我尽最大努力为他提供帮助，因为我不仅热爱我们共同为之奋斗的光荣的事业，而且还特别看重我与他之间的友谊。

伦敦暴乱

1778 年 6 月初的七八天时间里，伦敦处于极度的混乱之中。由狂热的新教徒和一些流氓组成的暴徒烧毁了很多财产，损失达百万英镑之多。外国使节礼拜的小教堂、那些提交有利于天主教的议案的国会议员的官邸，还有很多天主教徒的家，都被洗劫一空，或者被摧毁，数量达 50 所之多。另外，曼斯菲尔德勋爵的府邸被一把火烧了个干干净净，勋爵本人被吓得魂不附体。这个当年赞成火烧美国民房的家伙最终引火上身，自己还被吓了个半死。哈钦森长官据说直接被吓死了。他们把纽盖特监狱里的 300 名强盗放了出来，但是却没有把劫掠剥削百姓的盗贼抓起来投入监狱（本来从国会议员中很容易找到 300 名强盗），而他们放火烧了房子。据说他们还打算抢劫英格兰银行。部队向暴徒们开了火，打死 33 人。直到晚上 9 点钟暴乱才被平息。第二天，乔治 · 戈登勋爵被关进了伦敦塔。

在我的命令下，带着国会委派的任务，武装民船“黑王子号”和“黑公主号”，船上主要是美国人，对英国沿海的贸易进行了骚扰袭击，18 个月间，共截获 120 艘帆船。“黑王子号”触礁了，不过船上的人都获救了。“黑公主号”依然在战斗，在 1780 年 6 月 20 日到 7 月 10 日的 20 天里，共缴获 28 艘战利品，有的还价值不菲。

事实上，英国已经疯狂地陷入了绝望，而且在世界上一个友邦也没有。没有一个国家希望看到她在这场战争中取胜，都希望看到她被好好地教训教训。没有人给它提供任何援助，即使它的老朋友荷兰也袖手旁观。这就是对别国，甚至对老百姓傲慢无礼、不讲道义的悲惨下场。荷兰的英国党人数一天天减少，海上航行都需要荷枪实弹的武装保护。

家书

我很高兴收到了几封来自女儿萨莉和她丈夫贝奇的书信，得知威廉、贝琪和路易斯几个孩子都活泼可爱，茁壮成长，我非常高兴，当然我还没见过贝琪和路易斯呢。信里说萨莉做了很多有意义的好事，在美国的妇女中号召捐赠，把捐赠的物品送到军队，安抚和鼓励士兵。目前已经收到了大量的捐赠物品。

我告诉萨莉她的儿子本经常给我写信，最近还在日内瓦的学校里获得了拉丁文–法文的最佳翻译奖，颁奖仪式是在大教堂里举行的，颁奖嘉宾是日内瓦第一任长官。如果我有时间，我会很高兴多管管他的学习，不过他在日内瓦受到了很好的照料。

一生中的两种人

我给我的孙子写了下面这封信，也许对其他的年轻读者也有所裨益，信的内容如下：

亲爱的孩子：

每每收到你的来信，得知你身体健康，努力学习，我就非常高兴。现在你正是学习文化和本领的年龄，可能会因此而没有时间跟朋友玩耍，但是今天的所学，你会终身受益，即使是朋友老去，不再陪伴的时候依然受益。今天的所学会为你的将来赢得某种身份，给你体面的人生。

这世界上有两种人。一种人穿着得体、生活舒适、居所体面，他们的谈吐睿智、语言丰富，这些人受到别人的尊重。还有一种人生活困苦、邋遢无知、衣衫褴褛、邪恶堕落，生活在贫民窟里，过着上顿不接下顿的潦倒生活，他们每天必须为了糊口而劳碌，如果不干活，就有可能饿死。第一种人被亲朋送去接受很好的教育，在学校的时候他们吃了很多苦，为了增长才干而付出过辛劳。另一种人要么就是没有亲朋供他们上学，所以没受过教育；要么就是在学校的时候，不好好学习，游手好闲、调皮捣蛋、不听老师的话，顽劣不可教，结果现在自食恶果。

所以，亲爱的孩子，用心珍惜现在提供给你的大好机会吧。当离开日内瓦时，你已是满腹经纶、有修养、品德高尚的人，回家报效祖国，到那时，你的父母会为你而骄傲，你的母校会因你而自豪，含辛茹苦的恩师会因你而欣慰。

永远爱你的祖父

本杰明·富兰克林

1780 年 9 月 25 日 帕西

我与痛风的对话

刚过 10 月，我的痛风又犯了，这次比以往的时间都长，而且是最严重的一次，折磨了我 8 个星期。因为腿脚虚弱无力，所以上下楼梯非常困难，出入非常不方便。于是我很少出去，而且病痛也使我的写作滞后了很多。

布瑞林夫人给了我一篇很有趣的寓言《圣人和痛风》，故事里有个角色叫痛风夫人，她认为这个麻烦的病与情人有关。我告诉她我认为恰恰相反。我年轻的时候比现在风流多了，都没得痛风。因此如果法国女人能仁慈一点，不像布瑞林夫人那样总是拒绝我，我可能就不会得痛风。

然而，布瑞林夫人在这个问题上和我的观点却很不一样。“疼痛有时会成为理性的情妇，”她说，“只有耐心才能终结这种借口。当严寒使这个世界暗淡，美丽的阳光会让人们忘掉它。”我回复她说理性是个非常不确定的东西，就像两个非常理性的人，布瑞林夫人和我，能够从同一个假设中得出截然相反的结论一样。我认为理性是个盲目的向导，而纯粹的直觉应该更有价值。所有低等动物在一年内所犯的错误加到一起都没有一个人在一个月里犯的错误多，即使这个人说他是在理性的指引下行动的。所以，只要我有幸有妻子，我的习惯是在困难事情面前，听从她的观点，因为，我相信女人有一种直觉，比我们的理性可靠多了。

“沉迷于可怜的象棋游戏，毁了你的体格”

布瑞林夫人鼓励我写《痛风与富兰克林的对话》，希望能给她带来片刻的快乐。下面是文章的一部分：

富兰克林：啊！哦！啊！我做了什么让我遭这个罪呀？

痛风：很多事情呀。你管不住嘴，什么都吃，嗜酒如命，还慵懒，不锻炼，腿总闲着不用。

富兰克林：谁这么说我？

痛风：我呀，就是我，痛风。

富兰克林：我——啊！哦！——经常锻炼——啊！——尽量了，痛风小姐。你知道我的久坐这毛病，好像也不都是我的过错呀，求你宽恕我吧。

痛风：怎么不都是你的错？扔掉你的措辞和礼貌吧，你现在怎么道歉都无济于事了。如果说你的生活方式使你久坐的话，那么你的娱乐消遣至少应该是活跃的吧？你应该出去走走，或者骑骑马；如果天气允许，应该打打台球。但是，让我们看看你的生活吧。一上午漫长的时光，你本来有时间出去，而你做了什么？你没有做点有益增加早饭食欲的运动，而是读书看报，而那些东西往往都不值得读。你早饭暴饮暴食，四杯奶茶，一两个黄油吐司，好几片牛肉，我想都是些不好消化的东西。刚吃完就坐在桌子前写呀写，要么就是跟人谈工作。这样时间就都过去了，而你一点运动锻炼都没做。但是这些久坐的情况我都可以原谅。那么你晚饭又做了什么呢？在美丽的花园里和共进晚餐的朋友们散散步，聪明人都会这么做；而你却是坐在那里下国际象棋，一下就是两三个小时呀！这是你永远的消遣，也是最不适合久坐之人的消遣的，因为，这种动作无法促进血液循环和新陈代谢，下棋需要全神贯注，这样反而阻滞循环和排泄。沉迷于可怜的象棋游戏，毁了你的体格。这样的生活方式只能使身体内充满污浊的腐殖物，等着各种疾病的侵蚀了，还不是我，痛风，时不时地帮你刺激刺激、清理清理、排泄排泄那些腐殖物？如果说是在巴黎的小街小巷里，没处可散步，你晚饭后玩会象棋还是有情可原的。但是现在是在帕西、奥特伊、蒙特马、萨伏伊，这些地方都有最美的花园、清新的空气、美丽的女人，你完全可以经常出来走走，跟人们聊聊天，享受一下这里的一切。但是这一切都因为讨厌的象棋游戏而被你拒绝了。呸！富兰克林先生！跟你说这么多，我差点忘了修理你了。疼去吧。

富兰克林：哦！哦！看在老天爷的份上饶了我吧！我郑重承诺，

再也不玩象棋了，每天都锻炼，而且要有节制地生活。

痛风：我太了解你了。你答应得挺好，但是过几个月，身体没事了，你就会故态复萌；你的誓言早被忘到九霄云外了。不说了，我得走了。我今天是走了，但是我肯定还会在恰当的时间恰当的地点再回来的。因为我的目的是为你好，现在你理智了，我们成朋友了。

本尼迪克特·阿诺德的叛逆

从来自美国的消息中我听说了本尼迪克特·阿诺德的阴谋。我们通过截获来自伦敦的信件发现了他的企图。那封信是军队的一个特工写给他的，信里说好像阿诺德拿了 5 000 英镑的贿赂。他还想策反其他人，但是都没成功；没有人听他的。犹大只出卖了一个人，阿诺德却出卖了 300 万人；犹大为出卖一个人得到了 30 个银币，而阿诺德按人头算平均还不到半便士。可怜的卖主，尤其是跟他所得到的狼藉恶名和给家人带来的不幸相比，他的买卖赔大了。我发现他的卑鄙和背叛骇人听闻！他甚至遭到了那些策反他的敌人们的鄙视。在欧洲人看来，他已经是绞刑架上的人了，而且他将被缚在绞刑架上，永生永世不得翻身。

跟西班牙的合作一拖再拖

亨利·劳伦斯先生[1]被凡尔赛宫推选为全权公使，却不幸被捕，关押在伦敦塔。他的身上发现了与荷兰签订协议的草案，于是英国对

1 1780 年在去与荷兰谈判的路上，劳伦斯被英国逮捕并关进监狱。1781 年 7 月，国会委派富兰克林用伯戈因交换劳伦斯，1781 年年末，劳伦斯被保释出狱。劳伦斯来到巴黎作为和平谈判使者之一。

荷兰宣战。当然，没有比这更不正义的战争了。英国把可怜的琼斯船长说成是海盗，仅仅是因为他与英国为敌：如果说海盗的最好的定义就是人类之敌，那么英国才是真正的海盗，因为他们在与全世界的战争中已经取得了很大的进步。我坚信，只要上帝还在，那么这个邪恶的国家永远都不可能繁荣。

说到西班牙，他们迟迟没有跟我们签订协议，为了秘密条款一直在协商，对我来说，这就意味着他们不愿意与我们有瓜葛，我认为他们没理解这其中的利益，忽视了为国家谋求更大的且是永久的利益的机会。这是他们与邻国建立稳定持久的、有益的关系的绝佳时机，不是为了蝇头小利而埋下争端的种子的时候。

我一直认为在结盟的优势还没显现的时候主动向人示好，结果往往令人失望。如果我们首先私下里了解一下结盟的请求能不能被接受，然后向西班牙、维也纳、普鲁士、托斯卡纳、荷兰等国家派公使，那么效果会更好，因为被人拒绝就是一种对我们的轻蔑，这会破坏我们的名誉，使别国不愿意与我们建立联系。

李对我的诋毁

我听说卡罗来纳州的一个议员向国会提交了一份召回我的提案，但是没被通过，还听说阿瑟·李印制了一份诋毁我的宣传册。[1] 如果我的敌人再有点耐心，他们不费吹灰之力，很快就会看到我对他们构不成威胁了，因为那年我已经 75 岁了。我不明白他们说我反对结算迪恩的相关事宜。我根本没有兴趣去反对，我也没反对。

---

1 阿瑟·李，《法国商贸往来之我见，呈交国会》（费城，1780）

几个睿智的人给我写信，隐约表达了他们对局势的看法——去年所付出的巨大的、昂贵的努力在敌人强大的海上势力面前一无所获。他们在卡罗来纳州所取得的胜利主要归功于他们的海上优势，我们缺乏必要的武器来装备部队，既没有足够的交通工具加速行军，也没有钱支付部队的开销，所以没有起码的防御能力。回到美国的拉法耶特侯爵写信告诉我部队现在非常困难，缺衣少食。但是上一次的失利不仅没有令士气下降，反而激发了士兵们的斗志，国会决心想尽一切办法谋求外援，通过与法国海军和法国其他势力通力合作，把敌人彻底赶出美国。

再一次申请更多的钱

国会敦促我向法国国王递交申请，请求最有力的援助，并强烈祈求更多金钱支持。美国曾经期待着西班牙能资助一部分钱，但是愿望落空了：西班牙的部队都用来攻打佛罗里达附近的堡垒了，没有给美国大陆提供直接的帮助。这样我们只能依靠法国了，因此我给韦尔热纳写了下面一封信，具体内容如下：

尊敬的韦尔热纳阁下：

我老了，前一段身体不好，使我倍感虚弱，也许用不了多久，我就管不着这些事了。因此，我想借此机会跟阁下说说我的看法：目前是最紧要的关头。假如国会无法得到外援，将失去在民众之中的影响力，那么事态将变得非常令人担忧；而刚刚建立起来的美国新政府将被动摇。如果让英国喘过气来，重新统治美国，那么在很长一段时间之内，将很难再有眼前这样的独立机会。如果英国重新夺回富饶广袤的美国大地和无垠的海岸线，那么他们将有了东山再起的资本，然后通过迅速的商贸增长，豢养水手和士兵，他们将成为欧洲的威胁，他们将继续傲慢无礼、有恃无恐，而且随着他们势力的增长，他们会变本加厉。

您充满敬意的、顺从的、谦卑的仆人

本杰明·富兰克林

1781 年 2 月 13 日 帕西

他们慎重地考虑了我的请求，但是法国内阁当时正好正在处理其他重大事件，我得到的消息都非常笼统，只是说会采取行动的，新的全权大使亨利·劳伦斯先生还没到任，所以我又写了一封信，强烈要求他们给予正面回答。之后我收到回信说韦尔热纳要见我，我如期赴约。他向我转达了国王对美国的真诚友好，但是说在那个关键时期，我必须清楚法国所付出的代价，马上借给我们 2 500 万是不切实际的；美国钞票的贬值使我们在法国的信誉大大受损，最后加了一句，说国王不可能在他统治期间再借给我们钱了，因为这样会对其他需要资助的人不公。但是为了证明对美国的友谊，国王决定给我们 600 万，不是借给我们的，是作为礼物送给我们的。

我年满 75 岁，打算辞职

1781 年 1 月，我已经年满 75 岁。去年冬天犯的那次持久而严重的痛风又来折磨我了，而且年岁大了，体力不支，所以恢复得很慢，于是运动越来越少了。同时工作上任务越来越重，越来越难，此外，我还不得不在家里处理那些送来的汇票（本不属于我的职责范围），回信，还有很多其他工作，这些都迫使我放弃了一年几次的旅行，于是没有机会呼吸新鲜空气，没有机会进行锻炼了。这些都加到一起使我的健康每况愈下。我从事公共事务 50 年，50 年间我有幸获得了公众的爱戴和信任，这是我最大的荣幸。夫复何求？

长时间以来，我已经厌倦了驻外使节的工作，希望能在晚年休息休息，享享清福，于是我开始变得不耐烦，迫使国会派人来接替我的工作（我推荐约翰·杰伊来接任我的工作），允许我退休，我的工作除了公使的职责，还包括领事的职责、海事法庭的法官、商人、银行家，等等。我发现这么多的职位的工作，对于我这把老骨头来说实在是太繁重了，所以真应该找个人来换换我了。但是除了给我下命令，否则的话我还不想马上回家；我还想待在法国，一直待到打完仗。这里有爱我的及我爱的人们，总比兵荒马乱，长途跋涉地回国要好，而且还有被英军俘虏收监的危险。我最应该待的地方其实是自己家，有女儿关心，病了还有女儿的照料，有孙子们绕膝陪我解闷；但是这些目前的形势不允许，我们只能将就了。于是我向国会保证我之所以不回国，既不是不相信独立事业能够取得成功，也不是受到谁的蛊惑而存有异心，我的理由正如我上面所提到的那样。

国会拒绝了我的辞职

然而，我收到了 6 月 19 日的国会的急件，拒绝接受我的辞职申请，坚持让我继续为其服务，直到战争结束，而且还给我加了个任务，让我和亚当斯、杰伊先生、劳伦斯还有杰斐逊几位先生一起，参加和平谈判。同时，国会授权我们以国会的名义，接受德国君主和俄罗斯女皇的调停。我备受鼓舞，我认为这个任命比之前对我的所有任命都重要，无论出于对敌人的利益的考虑，还是出于我个人利益的考虑，我都将一往无前。当然任何私心都不应该影响工作。我们应该做最应该做的事情，而不是去考虑别人想让我们做什么。于是，我又重返岗位，谢天谢地，我的健康状况和情绪都好了很多。我马上去了凡尔赛宫，把国会写给国王的信呈交了上去，国王亲切地接见了我。

为我的孙子提出的请求

如果说我对国会这些年的尽心尽力使他们很满意的话，那么我再提一个要求，希望他们不要拒绝。

我要求他们对我的孙子威廉·坦普尔·富兰克林加以保护。从小我就教育他，来法国还把他带在身边，希望能够给他锻炼的机会，将来成为合格的律师。但是我总让他做我的秘书，尤其是在其他人都离开以后，他更是跟我寸步不离，尤其是在对国会彻底不指望了之后，我更是离不开这位年轻绅士的帮助了！这样一来，他就失去了大量的时间，无法涉足真正的外交事务，无法继续法律学习，这个孩子本来可以在办公室做四年的实习生，多学习点业务方面的知识，其实他本来就更适合那里的工作，他睿智老成、勤奋活跃、廉洁正直、谈吐儒雅，而且法语说的非常棒。出于家长对孩子的偏袒之心，我能给他的都给了，此外，我还希望他能够适时地成为国会的外交使臣，或者成为任何一个欧洲国家公使的秘书。遗憾的是，我的请求没成功。

为我的孙子说媒

这段时间，我总跟布瑞林先生和夫人说要撮合他们的大女儿和我孙子坦普尔。我喜欢他们一家人，想用这种方式加深彼此的联系。由于相隔千山万水，我自己的女儿也不在身边，我希望能够从布瑞林夫人那里找到女儿的温暖，当然也希望他们的女儿能够成为我的孙媳，如果我真的一直生活在法国，他们可以为我养老送终。我非常喜欢他们的大女儿，我们认识四年了，我一直观察她，她温柔可人，一定会是个好妻子。我也相信我的孙子，他没有恶习，一定会是个好丈夫。我注意到，两个年轻人互相也有好感，当我跟坦普尔提及要让他在法国成家的事情时，他告诉我只有一点是他不能接受的，那就是以后我要是回美国，那么他在这里成家，我们就会被分开。但是当我告诉他，他如果娶布瑞林小姐，那么我将一直留在法国，他听了非常高兴，而且答应了婚事。

布瑞林先生提出两点异议。一是他不希望自己的女儿跟我的孙子去美国，二是不同的宗教信仰。我也考虑过这两点。至于第一点，那是我打算让孙子在法国成家，然后可以继承我的事业。关于第二点，我的观点是，无论哪一种宗教，除了最本质的东西以外，其他的都是形式，是摆设，就好比糖条，包装纸可以是棕色的、白色的，也可以是蓝色的，可以用麻绳系也可以用线绳系，绳可以是红的，也可以是黄的；但是糖总是最重要的。现在，说起一个好的宗教最重要的原则，我认为，应该是以下这 5 条：

1）只有一个上帝，上帝创造了世界，统治着世界。

2）上帝应该得到崇拜和信仰。

3）与人为善是对上帝最好的信仰。

4）人的灵魂不朽。

5）恶有恶报，今生不报，来世必报。

这些最重要的原则好像我们所信仰的宗教都符合，分歧只是表面上的。

然而，布瑞林先生又提出了其他的异议，就这样，这件事告吹了。[1]

重归哲学事务

我公务缠身，以至于无暇关心哲学问题，对哲学的研究曾经给我带来那么多的乐趣。我非常感激美国艺术科学院吸纳我成为他们的一员，我一直希望能为这个光荣的身份做点什么，能成为名符其实的艺科院院士。

很长时间没给英根豪斯先生写信了，我们以前总是天南海北地无所不谈：我们谈论他做的热传导实验；我在意大利做的关于雷电的演讲的结尾部分，等等。我祝愿他继续在工业方面取得成功，祝他在做实验的时候总是睿智精确，还会加上两段话："你将享有成功带来的喜悦和如期而至的名誉。但是目前，那名声只能来得很勉强、很吝啬，有时还得忍气吞声。人们会想一个为了人类无私奉献的人不可能

1 克劳德－安妮·洛佩兹和尤金妮亚·W. 赫伯特写道，"在说媒方面，富兰克林是失败的。萨莉没有嫁给斯特劳恩。威廉没娶他爸爸给他介绍的波莉·史蒂文森。等到下一代，孙子坦普尔没娶布瑞林的女儿。还有他的外孙本尼·贝奇，也没娶波莉·史蒂文森的女儿伊丽莎白·休森。"见《富兰克林的私生活：他与他的家人》（纽约：W.W. 诺顿出版社，1975），83.

成为人类的敌人；但是有些人是无法忍受别人声名显赫的，即使这个人为人类做出了巨大的贡献也不可以；尽管他不计回报，只求人们说他的好，那些人也不答应，他们首先质疑他的实验的可信度，然后质疑实验的有用性，如果发现没有问题，他们最后会质疑他是否具有实验结果的所有权，然后会把这个权利给一个 3 000 年前的人，或者一个十万八千里以外的人，甚至都不舍得说是一个邻居或者朋友的。然而，要继续下去不要沮丧。你之前的人有过这样的际遇，你之后的人也会如此。无论别人说什么，为了过后反思的时候问心无愧，造福人类还是值得的。

“因此，继续你的实验吧；用你研究的结果推动科学的发展，造福人类。总有拨云见日的那一天，到时候该是你的都会还给你的。我的亲身经历可以激励你，否则我也不会提及。你知道当我的论文刚发表的时候，当时非常有名的阿贝·诺雷德在一本书中攻击我。书中要我解释，我没理他们。现在他们已经销声匿迹了，而真理已经被接受了。有时间干点什么都比与人打口水战好。”

凡是我听说的谈论英根豪斯的书的人都说他的书很好。但是讨论的人没有想象的多。不过这是有情可原的。他的书出版的时候，正好赶上王子辞世、战争爆发，还有一些其他的大事，所以尽管是一本好书，也不得不被忽视，有时甚至被淡忘。我们这些出版商和书商是很了解这其中的缘由的。

海上损失惨重

在“联盟号”的护卫下，有幸以拉法耶特侯爵命名的船于 1781 年 3 月 29 日，顶着风，出发了。穿上装载着近 20 000 人的被服和武器弹药，总价值在 100 万里弗尔左右，足够装备我们的军队了。不幸的是，“拉法耶特侯爵号”在海上被敌人截了，损失相当惨重。我好不容易从韦尔热纳那里得到支持，答应再给我们一些被服、武器弹药等。但是看到我们对这些供给的运输如此不堪，在更换“拉法耶特侯爵号“货物时，法国直接插手了此事。

“印第安纳号”后来叫“南卡罗来纳号”，终于从阿姆斯特丹起航开往费城。那可是艘好船，武器装备好，人员配备好，护送着另外两艘给我们部队运送被服的船。从美国得到消息说格林将军夺回了南北卡罗来纳州和乔治亚州，只是两个州的州府还在敌人手里。拉法耶特侯爵得到了重用，康沃利斯因为大批烟草起火而引咎辞职了。

别再从国会往这送汇票了！

我恳求亚当斯先生和我一起给国会写信，让他们别再往这送汇票了，因为这里根本没有他们的基金。我认为世界上再也没有这样的民族，竟然拿自己的信誉冒险，本来就没有什么信誉，总这么做，很快就会完全没有信誉了。事情紧急是他们唯一的借口。法国朝廷是我们忠实的朋友，但是再好的朋友，也会因为频繁的突如其来的要求而精疲力竭。他们答应这一年给我们 2 000 万的援助，但是因为这笔钱已经被国会提前给花出去了，包括给布马尔查先生的利息和在西班牙的杰伊还有在荷兰的亚当斯预支的钱，而且物资储备已经用光了，当务之急是求求他们别再这么瞎花了。我真担心，照这样下去，我们可能真的像俗语说的那样“光着屁股离开这个世界”。

斐迪南·格兰德先生是我们在巴黎的银行家，他的兄弟乔治·格兰德是我们在荷兰的银行家。自从我们来到法国，他兄弟二人一直是我们热情的、忠实的朋友。他们不仅个人出面帮我们，还动员其他力量援助我们，总是提前给我们备好六七十万里弗尔，是我们坚实的后盾。格兰德先生为我们中转资金只收 0.5% 的佣金，然而考虑到贷款产生的利息的票据数量之众，这种优惠对我来说是杯水车薪。

如何偿还战争债务

我从没怀疑过美国能够很轻松地还清战争期间所借的债务和产生的利息。但是最好的办法是不是通过征收出口税，我还不太清楚。英国通过征收烟草税筹集了大量的税款。但英国是通过禁止进口外国烟草，从而逼迫国内的消费者交税。如果美国在出口烟草的时候每英镑加上 5 便士的税，那么还会有欧洲国家愿意进口吗？难道西班牙和葡萄牙的殖民地还有俄罗斯的乌克兰的烟草不会比我们更便宜吗？难道英国不会因此而降低出口给法国的烟草出口税吗？难道不需要增加边防巡逻的成本，防止为了逃税而铤而走险的烟草走私吗？难道那些边防官员自己不会变得腐败接受贿赂而纵容走私吗？所以说这可能是个错误的主意，但是我倒是更倾向采取那个比较现代的做法，就是每个国家的贸易完全脱离财产留置权。[1] 可能目前没有一个国家是这么做

1　这里富兰克林是受到亚当·斯密的影响，亚当·斯密是《国富论》(1776)的作者，提倡自由贸易。

的：荷兰的做法比较接近，因此她的贸易额已经成比例的大幅增长。

神佑和平缔造者

据我所知，凡是讲和，即使是占了很大便宜的一方，也会被指责，参与和谈的和平缔造者会被声讨，说成是昏聩腐败的。神佑和平缔造者吧！我觉得也许到了另一个世界这些人才会被理解：因为在这个世界他们经常被诅咒。然而，我与这个世界联系太密切，因此我不想与捏造和平这样的事情有瓜葛，也不知道该从何下手。不过，不管怎么样，我还是很荣幸能够和亚当斯先生一起做这么重要的一件事情。

英国人玩了个孤注一掷的游戏。幸运有时就像掷筛子的醉汉，不一定就会降临到谁的头上。英国也有幸运的时候。但是由于他们在东方的残暴，最终激起了当地力量的反抗，在西方，我也不知道还有谁是他们的朋友。这样，一个帝国，就像每个人一样，最终毁灭在自己的傲慢、愚蠢和骄奢上。

我与布马尔查之间的争执

在关于布马尔查[1]获得援助这件事上，迪恩先生和李之间产生了很多误会和争执。1776 年，那时我还在国会，我收到了李的来信，信中跟我说起了在伦敦布马尔查找过他，他拿到了 20 万基尼，可供国会使用。李还补充说布马尔查同意以某公司的名义提供给我们武器弹药

1　布马尔查是十八世纪下半叶比较富有色彩的一个人物，他是制表商、朝臣、剧作家，同时也是世界探险家。

等。接下来就送来了几船的货物。李理解这是法国政府的无偿援助，但是后来布马尔查说是货款而向国会索要很大一笔钱。得到国会的命令，让他提供说明，解释一下到底我们欠他多少钱，为什么而欠。他答应好多次，就是一直没做。据说他经常跟人说起我们欠他很多。事实上，我想我们国家是真的要感激布马尔查：迪恩先生跟他谈过几笔大的交易，但是都没给他报酬。现在这样的气氛非常不友好，让人感到既不安全也不舒适。据说迪恩秘密地给国会写信，支持布马尔查的要求，而李却指责迪恩损害选民的利益，所以把礼物说成是债务。真实的交易无人知晓。我们不知道是不是整个交易，或者一部分是有偿的，还是压根就没有需要政府付钱的，我们拿到的报告前后自相矛盾。或者假如我们真的欠钱，那么真正的债主到底是法国国王还是布马尔查本人？也许我们得体谅布马尔查，体谅他不是一名商人。

杳无音信

感谢上帝，我身体依然康健，情绪也很好，尽管英国的新闻记者们的文章里已经好几次报道说我被杀了。当然最后我一定会死的，但是报纸里说我的死是“英年早逝”。

我收到在西班牙的杰伊先生的信，抱怨说那里的信息不通。我很同情他，因为我感同身受。实际上我也收到了好几封洛弗尔写给我的信，只是信都很短，大部分是跟我说他无法尽言，因为书信委员会还没建起来。但是凡是我寄出的信，很多都没有得到任何回信。国会非常明智，把财政大权交到了一个非常智慧的人的手里（莫里斯先生）。

我希望他们能在书信管理方面也派个专人，专门负责外交往来信件。[1] 我在给杰伊的回信中告诉他我支付不起给我的那些账单。法国朝廷已经被我们三番五次的要钱折腾得精疲力竭，非常不高兴，但不仅是我，还有杰伊、劳伦斯和亚当斯等，我们总是需要承担意想不到的账单，所以才一而再、再而三地向人家要钱，为此，法国朝廷命令他们驻费城公使抗议这种猝不及防的做法。

我对他的不幸深表遗憾，但是——

截至目前，还有大约500名不幸的美国战俘依然被关押在英国的监狱里，他们当中有的人顶着叛国的罪名煎熬了很多年，已经灯枯油尽。在美国本土的很多美国战俘，都是交换剩下来的，被海军上将罗德尼用非常不必要的残忍的方式运回英国，战俘们都带着铁锁，挤在拥挤的卫生条件很差的船舱里，有的没等到地方就死了。[2]

我收到了一封280个美国士兵签名的信，下面是信的部分内容：

尊敬的阁下：

我们全体被关押在弗顿的战俘，通过几个绅士给您捎去这封信，想告诉您在大西洋彼岸的这些战俘的境况，并且想向您说明一下忽视这些战俘的后果。

这个季节我们这里天寒地冻，风很大，捐给我们的物资几乎

1 1781年8月，国会还真这么做了，把纽约前代表罗伯特·利文斯顿派到这个岗位上了。

2 1780年，罗德尼将军把美国战俘说成是不守规矩的海盗，于是把他们赶上医疗船“泽西号”，其中几千人丧命。

已经用尽。我们被关押的地方在他们海军医院中间，这里流行各种疾病。他们惨无人道，每天十来个人死在这里，他们抬着尸体就从我们中间走过，我们中间也有人染上了疾病。

听说都是因为你的缘故我们才没有被交换回去，对此我们非常不满。要不是您已经年岁大了，不适合再占着位置而无所作为，我们可能早就离开了这个鬼地方。因此，尊敬的阁下，我们真诚希望您能屈尊给我们回封信，告诉我们为什么英国答应交换我们回去，而我们却一直被关押到现在。

您谦卑的仆人和同胞

280 名美国战俘

1780 年 2 月 3 日 弗顿监狱

战俘们没有签真名，但是我在回信中向他们保证，拖延交换他们的主要原因绝对不是我的怠慢。

我收到了一名叫塞拉斯·塔尔博特的战俘的来信，他来自普利茅斯监狱。杰伊向我保证说，他是一名勇敢有进取心的军官，信中他要求我们为他支付债务。我很同情他的不幸，但是我认为不应该给他那么大一笔钱。有成百上千的人情况和他一样，我要是答应了他，那么如何拒绝其他人？即使我愿意满足他们每一个人，那么我从哪里弄那么多钱呢？任何人都可以随便给我写封信说国会欠他们的：我不能否认他们的诉求，因为我也不能说国会不欠他们的；但是不顾事实，不等命令，就冒然为他们支付是不妥的。没有人对这些请求到底需要多少钱有概念：我决定不分级别高低，因为我也不知道他们的级别，只是把他们都当作同胞，如果有能力我希望把他们全解救出狱。

我把另一笔钱交到威廉·霍奇森先生手里，他是美国战俘管理基金委员会的主席，委托他一个战俘一周给一先令，还有冬天补助 18 便士。我希望以我的能力给予那些忠诚、勇敢、耐心的同胞们更充分的帮助。我非常感激霍奇森先生和他的朋友们对我们在普利茅斯和朴茨茅斯的可怜的战俘们给予的友好关照。

没有语言可以形容他们的恶行

托马斯·迪格斯先生是一个住在伦敦的美国商人，他假装自己是热心的美国人，对在英国的监狱里关押的美国战俘非常关心，答应帮我解救他们。那年冬天，他向我索款好几次，共计 495 英镑，他说那都是朴茨茅斯和普利茅斯的监狱里的人管他要的。结果，让我震惊的是，这个坏蛋真正用在战俘身上的钱还不到 30 英镑，带着剩余的钱跑了。抢富人一个基尼就算是坏蛋了，更何况他竟然辜负别人对他的神圣的信任，抢战俘们的救命钱，一个战俘 18 便士，总共大约有 600 人受害！简直没有语言可以形容这个迪格斯的邪恶行径和丑恶嘴脸。这样的坏蛋要是不被魔鬼诅咒，那么魔鬼还有什么用？

那个可耻的恶棍迪格斯后来还给我写信，说想当面跟我解释，让我相信我对他的所作所为有误会。然而，他后来再没出现，而且我每天都能听到关于他在英格兰所做的那些龌龊的事。

长达四年的残酷囚禁

被俘的美国战俘被送往英国，这使不幸的人们的数量大大增加了，相应的解救他们的费用也大大增加了。英国的捐赠活动早就停止了，我规定的夏天每个人每周给 6 便士的津贴，虽说不多，但是加起来数目也是相当大的；冬天得加倍，不翻三番就不错了。他们抱怨吃不饱。他们向英国政府请愿，索要跟法国和西班牙战俘一样的津贴，但是遭到了拒绝；这使我给他们的那点钱显得弥足珍贵。英国人本来答应要么把我们的战俘交换回来，要么把他们移交到法国我的手上，但是这两条一条也没做到。这个腐败的国家简直是一点儿信誉都没有了。（我们的武装民船在欧洲的海上很少带回俘虏，可以释放的都释放了。）我最后的账本上显示几个监狱里的战俘已经达到了 800 人。我们可怜的、勇敢的同胞们，有的已经被残忍地囚禁了四年。

我收到了弗朗西斯・考费因的来信，向我推荐托马斯・比尔和塞缪尔・史蒂文斯的事迹，这两个人是编织绳索的，因为帮助我们的战俘逃跑而被迫逃离英国，他们想去美国。要不是考费因的举荐，我对比尔一无所知。很显然，他是那种被上帝扔向人间来考验人类善心的可怜人。在战争期间从英国往美国转运家属是一件非常昂贵也非常困难的事情，因为很可能被抓回去。因此我建议他们去敦刻尔克或者奥斯坦德先找份工作，坚持到战争结束：如果在这两个地方找不到工作，也可以去荷兰，因为那里需要大量的各种各样的工人，各类对船只在行的工人都供不应求。此时美国与荷兰之间的贸易量大增，有很多美国商船不断的从阿姆斯特丹返回美国，而且那里还住着美国公使亚当斯先生，所以我请求考费因先生把战俘送到那里，并让美国驻阿姆斯特丹公使亚当斯先生照顾他们。

我发现没有人像水手那么挥霍无度。有好几次，支付给他们钱，是希望他们能坚持到下一个港口，结果他们在巴黎就花光了，然后再要。还有人在头几天就挥霍没了，然后在接下来的几天靠乞讨度日。

从美国来了一位绅士逼迫我马上接受他带来的账单。我解释说我必须对照着账簿核实一下，到底在不在我们接受的范围之内，我们之前是否处理过同样的账单，所以告诉他至少要两三天才能核对完。他礼貌地接受了，因为他说他在南斯听说杰伊先生在不同时间收到了两份一样的账单，而且都收下了。每周都有这样的欺骗：但是我们的账目管理得非常科学，这样的企图很少能得逞。

他对公使太不礼貌了

劳伦斯上校，亨利·劳伦斯的儿子，来法国出公差，目的是为军队筹集一大笔钱。因为考虑到他是当事人，目睹了军队的困难，所以他比我更了解军队的情况和他们的需要。他是个不知疲倦的人，在法期间也确实很卖力气，但是他对我这个公使太不礼貌了，而且他走了以后我发现，被他冒犯的人远比我想象的多。荷兰答应借给他 1 000 万里弗尔；但是没借成，所以事实上他一事无成。所幸的是，他走后我们好像又得宠了。在他来之前我请求到了 600 万，在他走后，我得到了更多，否则的话，我也没钱支付给杰伊。

荷兰好像根本不同情我们，或者说一开始就没想帮助我们。从那里什么钱也借不出来，反而有大笔大笔的钱借给了我们的敌人。有位作者，我忘了是谁，说荷兰不再是一个国家，而是一个大商店；从那以后我想荷兰人没有其他的原则或情感，什么同情弱者、帮助贫困等都不关他们的事，他们只是店主，只知道买卖。

我感到前所未有的难堪和苦恼，因为我不得不一遍一遍地向法国朝廷请求援助，总是不期而来，实在是太不好意思了，我给这些大臣们带来了麻烦和苦恼，迫使他们不得不去寻找新的资金来源，这样一来，就打乱了他们的计划。于是他们通过驻费城的公使向国会抱怨我们总是这么突如其来地要钱；然后他们告诉我说国会 1781 年 3 月底向他们承诺，不会再产生额外的账单了，除非我手里的钱足够支付。

我认为罗伯特·莫里斯的观点是正确的，他说："直到一国可以用自己的信誉和资源来保护自己，纠正敌人的时候，这个国家才真正地独立了。"如果欧洲是和平的，各国政府都不需要举债，那么很多私人余钱就可以积累起来，以贷款的形式贷给我们。但是现在四个主要的国家都在打仗，[1]都在四处借钱，而且时不时地还给出给高额利息，于是有钱人都宁愿把钱借给自己的政府，也不愿意冒险借给邻国，更不愿意冒着巨大的风险借给一个大洋彼岸的新兴的国家，对他们来说，这个国家到现在还没有一个国家的样。因此，我们所有从私人手里借钱的打算全部失败，我们唯一可能得到金钱资助的只有法国政府和西班牙政府，因为我们有共同的敌人，所以他们帮助我们符合自身利益。这两个国家确实是有巨额收入。但是一个国家资助另一个国家的能力不和他们的收入成正比，而和他们的经济成正比；那些在和平时期靠节省而积攒下来钱的国家不会是公使们借钱的对象，因为他们在和平

1　这四个国家指英国、法国、西班牙和荷兰。

时期才勉强收支平衡；这样战事一起，说到维持生存，他们差不多跟我们一样穷，也不得不被迫举债；唯一的不同就是人家有信誉，而我们没有；本来我们在自己的民众那里还是有信誉的，但是已经挥霍一空了。我们的信誉主要看我们还剩多少余钱，现在我们处处都缺钱，哪里还谈什么信誉？因为西班牙的国债在美国被耽搁了很长时间，所以她所能帮我们的微乎其微；另外，尽管法国给了我们非常多的帮助，但是跟我们的需求相比还是远远不够，不过我由衷地相信他们已经尽全力了，战争对他们来说消耗本来就是巨大的，而且她的商贸也受到了很大的阻碍。因此我跟莫里斯说，"亲爱的朋友，你看我也不是想恭维你，说你能做不可能做到的事情；也不是想背叛你，让你去执行很可能失败的计划，让你丢脸。事实对你我是最好的解释，当你知道不能指望什么的时候，往往更知道该做什么。我当然会竭尽所能帮助你，但是不要对我抱太大期望。"

我收到了来自埃德蒙·伯克先生的一封友好来信，信中表达了希望能够给他的朋友伯戈因将军自由。我一直非常尊重伯克先生，他对朋友的亲切关怀使他更加可亲可敬。我保证同时解救另一个有价值的人，让他回到亲人的身边一定会令伯克先生格外高兴。没有跟英国的公使们正面交涉，我请求同时也授权伯克先生来谈判交换的事情，他得知这样他的朋友伯戈因可以不用被召回而非常高兴。国会不希望起诉伯戈因将军，因此答应用他交换被关在伦敦塔里的劳伦斯先生。

福尔杰，我的一个亲戚，跟我说他和楠塔基特岛（亲英的）的其他居民们在英格兰有一些财产，他们想兑换成对美国有用的东西拿回来，向我请求一个通行证。之前类似的问题我从来都没有拒绝过，所以我也不能拒绝他。如果他们用通行证作掩护，给敌人运送货物，我说过，就让我们的人民把他抓住然后绞死他，尽管他是我的亲戚，我也决不姑息。因为我一直觉得为了家族的名誉，把其中的败类绞死可比让他活着强。如果我被发现和他还有其他任何人所从事的合法的或者不合法的交易有瓜葛，那么我心甘情愿跟他们一样被绞死。

1781 年夏天，布瑞林夫人去了她在尼斯的寓所，留我一个人在帕西，心里感到空荡荡的。我经常路过她的房子，看上去有些荒凉。没有了她和蔼可亲的笑脸相迎，没有了她演奏的迷人的音乐，没有了她那些可爱的孩子们冲出来拥抱我了！以往，我犯了戒规，因为我觊觎邻居的家，垂涎于人家的妻子。今天，我不再觊觎什么了，所以我的罪孽感减轻了。但是一想到邻居的妻子，我就觉得那些戒规真的很讨厌，为有那些戒规而感到遗憾。

她的邻居们尽可能地来填补我的空虚，但是他们根本做不到。维拉尔夫人每个周三都来陪我，爱尔维修夫人每个礼拜六来陪我，阿贝·莫尔莱还在他家给我拉大提琴。他还自己写非常好听的歌曲，边拉低音提琴边唱给我听，我非常爱听。但这毕竟不是我那可爱的朋友的音乐，也不是那无与伦比的小提琴。我想给她写信，但是我实在太不喜欢用法语写信了，要是她懂美语就好了。她对我之前写的信大加赞赏，鼓励我加油，但是我还是连一封完整的信都没写出来，因为我没有时间上字典里去查词的阴性阳性，也没有时间上语法书里查语气、时态。六十年前，阴性阳性的事情让我非常尴尬（和语气、时态没有关系）。我曾经想等到八十岁，就可以从这些当中解放出来了。但是，现如今，我已经七十六岁了，那些法语词汇的性还在不停地烦我。这也不错，这样可以让我到了天堂以后更幸福，因为那里总算没有阴性阳性的差别了。

剧院起火了！

没有了我的好朋友和好邻居布瑞林夫人的陪伴，我没有了娱乐，于是我和孙子坦普尔去巴黎看了一个歌剧。[1]就在快结束的时候，剧院大楼突然起火了。我们是最后几个离开的。浓烟追着我们跑，等到我们进入马车的时候，整个建筑已经是一片火海。如果再早15分钟着火，我想浓烟就会进入剧院，剧院里面的很多观众可能就逃不出来了。我和我的孙子可能就会死在大火中，因为我们坐在高高的包厢里。如果真是那样，我会告诉在天堂的朋友们，“布瑞林夫人不在的时候，我死了。”因为假如她没离开帕西，我也就不会去看歌剧。究竟有多少人丧生不得而知。

后来，我收到伦敦的大卫·哈特利先生的来信，信中提到一个用来预防剧院等娱乐场所起火的方案，比方说王宫里的歌剧厅等。我做了如下的回复：

亲爱的朋友：

收到您9月26日的来信非常高兴，信中您提到了一个非常聪明的方案，主要是挽救观众于火海，预防娱乐场所起火的方案，想得非常周到。我已经把您的方案告诉了相关的人。您对生命安全的关注，甚至是对您敌人的生命安全的关心，为您的好心肠和人

1 1781年6月8日，去看格鲁克的《俄尔普斯》。见斯泰西·希夫的作品《伟大的即席演奏》（纽约：亨利·霍尔特，2005），279.

道主义精神赢得了尊重。但是几个寻欢作乐的人的生命跟成千上万的生命相比又何足挂齿呢？而那么多杰出的生命，那么多诚实勤劳的百姓都被这罪恶的战争屠杀了！毁灭了！哦！我们不仅要想法阻止小火小灾，更要想法设法阻止这场可怕的战火呀！再见，您曾经的好友，

本杰明·富兰克林

1781 年 10 月 15 日 帕西

除了独立我们没有安全可言

我衷心希望这场倒霉的战争快点结束吧，我担心那个嗜血的国家还没喝够我们的血，所以不指望能在有生之年看到和平了。

除了独立，我们没有安全可言。只有独立，我们才能受到尊重，国家才能繁荣富强，民众才能幸福如意。如果不独立，我们将受到蔑视，将失去所有的朋友，而且要么被痛恨我们的国王压迫，要么被众人唾弃，千夫所指，直至消亡。

第八章 驻法公使

1781 年—1783 年

与英国的和平协议

辉煌的消息：
康沃利斯将军投降了！

辉煌的消息！洛赞公爵从弗吉尼亚来到凡尔赛，带来了天大的好消息——美法联军已经迫使康沃利斯将军投降了。1781 年 10 月 19 日，康沃利斯率领的卫戍部队离开了约克镇，放下了武器：整个部队包括 6 000 名士兵，1 800 名美国黑人，170 艘装备 150 支枪的战舰；大量的交通工具都被烧毁了。多么重大的事件呀！[1]听到这个光荣的消息，我简直高兴坏了，马上向亚当斯先生和其他几位公使表达了最诚挚的祝贺。摇篮里的赫拉克勒斯掐死了第二条毒蛇，让自己的未来生活充满希望。我们想应该做一个勋章来纪念战争的结束：用摇篮里掐死两

1　1781 年 10 月 19 日的约克战役是美国独立战争中最后一次重要的战役，也是战争的转折点，迫使英国进行和谈。但是和约却是在 15 个月之后签订的，战争真正结束是在 1783 年。正如这一章里说的那样，富兰克林还在继续向法国求助，与英国交换战俘，敦促英国结束战争。

条毒蛇的赫拉克勒斯来代表美国，用坐着的密涅瓦代表法国，密涅瓦的仆人拿着她的长矛和头盔，密涅瓦的长袍上点缀着鸢尾花。

我收到了华盛顿将军给我的包裹，里面是敌军的投降书。在一场战争中一方的军队能够被另一方全部俘虏，一个都没逃出去，这简直是史无前例呀。还有一个情况，就是构成如此复杂的军队，他们来自不同的国家，有陆军，有海军，最后竟然能如此步调一致，从四面八方，陆路水路，准时会合，完全没有受到天气风浪的阻挠，也巧妙地避开了敌人的干扰；同时，他们的敌人应该乖乖地放弃了逃跑的念头，因为被这样一支军队围得水泄不通，逃跑根本是不可能的。没有一次长距离的围堵战能打得如此漂亮。这次成功使华盛顿将军更加威名远播，必将名垂青史。

布瑞林夫人抱怨我没有立即把我们的好消息告诉她。“我很生气，”她说，“什么！你们在美国抓到了所有的敌人，你们俘虏了康沃利斯，[1]你们缴获了枪支、战船、弹药、俘虏、马匹，你们取得了那么大的胜利，而你的朋友却要从报纸上获悉。他们畅饮向你致敬，向伟大的华盛顿致敬，向独立致敬，向法国国王致敬，向拉菲特等众人致敬。而你，理都没理！”我给她回信告诉她我知道我们此次胜利的重要性，也知道这对于结束战争可能产生的重大影响，但是我不想过分欢喜，需要保持必要的冷静。我知道战争中有太多的不确定因素，胜败无常，我希望不幸中有万幸，但不希望乐极生悲。在这个问题上我通常保持着下象棋时的冷静。下象棋时，没分胜负之前我从不放弃，我总是希望取胜，至少打个平手；但是当我占上风的时候，我总是戒骄戒躁，因为忘乎所以是非常危险的，有时会因此而一败涂地；每当我因下了

1 “讽刺的是，在约克镇取得胜利的那一天，正好是四年前——1777 年 10 月 17 日——在纽约的萨拉托加，伯戈因将军率领全军向美国投降的那一天。”威廉·霍拉罕，《革命胜利的日子》，193.

几步好棋而沾沾自喜的时候，我都努力克制，等到我的运气不佳的时候少丢点脸。[1]

吃一堑长一智

从英国的报纸中，我感受到继约克镇失利之后，英国人的情绪是反对继续同美国打下去的。他们开始厌倦战争，理由是很充分的，因为他们整体损失非常严重，同时有四个敌对国家、兵力不足、资金短缺，还有就是蹩脚的领袖。伦敦和布里斯托尔两个城市不约而同发生了反战请愿；诺斯勋爵率领着他的部下还在继续战斗，然而国内大部分声音是反对他的，据说只有两种人支持他，要么是他的禄虫，要么是领养老金者。这两种人私下里也咒骂战争，说这一切都归咎于国王的刚愎自用。吃一堑长一智，现在，他们好像在学聪明。然而，我们绝对不能被这些表面现象所蒙蔽。那个国家可是善变的。尽管此刻他们夹着尾巴，但是只要是一个小小的胜利，就有可能使他们尾巴又翘上天。我记得年轻时打拳击，当对手说我认输了之后，我还被允许给其一拳。就让我们做终结者吧。

得寸进尺

法国朝廷对我们所取得的巨大胜利给予高度关注，而且继续帮助我们。美法两国部队在美国的土地上能和谐相处，通力合作，这让我不胜欣慰。回到法国的军官对我们的民众评价很高。很多年轻的贵族都跃跃欲试想出征为我们而战，有些人没拦住，于是法国军队里做了一些人员安置的调整。法国真是一个慷慨的国度，他们向往光荣，尤

1　见富兰克林的散文《象棋之德》，写于1779年6月28日之前。

其是热衷于除暴安良，保护受压迫的民众。

然而，我一直担心我们的得寸进尺终有一天会耗尽他们的耐心。被杰伊先生称作“该死的账单”不断地强加在杰伊、劳伦斯和亚当斯的身上，给了我们无休止的耻辱。我已经不可能一而再、再而三地去管人家要钱了。没人征求我们意见就把账单给我们送过来了。指定给我的账单我是必须付钱的；但是没人要求我支付给别的公使的账单，我支付了也没人称赞我。我在没有授权的情况下付钱支付公共服务而被要求偿付账单。我告诉杰伊千万不要再接受账单了。从全面考虑，如果有人抗议，那么我们就只收法国的和荷兰的，拒绝西班牙的。

我给国会开出了一个账单，要求给我往法国汇一大笔钱，用来支付法国军队的开销。账单竟然没有被承兑！我希望荷兰能借给我们1 000万弗洛林，那样的话我们的日子能好过一些。此事一直悬而未决，后来终于搞定了：但是不幸的是大部分钱都用来支付法国的预付款了，所剩无几了。

我一直对我们在荷兰的货物事件百思不得其解。为了从荷兰购买货物，我支付了很多钱，无论是采购还是装运都着实费了不少劲，还有亚当斯和劳伦斯两个人收的那些账单，也花了我很多钱——本来我是没有必要提供这笔钱的。我跟纽夫维尔和其他几个人还争执了起来，他们是雇来运送货物的两艘船的船主，之前是一个叫吉伦的先生签的合同，本来是用吉伦自己的船来运的，不知道为什么后来变卦了。结果我们发现那些货物原来是纽夫维尔自己买的；吉伦买到货物因为欠货款而被封了；这样一来，尽管买货的账单我们收了，钱也付了，但是通过吉伦和劳伦斯上校的协议，我听说必须再付一次钱我们才能得到货物。那个叫吉伦的本应该一到美国马上对自己的所作所为做出解释，但是我恐怕他已经躲到别处去了。友好大度的法国朝廷早已厌倦了我这种三番五次的节外生枝，我们总是有那么多因为愚蠢而产生的出其不意的汇票，因此，我都没脸见韦尔热纳阁下了。在众多事物中，这件事也使我很厌烦。不过后来听罗伯特·莫里斯告诉说，三月份之后，就不会有开给我的汇票，也不会有开给别人的需要我来承兑的汇票了，这令我很高兴。

拉法耶特侯爵，一位伟大的法国人

在我请求额外的帮助的时候，拉法耶特侯爵帮了大忙。美国取得胜利以后，拉法耶特侯爵又重返巴黎，受到各界各阶层热烈欢迎。[1] 他受到普遍的尊敬和爱戴，注定成为伟大的人物。他一直关心着我们的事业，我们之间也一直保持着友好亲密的关系。

寻找额外援助的事情经常是没有着落。法国国王指定菲泽奥克斯 & 格兰德为他们的御用银行。后来，外务大臣韦尔热纳告诉我们，可以给我们资助，但是别指望像之前一年的力度那么大。他通知我说 1782 年将给我们 600 万里弗尔的资金帮助，分四次给，一次 150 万，第一次将在三月底支付给我们，这样我就可以支付欠布马尔查的钱了，还有其他的一些票据也可以结清了。

迪恩先生因仇恨和愤怒丧失了理智与判断力

1782 年 3 月 30 日，我收到一封来自迪恩先生的政治长信，但是我手头的活千头万绪，根本没有时间跟他充分讨论信中所提到的问题。我的这位老朋友写出这样一封轻率的、欠考虑的信之后，明显已经丧

1 在约克镇的战役中，拉法耶特侯爵和华盛顿将军在一起，这次是凯旋回国。

失了理智。[1]他的信被截获了，而且在纽约被复印很多份，后来还出现在英国的报纸上。到处都是对他本人和他的信的咒骂声，简直是彻底毁了他在美国和法国的名声。我想我们本应该很快就能听说他退休返回英国，去找他的朋友阿诺德。然而，他竟然继续气急败坏、满腹牢骚、萎靡不振。

我没有被迪恩的信说服。在我看来他因为仇恨和过分激动而变得不理智了。尽管之前出于对他的尊敬和喜爱，我在他离开法国之后解决了所有关于津贴的事情，然而他在有的方面做得太过分了，比方说他写的那些信，想方设法挑唆我们的朋友，使在欧洲和美国本土对我们的国家和独立解放事业持友好态度的朋友远离我们而去，而且还给我们的敌人加油。我不可能再像从前那样与他肝胆相照，以诚相待了。

给外孙本尼的忠告：“浪费时间就是浪费学习机会”

我还收到了一封来自我的外孙本尼的信，很高兴知道他已经开始给自己的日常花销记账了。我告诉他，如果他养成记账的习惯，而且能坚持下去，那么他将终身受益。他向我要一块金表，但是我给他回复说：“我不能给一个孩子金表，等你长大了，如果表现好，我会给你的，也许会给你比金表更好的东西。你记住，我为了你的教育花了很多钱，你的衣食住行、上课辅导，都得花钱，我之所以花这个钱是因为这些对你长大以后会大有帮助，而你不应轻率地来问我索要那些对你没有什么用处而昂贵的东西。”我还要求他学习圆体字，他的哥

1　这里说的是迪恩的私信，写于 1781 年年末，是写给美国的朋友，敦促美国放弃战争，与大不列颠和谈。信中的观点偏袒英国。迪恩拒绝接受对他的指控，其中包括关于他挪用公款的谣传，1842 年，在他死后得以昭雪，证明他是清白的，国会补偿了他的后代们。

哥在他这个年龄的时候，圆体字已经练得很好了。我还给他寄了几本字帖，供他临摹。写一手漂亮清晰的字非常重要，每当看到我的孙子们在这方面有进步，我就非常高兴。

一位里昂的绅士总给我写信，请求我把一个名字叫塞缪尔·库珀·约翰纳特的年轻人转学到他家附近的学校。我告诉他有个成语叫“滚石不生苔，转业不聚财”。频繁转学浪费时间——学生总是刚适应这所学校的规章制度就转走，又不得不花时间去适应新的：浪费时间就是浪费学习机会。男人要尽早培养稳重的性格，这对他以后的人生会大有裨益。

有一个乐善好施的名声真糟糕

1782 年年初，我接到某一家人给我写的请求书信，信写得非常隆重：漂亮的大纸，漂亮的字迹，恭维的称呼，等等。读了前两三行，我就读不下去了，扔到桌子上，信里充斥着恭维谄媚的话，什么“求求您，仁慈的阁下”。我发现有个乐善好施的名声真的很糟糕，“总是恳求！总是要钱！我们不得不面对别人的强人所难，而且往往得不偿失，为了一文不值的骄傲和虚荣心付出惨重的代价，受到严厉的惩罚，只是让人人皆知我们的乐善好施。然而，我主基督曾经给我们忠告，让我们施舍的时候，不要让右手知道是左手做的，就是不要张扬。”然而与此同时，我读到一位朋友的来信，让我着迷。信中提到了一个恳求，读到署了全家人名字的信末，我才发现，这个恳求不是向我要钱，而是向我请求友谊。

再一次交换战俘

尽管我们在约克镇取得了决定性的胜利，但是在英格兰还关押着一千多名我们的战俘，在爱尔兰还有 200 名，这些可怜的战俘一无所有，承受着非人的待遇，每天都有很多人丧生。所有人都被指控犯有叛逆罪。很多人已经煎熬了好多年，抵御住了各种诱惑而没有投敌叛国。我每周每人给他们一个先令，虽然微不足道，但是，在严寒的冬天，对他们来说就是雪中送炭，虽说摊到人头钱数不多，但是每周也得 50 英镑。交换战俘不仅可以使我的同胞们满意，充实我们的力量，同时也可以减少我们的开销。但是我们在欧洲巡航的武装民船不答应运送他们的战俘，因此无法成行。

我给英国的大卫·哈特利写信，商讨交换战俘的事情：

我非常高兴看到在选票上，在议会的演讲里，还有在你们的公共报纸里，提到美国的时候，经常用到和解这个词。这是个甜美的表达。它比和平的意义更丰富。难道你们的一些主动和友好不是就能对实现和解有推动作用吗？你们在英格兰和苏格兰有我们 1 200 名战俘，他们多年忍受着被监禁的困苦，而没有叛变帮着你们打他们自己的国家。你是否可以以和解的姿态把他们给放了呢？我想这样也可以为相同数量的你们的同胞赢得自由。

和平使命：内阁经历了翻天覆地的变化

之后不久，我们听说英国内阁经历了翻天覆地的变化。华盛顿将军所取得的胜利大大助长了国会内部反对派的势力，使其成为绝大多数，所有内阁成员都强烈反对，认为对美国的战争是非正义的。他们迫使国王解散所有的老内阁成员和他们的追随者们。谢尔本勋爵成为国务大臣。他有意在战俘事件上对美国示好，答应提供舒适的运送条件，我非常高兴，倒不是因为这可以为我们节省开支，主要是因为这种示好是和解的信号，那将在美国产生非常好的影响。

巴里船长告诉我在波士顿有大量的武器弹药，打败康沃利斯之后又增加了不少。他还告诉我“拉法耶特侯爵号”运送的被服已经从圣托马斯抵达费城，交到了进口商的手里。总而言之，美国目前的状况要比以前任何一个时候都乐观。我们的地方议会非常团结，我们的民众全民武装，而且纪律严明。频繁而充分的军事训练使全民皆兵。而我们的敌人兵力大减，只剩下两到三个卫戍部队。我们的商贸和农业生产正欣欣向荣。

英国终于看到征服我们不是那么容易的，不再要求我们投降，而是请求和解。英国想尽一切办法想与我们结成联邦，但是欧洲反对。英国改变了主意，表示有兴趣只与我们休战，不包括法国、西班牙和荷兰。但是荷兰开始向我们靠拢，不过西班牙倒不屑于和我们交好。

我是和平委员会的五个成员之一，其他四个人分别是亚当斯、杰伊、劳伦斯和杰斐逊。我希望马上就能得到亚当斯和劳伦斯的协助，但是亚当斯在荷兰抽不开身来巴黎，而劳伦斯还在英格兰的监狱里，杰斐逊也不在欧洲。杰伊没有必要再在马德里了，因此我要求他尽快来法国，把迈克尔留在那里，这样也可以表明我们没有放弃西班牙朝廷。拉法耶特侯爵在我们的事情中起了很大的作用，因为在北美，战争不是很频繁，所以劝他留下辅助我们进行和平谈判。

和平谈判日志

我坚持记和平谈判日志，记录每天都发生了什么事，祈求上帝保佑，我们能集所有的智慧，缔造永久的和平，消除国家间的宿敌思想。当然我希望和睿智诚实的人们谈和平，这样很快就会实现最终的和平，然而要是跟喜欢钻牛角尖的好争论的人谈判，那么和谈将是持久战，而且最终会一事无成。这样一来，我们作为国会的特派员，已经做好准备与英国的代表正面交锋，争取达成一致，在参战各国间签订合约。

大事往往都是由小情况发展而来。我的好朋友和邻居布瑞林夫人那个冬天（1781—1782）都和全家人待在尼斯，主要是为了她的健康着想。她给我写信说他们在尼斯遇到了一些英格兰贵族，他们相处融洽，其中有一个科尔蒙迪利勋爵还答应回到英国以后会继续联系，而且还在帕西和我们一起喝茶。他离开尼斯比布瑞林夫人想象的要早，而且先于她来到了巴黎。1782 年 3 月 21 日，我收到他的一个便条，说想见我。我回复说第二天上午我都在家，他还真来了。以前我对这个贵族一无所知。我们谈论了布瑞林夫人，然后又谈到了英国的事。他告诉我说他知道谢尔本勋爵很尊重我，而且要是能收到我的只言片语，谢尔本阁下一定会非常高兴，于是我给谢尔本勋爵写了封信。

这之后不久，我们就听说谢尔本勋爵被选为国务大臣。我在伦敦的一位老朋友，也是近邻来到了帕西，向我引见了一个叫理查德·奥斯瓦德的人，此人给了我几封来自谢尔本勋爵和劳伦斯先生的书信。信中，谢尔本勋爵对奥斯瓦德大加赞赏，而且向我表示新内阁真诚地希望和平，还有如果他们对美国的独立没有异议，那么就再没有分歧了；同时说他们准备签合约，但是他向我暗示，说假如法国坚持要保留那些对英国有羞辱性的条款，那么他们将继续战争，毕竟他们还有很大的势力，也有很多资源。我让他知道美国不会和法国签订协议，是合同，但是我的同僚不在，所以在这件事情上我暂时什么也做不了，但是如果他愿意，我将把他介绍给负责法国事务的外交国务大臣韦尔热纳。

奥斯瓦德真来了，我们准时到达凡尔赛。韦尔热纳先生亲切地接见了他。奥斯瓦德不太会说法语，需要翻译。双方的谈话持续了大约一个小时。他希望能带回几个解决问题的方案，但是韦尔热纳先生措辞非常有分寸，“有四个国家与你们为敌，因此四国必须了解各自都是怎么想的，然后才能给你问题的解决方案。你们国家单打独斗，没有同盟，因此最了解自己的想法，可以立马说出来。因此，我们更希望由你们先提出解决方案。”

恐吓是因为恐惧

从凡尔赛回来以后，奥斯瓦德借机跟我说，英国政府之所以不再主张战争主要是因为意见分歧。但是如果法国向英国提过分的要求，英国的国民精神就会被激起，人们会同仇敌忾，届时将一往无前。他说英国不缺钱，目前最主要的困难就是想出什么样的新的名目征税，这些困难可能会通过关闭国库，停止支付公共基金的利息，把省下来的钱用于支持战争。我没有作答，我不会反对他们停止支付公共基金的利息，因为那样会切断他们政府信用的咽喉，会增加国人的愤怒，加上与邻国的紧张关系，造成内忧外患：这样的威胁对我来说是何乐而不为呢？不是有那么一句格言吗？恐吓是因为恐惧。

我们应该放弃加拿大

第二天早上，我给谢尔本勋爵写了一封信，带着信我去了奥斯瓦德的住处，在封信之前我让他先看了信的内容，他非常高兴。我去找他还有一个目的，就是想通过与他的谈话，打探一些他们的朝廷在加拿大和新斯科舍省问题上的态度。我得知英国有意把加拿大和新斯科舍省给我们。我提前把一些不成熟的想法写在纸上，全当谈话的备忘录，但是没想出示给他看。我说他们的国家好像希望与美国讲和，我也衷心希望我们双方能和解，但是没有诚意的和平完全没有什么好处。

为了获得和平，曾经对另一方实施暴行的侵略方应该对过去负责，应该表示愿意提供补偿；美国可能会要求补偿，而英国也许会让步；但是如果他们表现得情愿一些，是真诚地出于回归善意，也许和谈的效果会更好；因此我希望英国能提供点什么来安抚那些受他们残害的人；生命是无法挽回也是无法补偿的，但是被肆意破坏掉的村庄和房屋是可以重建的，等等。

然后，我说到了加拿大的事情，我的意思是如果英国继续占有加拿大，那么未来也定会有争端，同时暗示他们，当然我没有表达得太直白，就是那样的话对我们太危险，会必然逼迫我们培养并加强与法国之间的联盟。他对我的谈话好像很在意，因为我总是看手里的备忘录，所以他也很想看一看。

然后，他告诉我，以他的判断，那张纸上的备忘录的内容是最清楚、最令人满意，也是最有说服力的，他会尽最大努力把其中的核心意思转达给谢尔本勋爵。但是他的记忆力有限，等回去之后，转述的不可能像我写得那么清晰，所以他求我把那张纸借给他，而且保证一定会完璧归赵。后来我答应了他的请求。分别的时候我们已经成为了朋友，他动身去了伦敦。

后悔把那张纸给了出去

奥斯瓦德离开之后，我第一时间给亚当斯写了封信，而且把一些文件一起寄了过去，那都是他的功劳。我唯独没寄那张跟奥斯瓦德谈话的备忘录，只是提了提大概意思。我之所以省去了是因为事后我想了想，觉得不应该暗示他们向托利党人赔偿那些受损了的房产。我有点羞愧把那张纸给了出去。

1782 年 5 月 4 日，奥斯瓦德先生返回法国，带来谢尔本勋爵写给我的信。他告诉我他们真诚地向往和平，整个内阁上下一心。他们寄希望于我，期待与我们进行有诚意的公开对话，而且他们相信我对旧时的英国应该还保留着眷恋，希望在和谈的事情上我依然能念旧情。

奥斯瓦德先生接下来给我看了一份会议记录的摘要，摘要中有这样的话："向国王建议派奥斯瓦德回去见富兰克林，告诉他我们可以在巴黎举行和谈；需要思考的最主要的问题就是允许美国独立，条件是英国要像 1763 年英法'七年战争'结束后的那种和平。"

奥斯瓦德先生还告诉我，他把我的那张备忘录上的主旨内容跟谢尔本勋爵说了。他把那张纸给勋爵先生看了，还在勋爵那里放了一宿，当然作为贵族，他信守承诺，又还回来了，现在又交到我的手里了。好像勋爵先生很在意，而且有理由相信签完协议，备忘录里所提到的事情应该能够得到解决，达到令我们满意；但是他的本意是不应该一开始就提这件事，勋爵先生真说过他没想到会要求赔偿受损房屋。

最后，奥斯瓦德告诉我，随着事态的发展，接下来可能会跟其他部门的另一个大臣，查尔斯·詹姆斯·福克斯先生打交道，他还向我介绍了该部门的另一个代理，可能这一两天就会到，这位代理就是尊贵的托马斯·格林威尔先生，坦普尔勋爵的兄弟，著名的英国前财政大臣乔治·格林威尔的儿子，他的爸爸发明了印花税。

奥斯瓦德又向我重复了一遍关于加拿大的事情，说一定会解决得让我们满意，而且他希望签完协议之前我们不要提这件事。他还暗示在和谈中最大的障碍可能是西班牙；他还说，如果西班牙不讲道理，他们有办法让它讲道理；英国的友邦俄罗斯最近在北美的后方，有了重大发现，而且在那里开始设立机构，将很容易从堪察加半岛向墨西哥海岸运送军队，进而征服那几个周边的国家。对我来说这有点做白日梦的感觉，但是我没有反驳。

过了好几天，我刚把给亚当斯的信寄出去，奥斯瓦德就带着格林威尔先生来了，格林威尔先生才刚刚到达巴黎。然后我就开始和他谈有关他此次的使命，福克斯先生告诉他我非常了解他的秉性。格林威尔先生非常赏脸，留下来与我共进晚餐，这样我有机会和他好好聊聊，我发现这位年轻人通情达理、头脑清晰、聪明睿智、性情温和，而且学识渊博，和福克斯先生给我介绍的非常吻合。

听说格林威尔的到来，韦尔热纳非常高兴，说要在第二天 10 点半到11点接见我们。于是,我们第二天上午,坐着我的马车从帕西出发，准时到达韦尔热纳的官邸。韦尔热纳先生非常热情友好地接待了格林威尔先生，因为他同格林威尔的叔父多年交好，他们当年一起在君士坦丁堡做外交使节。简单的寒暄之后，格林威尔递上了福克斯大臣的亲笔信，还有一封我想是里士满公爵写的。看完了信，我们开始进入和平的话题。我所能记住的只有：在宣布了双方朝廷对于和平的诚意之后，格林威尔先生暗示假如英国允许美国独立，那么法国要归还在大不列颠诸岛上的攻占地，作为回报英国会把密克隆岛和圣皮埃尔岛归还给法国；这样战争的初衷也就实现了，想来法国会很满意。

“富兰克林知道真相”

这位法国外务大臣好像对提出来的交换条件笑了笑，然后说对美国独立的许诺太少。他说：“美国还没跟你们要什么呢，让富兰克林先生跟你说。”

“确实，”我说，“我们觉得没有必要在拿回本来就属于我们的东西的时候还跟人讨价还价，我们已经为此付出了鲜血和财富，我们当之无愧应该拥有。”

“至于说战争的初衷，”韦尔热纳接着说，“回顾一下你们在之前的战争中的所作所为吧。以上一次战争（七年战争）为例，目的是什么？是对俄亥俄和新斯科舍边界的荒芜土地的有争议的所有权。你们拿回那些土地之后满意吗？不，你们没有满足，而是继续占领了整个加拿大、整个路易斯安那、整个弗罗里达、格林纳达和其他的西印度群岛，北部捕鱼区的大部分、整个非洲，还有东印度群岛。”对于一个先挑起战事的国家，最后战败了，竟然还想坐下来跟人要回战争中所失去的东西，哪里有这样的道理？我想韦尔热纳先生想说是法国鼓励美国反抗的。说到这里，韦尔热纳稍稍变得温和一些，毅然决然地说英美之间的裂痕已经是不可逆转了，在法国支持美国之前，美国早就宣布独立了；他还对那些不支持美国的国家表示蔑视。“那里坐着，”他说，“富兰克林先生，他知道真相，如果我说得不对，他会反驳我的。”他又向格林威尔先生重复了一遍之前跟奥斯瓦德所说的，就是对国王有意缔结合约表示敬意，对即将签署的协议充满信心；还补充说国王关心的主要是正义和尊严，作为国王的特使，他会严格坚守，绝不背离。他告诉格林威尔先生，他应该马上致信西班牙和荷兰，告诉那两国朝廷目前的谈判进程，并请求他们回复意见。

这几位绅士来来往往，在巴黎进行了很多次谈判。拉法耶特侯爵从法国的朝臣们那里了解到他们的一些事情，之后便来找我。他说，法国朝廷可以指定他来陈述谈判的具体进展情况，以避免误传和误解。从很多角度来看这项工作对他来说都是非常适合的。因为他现在已经是美国公民了，会说法语和英语，而且非常了解我们的利益所在，所以他认为自己在谈判中会非常有用；另外因为目前和平可能只是表面现象，所以他可能还不能马上回美国。我同意他的看法，建议他跟内阁说明。接下来他希望我能把他介绍给奥斯瓦德和格林威尔两位先生，为此，如果我方便的话，他想在吃早饭的时候见他们一面，然后争取约礼拜六跟他们好好谈谈。于是，我告诉奥斯瓦德先生拉法耶特侯爵明天将跟我一起吃早餐，既然奥斯瓦德先生很好奇，想亲眼见见这位在这场战争中做出过突出贡献的人物，那么就请奥斯瓦德先生也赏光跟我一起吃早餐。就这样，几位先生终于见到面了，在餐桌上以及餐后都谈了很多，一直待到一点钟，才愉快地各自离开。

所有的美国战俘获释

1782 年 5 月 13 日，我收到来自伦敦的大卫·哈特利的好消息，他们政府已经签署命令，无条件释放各地关押的所有美国战俘。能走到这一步，我们非常高兴，不仅是因为那些不幸的战俘从此获得自由，可以与亲朋团聚了，而且因为这意味着我们向和解和永久的和平迈出了一大步。

5 月 26 日，格林威尔先生又来找我。他告诉我说信使已经返回英国了，指派他全权负责与法国及其盟友缔结和约之事。他已经去过凡尔赛，并且告知韦尔热纳先生他所拥有的权利，并把委任状的副本留给了对方；韦尔热纳先生说他也有一份委任状，但是什么时候法国觉得是时候派和谈大使去英国，什么时候再签发；韦尔热纳还告诉他委任状一定会呈交给国王的；奥斯瓦德先生在信使离开前大约一个小时就已经抵达伦敦；福克斯先生让他向我致谢，感谢我之前所写的东西，还告诉我他希望我永远不要忘了我和他同属于一个国家。我告诉他能被福克斯先生当作同胞我感到无上荣耀。格林威尔先生借给我一份伦敦公报，上面有海军上将罗德尼对他战胜格拉斯的评论，还有对在东印度群岛所取得的其他的胜利的评论，这些评论让我相信他的朝廷对缔结和约的诚意丝毫没有改变。

杰伊时不时会给我写信，跟我抱怨他在西班牙遭遇到的莫名其妙的拖延，而且工作上，跟他刚到的时候比，毫无起色。在奥斯瓦德第一次来巴黎的时候，鉴于有希望能与英国签订合约，我写信给杰伊，让他来巴黎；我还开了西班牙一个玩笑，说既然他们已经用了四年来考虑是否要帮助我们，那么就再给他四十年，我们先做好我们自己的事。

我觉得，在很多情况下，我们在全欧洲到处祈求与人结盟，到处宣扬我们的独立，这好像伤害了我们的信誉和我们的重要性。别的国家好像觉得我们的独立是他们必须出卖，而我们又没钱买的东西。因为荷兰和英国之间的战争，亚当斯在荷兰取得了胜利，众议院的最近一次投票，有很多主张和解；但是其他各国的公使都拒绝对我们回访，因为那些国家的朝廷还没有承认我们的独立。

然而，北方诸侯倒是很大方，一点也不羞于表达对我们的彬彬有礼，正在英国微服私访的丹麦国王捎给我一张名卡，浓墨重彩地向我表达了他对我的敬意，并邀请我赴圣詹姆斯酒店与其共进晚餐。瑞典大使向我递交了申请，他的国王要和合众国签订协议。我欣然接受。他非常高兴，并告诉我说国王指派他负责签约之事，而且他的国王还让他向我转达敬意，并且表示能与我有此接触而心满意足。这位大使还补充说瑞典是欧洲第一个主动与合众国交好的国家，这令他每每想起都非常高兴，而且他希望我们能永远记住这一点。瑞典国王还高度赞扬了我的人品。

据说有个搬运工，别人告诉他，他和他的兄弟说撞见了沙皇彼得大帝[1]（在伦敦街道上走的时候），他竟然还不屑一顾地说，哼，我们都是沙皇。如果我们美国人不是天性就像搬运工一样，那么这样的恭维一定会让我小小地骄傲一下。

1　彼得大帝（1672-1725），俄罗斯沙皇，1697-1698 年间访问了伦敦。

在顾问多的地方，很安全

迄今为止，我所知道的所有的和平的取得没有不激起广泛的不满、吵闹和对战争的双方都进行责难的。这通常都是由互相竞争的国家的使节们和领导人造成的。他们为了保持人民的斗志继续参加战争，往往努力把自己国家往好里说，而把敌国往坏里说，总之都是歪曲事实。因此两方国家民众的期待都超出现实，也就很容易把失望归咎于背叛。因此，乌特勒支还有拉沙佩勒的和平在英国被说成是受到法国金币的影响，而在法国，被说成是英国基尼的影响。甚至连上一次的和平（七年战争），其中英国获益空前，但是依然遭到责难，成就和平的人遭到了无情的辱骂。所以，要想上帝保佑和平缔造者，我想还是等下一辈子吧，在这个世界上被骂的可能性大。另一个重大发现就是人多安全。基于以上两点，尤其是为了阻抗敌人的攻击，我希望参加和谈的人越多越好。

谈判期间，诺德伯爵来找韦尔热纳先生，当时我们刚吃完晚饭，正在喝咖啡。他看上去精神矍铄，意气风发。当晚为他点了歌剧。剧院里到处摆设着雕刻艺术品和镀金摆件，烛光里金碧辉煌，所有来宾盛装出席，男人着绫罗绸缎，女人们珠光宝气，场面绚烂空前。

这样的奉承之辞可能会让我飘飘然

格林威尔带着指令又来了，指令的内容是在合约对外公布之前先承认美国独立。他说现在的英国，内阁很多成员对我的敬意，还说到他们希望实现两国完美和解，说英国坚信只有我目前有这能力亲手促成和解，要不是以前那些老内阁议员们不听我的忠告，可能现在的局势就不是这个样子了，所以他希望在与他们和谈过程中我能够不计前嫌。以前这种大人物对我的奉承之辞可能会让我飘飘然，而且会更明显地左右我的行为，但是我已年近古稀，所以对个人利益考虑得很少，只是想善始善终，留个好的身后名。

真正的亲英分子是美国人

说到亲英分子，我又向格林威尔重复他第一次来的时候我跟他所说的话，即他们的财产，在有些州根据法律已经被没收充公。所谓的法律不是国会通过的法律，事实上国会也没有权力制定这样的法律，更没有权力驱逐那些亲英分子，当然也不能授权他们的特派员允许那些人回来，这是各个州自己的事务；要是说出于公正考虑应该补偿他们，也该是由英国来补偿而不是美国；但是在我看来英国也没有必要对他们负责，因为是听了他们的误传和挑唆英国才卷入这场悲惨的战争。如果要我们为他们的损失买单，那我们会让他们先赔偿在美国沿海地区给我们造成的千疮百孔。真正的亲英分子是美国人。世界上没有哪个民族像美国人那样全民忠诚，他们是为了捍卫自己的权利，被内阁的疯狂举措逼迫才拿起了武器，他们这么做是不情愿的。伪装的亲英分子很少会有美国人那样的原则，他们只顾私利，为了自己的安全和温饱甚至不惜掠夺。奥斯瓦德先生认为我说得合乎情理，他说他在来之前，告诉那些阁僚们他认为不应该期待我们美国给那些人赔偿。

由于我们之前讨论过关于加拿大的事情，他这次来表达他在这个问题上的观点。他认为加拿大应该给合众国，因为这样可以避免今后的分歧，而且这样一个国家的政府是毫无价值的，除非他们可以自由贸易，否则一文不名；罗丁汉姆侯爵和谢尔本勋爵尽管说得很委婉，但是他们也不是很反对我的想法；不过福克斯先生好像对这个提议很震惊。然而，他也不是没有希望同意的。[1]

1　加拿大和新斯科舍没有被包含在最终的协议里，依然是英联邦成员。

1782 年 6 月 11 日，星期二，我在凡尔赛跟理事会秘书雷诺沃先生谈了很多。我向他出示了奥斯瓦德交给我的谢尔本勋爵写的书信。我们谈到了他们企图离间我们，也谈了我们的精诚团结，共同协商。

杰伊先生总算到了

6 月 23 日，星期日的下午，让我非常满意的是杰伊总算到了。我打算第二天上午和他一起去凡尔赛，把他引见给韦尔热纳先生，第二天我们按计划做到了。杰伊告诉我说西班牙的朝臣们听说英国国会决定停止与美国的战争，受到很大触动，从此便对他非常客气。他很理解，他们想让他们的驻法大使和他在巴黎就协约的事进行一次长谈。我俩一起去见了西班牙大使，他非常热情礼貌地会见了我们。此前我从没造访过阿兰德伯爵。他和杰伊商讨了关于协约的事情。我想他比较关心的是边界和领土问题，因为他加了一句话，“我们应该手里拿着地图坐下来好好谈谈，这样彼此对自己的情况更清楚。”我们离开的时候，他亲自为我们打开折叠门，这在那里可是很高的礼节了。他说他将回访我们，并约定个时间一起吃个饭。

我发现人是构造得非常糟糕的一种生物

和谈期间，我收到了约瑟夫·普利斯特列爵士的两封友好来信，我的回信内容如下：

亲爱的爵士：

收到你的来信，得知你身体健康，实验进展顺利，我非常高兴。我要是能有时间重新跟你一起探索大自然，那将是多么令人兴奋的事情呀；我说的是无生命的那一部分自然，不是指人类社会。对于前者了解越多，我越对之敬畏；对后者了解越多，我越对之讨厌。我发现人的构造非常之糟糕，通常那么容易被挑唆，却很难被调停；那么愿意彼此伤害，却不愿意安分地传宗接代；那么容易听信谗言，却听不进去真话；他们热衷于杀戮，却不愿互相提携；他们毫无羞耻地集结军队，四处屠杀，然后当他们杀不动了，就把歼敌人数夸大增加虚幻的荣耀；但是却在夜幕的掩护下潜藏到角落里做传宗接代的事情，他们羞于做有道德的事。如果人类真值得繁衍和保护，那么杀掉邪恶的就是道德的。但是对此我深表疑惑。我知道你对此深信不疑，因为你为了他们的幸福正在不辞辛劳地挽救他们的灵魂。也许等你老了，你会发现这是一个毫无希望的事情，或者就是自娱自乐，你会后悔已经用毒气杀死了那么多微不足道的老鼠，你倒是希望为了阻止伤害，杀死的不是老鼠而是婴孩。

那些高等的神灵到底是怎么看我们的，这可以从一份最近的《西印度新闻》中窥见一斑。一位年轻的天使，被派到人间首次履行使命，同时还有一位随行的信使作向导。他们来到了东加勒比海小安的列斯群岛的上空，正赶上罗德尼号和格拉斯号两艘战舰打得不可开交。这时，通过浓烟，天使看到了炮火，甲板上满是残肢、尸体和奄奄一息的士兵，他看到了战船起火，被炸得灰飞烟灭，还看到了船上幸存人员的痛苦，于是，转身对着随行的信使怒吼道："你这个愚蠢的家伙，你太失职了！你的职责是指引我去人间，而你却把我带到了地狱！""我没有，"他的向导说，"我没错。这就是人间，这些都是人类。魔鬼从来不这么残忍地对待彼此，他们更理智，他们更有人性！"

但是，说真的，我亲爱的老朋友，我依然爱你，我爱所有当年在伦敦咖啡馆一起喝咖啡的那些忠诚的人们。[1] 我只是想知道他

1 《诚实的辉格党人俱乐部》

们和我在英国的其他朋友是如何在如此堕落的一代中明哲保身？我盼望着能与您和其他人再次相见，我非常努力地为和平而战，希望我们能够再次坐下来一起喝咖啡。

我把你的信给德·拉罗什富科公爵看了，他和我都认为你的新实验非常有趣。昨天，诺德伯爵在皇家科学院饶有兴趣地观看了各式各样的实验展示。其中有一个拉瓦锡的实验非常令人瞩目，他的实验展示了向木炭吹脱燃素气体，能够燃烧出最旺的火苗。这种在脱燃素气体作用下的燃烧能够融化铂金，简直比最厉害的火镜还厉害。

再见，相信我，我是你最亲爱的朋友

本杰明·富兰克林

1782年6月7日 帕西 巴黎近郊

用康沃利斯交换劳伦斯

根据1782年6月14日决议，国会决定授权我处理以伯戈因将军交换可敬的劳伦斯先生的事宜。当时劳伦斯先生一直被关押在伦敦塔，之前英方不接受交换。后来说伯戈因将军的交换另行处理，提议用康沃利斯勋爵来交换他。很快劳伦斯被释放了，之后他给我写了好几封信，催促我和他一起促成宣告康沃利斯将军无罪的事宜，我很快就对外宣布将军无罪，并在弗吉尼亚释放了这位勋爵大人，从此他重获自由，甚至可以重新展示他的军事才华。我对自己是否有权做这件事还不确定，但是劳伦斯说就伯戈因将军的事情来推断我是有这个权力的，我没做成之前，他在信中表现得非常不满，后来事情成了，劳伦斯才满意。我是冒了风险的，但是还是留了余地，国会同意不同意就都可以说得过去了。从英国的报纸中我得知，康沃利斯勋爵刚被释放就重新被启用，而且还获得了上议院的席位，他之前可没有得到过这样的殊荣。

我的房东总有新的要求

我的房东德·肖蒙先生最开始说可以等战争结束之后再交房租，届时以美国的房价从国会收取。但是我跟德·肖蒙先生之间的账好像总结不清。谁都不确定和德·肖蒙先生之间可以彻底了结什么事。他不是改变以前的要求就是又想出什么新的要求。他拒绝我们收在他手里握了这么长时间的5万里弗尔的利息，而且他欠我的每一笔钱都不给利息，但是我欠他的钱却是要收利息的。而且他说，如果我管他要利息的话，那么之前用“拉法耶特侯爵号”运的100吨货物的费用就要加钱。德·肖蒙先生之前被所有远征船的船长选为他们的代理，很长一段时间以来，一直濒临破产，有一些拖延都是他的困境引起的。正是生意上的不顺迫使他使出各种欺诈的手段逃避债权人的追债。当一个天性诚实可靠的人被轻率的投机而逼迫去欺诈的时候，人们应该引以为戒，不要一味追求利益，而不自量力地去投资，甚至不惜以自己的美德为代价。事实上美德要比财富更加宝贵，因为美德无价，美德可以令人问心无愧。我的银行家格兰德先生认为他的说法行不通，但是答应做仲裁人。格兰德认为德·肖蒙的一切请求，甚至他自己的回忆录都不应该给我看（我认为恐怕我得给他答复），因为里面德·肖蒙记录了他在与美国做生意中的所有损失，甚至说到了他对我和我的所有的朋友的以礼相待。最后，我们达成协议。然而，德·肖蒙的儿子小德·肖蒙却在战后来美国找我，额外向我要钱，简直是天方夜谭，我拒绝了，主要是因为资金不足。他花了四年的时间在美国向国会要他父亲当年的索赔款，但是无功而返。

我无法理解残忍的人

詹姆士·赫顿写信跟我讲了一些拓荒者残忍地杀害摩拉维亚印第安人的事情，情节非常恶劣，令我内心久久不能平静。我致信美国政府，催促他们迅速采取有效措施，保护和挽救那些不幸事件的幸存者。我本来就脆弱的理性无法理解上帝的意思：为什么会允许残忍的人去迫害同胞呢？有些印第安人可能犯过一些错误，但是小孩子有什么罪，竟然也被杀戮？为什么一个嗜血而痛恨美国人的英国人[1]就可以为了满足自己的坏脾气而雇佣德国杀手与其一起，在几年的血腥屠杀中，戕害十万条生命？其中多少天才、贤士、能人就这么无辜丧生了！正是这位英国人给那些野蛮人提供了斧子和尖刀，无情地砍向手无寸铁的农民，杀害他们的妻儿，而这位没有人性的英国人还花钱买被杀之人的头皮。我听说，数量一直在上升，目前已经有差不多2 000张了。可能那些被印第安人的残忍激怒的拓荒者们被人利用了，于是不加区别地杀害所有落到他们手里的印第安人，这样那些残忍的杀害我们的摩拉维亚印第安人的杀手们也混在当中。然而这个英国人却依然活着，吃香的、喝辣的，作威作福，周围尽是些阿谀奉承之人，昧着良心对他的暴行保持沉默，还奉承说他是最好的国君！

我很震惊，但我依然相信神圣的上帝。从那位英国人所犯下的罄竹难书的那些令人发指的罪行中，我越觉得这一世无法等量惩罚他，今天所有的错误都会被更正，所有被歪曲的都会被扶直。就让我们用这样的信念聊以自慰吧！这是目前这样黑暗的时期我们唯一的安慰。

1 这里富兰克林指的是乔治三世国王。

全面的、永久的和平计划

夏天的时候，一个衣衫褴褛的人——全身衣着还不到5先令——来找我，说非常想见我。我见了他，问他什么事，他告诉我说为了见我，他翻山越岭，目的是向我展示他的一个全面而永久的和平计划。我接过他的手稿，发现里面有很多好的想法。我让他印出来，他说他没有钱，于是我为他打印出来了。他拿走了很多份，留下了几份，但是没有人重视他的这些想法。

法国皇太子的诞生让美国人非常兴奋。[1] 他出生还不到24小时，我就前往道贺。这对于法国来说是件非常愉快的事件，对于法国人民爱戴的皇后来说更是件好事，而我，因为我爱法国也爱戴他们的皇后，所以看到朋友高兴我自然也很高兴。法国各阶层都表现出对我们的好感，我们在整个欧洲的声誉大增。

逼迫我继续筹钱

国会继续逼迫我筹钱。在西印度群岛遭受的损失，接下来向西印度群岛和法国支付的不可预知的补偿费，等等，都使我们的财力吃不消，近乎不可能挺得住，尽管法国朝廷对我们的态度一如既往的好。莫里斯提出从此以后，公使们的工资在美国发放。我让他定期按时地把我的那一份寄给我，因为身无分文的公使会是一个很荒唐的角色，不过倒不至于被捕。从7月4日开始我每月都得提前预支四分之一的工资，假如不是想在牛吃谷的时候堵住牛的嘴的话。[2]

1　这里指1781年末国王路易十六和皇后玛丽亚·安托瓦内特的儿子出世。

2　《申命记》，意思是要牛干活，就别怕牛吃谷。

英国人拖延和谈

尽管几个月之前英国人还好像非常渴望和平，但是继他们在西印度群岛取得胜利之后，他们却开始拖延和谈。首先他们希望分别跟几个参战国家协商，但是发现行不通，信使来来往往几个回合之后，他们决定多国一起协商，实现共同和平，最后同意在巴黎进行和谈。

格林威尔从凡尔赛回来，告诉我罗丁汉姆死了，他被召回了。福克斯辞职了，谢尔本勋爵被委任为财政大臣；但是在对待和谈这件事情上没有什么变化，菲茨赫伯特来顶替他的位置，继续履行和法国、西班牙、荷兰进行协商的使命。在五个国家之间进行和谈，不是那么轻而易举的事情，有那么多的利益需要考虑，所以最好不要指望很快就能有结论。

与布瑞林夫人之间的协定

在和平谈判期间，我找机会起草了一个与布瑞林夫人之间的合约，内容如下：

亲爱的朋友，你我之间多么不同呀！你觉得我有无数的缺点，而我却觉得你只有一点不足，就这一点不足还可能是我的眼睛有毛病造成的。你的缺点就是太贪心，独占了我所有的感情，使我无法再对贵国的其他贵妇动心。你好像认为我对你的爱不减不分：在感情问题上你理解错了，而且你忘了你把我置于何种境地。你放弃并拒绝我们之间有任何肉体上的爱，只是允许一些礼仪上的拥抱，就和你见到乡下的表兄时的拥抱一样；属于你的东西一样不少，那么还剩下什么是我不能给其他人的？对于某样东西的尊重、钦佩、敬意，甚至其他感情，都将随着更多值得的东西的出现而成倍增长，然而初心不改，也就没有什么可抱怨的了。感情和你精湛的琴艺所弹出的曲子是一样可分的：二十个人听了，二十个人都会获得快乐，一点也不比你想让我获得的快乐少；而我想要的是你给我一个人的感情，而不是可以跟别人分享的。

现在看看你的要求是多么的不公平，如果我不能满足你，你就公开向我宣战。事实上最有理由抱怨的人是我。在我看来，你是应该珍惜我的，我就像一个小天使，本来是可以像你的那些画上的小男孩那样胖胖的、快快乐乐的，但是却因为你，残忍地拒绝给他营养，结果他骨瘦如材，差点饿死，现在你却要剪掉他的翅膀，阻止他到别的地方去寻找营养！你觉得这对我公平吗？

我想我们两个人谁都不可能从战争中获得什么，因此，认识到我是最弱的一方，我确实应该做点智者该做的事情：先提出和谈建议。我们想要的和平是持久不变的和平，为此，合约中的条款应该建立在完美的平等、互惠互利的原则上。考虑到这些，我起草了如下条款：

条款 1

布瑞林夫人和富兰克林先生之间必须保持永恒的和平、友谊和爱。

条款 2

为了保持相同的互不侵犯，每当布瑞林夫人召唤富兰克林的时候，夫人要保证并同意富兰克林先生可以来见她。

条款 3

她喜欢他待多长时间，他就得待多长时间。

条款 4

他跟她在一起的时候，他必须喝茶、下棋、听音乐，或者做任何她要求他做的事情。

条款 5

他不许爱其他女人，只准爱她一个人。

条款 6

该富兰克林先生约定并同意当他想要离开的时候，可以离开布瑞林夫人的家。

条款 7

他可以爱外出多长时间就外出多长时间。

条款 8

他和她在一起的时候，他爱做什么做什么。

条款 9

他可以爱任何他觉得可亲的女人。

让我知道你对这些协议的看法。我觉得在表述协议各方意图方面，那些条款比大多数的协议表述的都清楚明了。我会坚决坚持第八条，尽管不奢望你能赞成；我也会坚持第九条的，尽管我从不抱任何希望还能找到别的我爱的女人：亲爱的，我不可能爱别人像爱你爱的那么柔肠寸断，

你最真诚的

本·富兰克林

1782 年 7 月 27 日 帕西

我们没有可以信任的人手

意外事故和一场大病干扰了我的谈判工作，但是杰伊、亚当斯和劳伦斯的到来减轻了我的焦虑，因为要是就由我一个人来完成和谈，那我就不得不勉强继续了。因为我确定有他们的帮助，和谈不会被耽误，这样我倍感欣慰。我还指派我的孙子坦普尔担任和谈的秘书。

讨厌的痛风使我无法和国会以及亚当斯先生通信。我没给国会写信还有一个原因，就是保证定期的、准时的通信非常困难。我们离海港很远，消息闭塞，经常弄错航船的时刻表。经常说一两周内就开船，结果要么是等待护送，要么是其他什么原因，经常是在港里一停好几个月，我们的信就被搁在船上。法国的邮局非常不安全，我们收到的信有很多明显被打开过，毫无疑问，我们寄出的信也会遭遇同样命运。那个时候，尤其是所有的商人，都对和谈进展情况非常好奇，他们想知道到底是将要和平还是继续战争，所以没有几个人是可靠的，是可以把信托付给他让他待在海港的；我担心有时信会被打开，会被损坏，因为可能再次密封会粘贴不牢。

签订《巴黎和约》

大部分的夏天时光都被耗费在反对给予不列颠的权利和消除这些反对上。一开始，好像在努力避免用承认我们独立的语言进行表述。后来我们的坚持使他们使用承认我们独立的表述了。我收到汤森德秘书[1]的来信，告诉我国王已经同意把宣布美国独立作为合约的第一条。通过合约的前几条，大不列颠的国王宣布他和他的继任者们将放弃对合众国的十三个州的领土和主权的所有和保护。

1　托马斯·汤森德，他的堂兄弟查尔斯·汤森德在1765年起草了《汤森德税法》，把臭名昭著的进口税强加给美洲殖民地。

接下来，我们的和谈进展到了提议阶段。几周以后，一个叫斯特雷奇的副秘书带来了他的提议，我们对其中关于边界的条款以及其他的几个条款有争议。我们争论了好几天，最后终于达成一致意见，并签署了合约的正文前书。英国的公使们想努力实现两点：一个是给予保皇派更多的优惠条件，一个是缩小我们的渔区。我们驳回了第一条，并威胁说要整理一份那些保皇派所做过的坏事的叙述报告；至于第二条，他们说我们的要求他们无法同意，必须奏请伦敦的英国内阁，我们又写了一篇文章列举了一些事实用来支持我们的提议。很明显，为了避免讨论我们的提议，他们突然改变了主意，放弃了回奏伦敦的打算，直接同意我们提出的要求。依据这一条款，在美国海域，美国人可以和之前没有脱离大不列颠的时候一样，自由捕鱼，而且，英美两国人民都可以继续在纽芬兰、圣劳伦斯湾，和其他两国居民以往捕鱼的任何地方捕任何鱼种。

参加和谈的每一个英国使节，尽管属于少数，都承认对我们的战争是非正义的，而且毫无疑问，通过非正义的战争伤害他人的人应该给予受害人全部的补偿。他们还在这些正文前页的条款中保证，在撤出美国时他们不应该带走任何劫掠来的战利品，这是承认他们之前的所作所为都是不应该的。

总而言之，我们的独立得到了承认，我们的边界如我们所愿，我们的渔区比国会期待的还要广阔。提议结束之后，我们马上同意两国之间的永久和平，所有海上或陆上的战争将立刻停止；释放两国战俘；在不造成任何破坏的前提下，英国将从合众国撤回所有军队、卫戍部队和战舰。

刚签完字，我们就把所有的条款送给韦尔热纳伯爵，伯爵对我们没征求他的意见就签了字表示不满，认为我们忽视了礼节，犯了一个社交惯例上的错误。我们解释说我们的轻率绝对不是对国王的不敬，事实上我们都非常爱戴、尊敬伟大的国王，希望能够得到原谅。我告诉他在正文前页中所有违背法国利益的条款，我们都没同意，直到法国敲定完涉及他们的条款，美英之间才可以实现和平。他说我们做得很好，我们已经搞定了和谈中最困难的事情，就是英国承认我们的独立。

之后不久，我得了结石和坐骨神经痛，这两个病痛困扰我很长时间。不过，感谢上帝，我后来总算是好了，但是坐骨神经痛使我的左腿虚弱没劲，所以上下楼梯很困难。

1783 年 1 月 20 日，美国、法国、西班牙和英国之间的和平协议正文前页诸条款正式签订，各国使节同意停止武装冲突。我向国会汇报了该法令，它对法国和西班牙非常有利。我向祖国祝贺胜利，能够如此迅速地结束这场光荣的革命战争，祖国未来前途光明。

第九章 在法国任部长期间

1783 年—1785 年

在巴黎的最后岁月

和平最终还是到来了，感谢上帝！但愿它会持续很长时间，非常非常长的时间。我已经 78 岁了，其中的 50 年公务缠身，在仅剩的一点时间里，我想做一回自己的主人。我真心地想回到那些平静的日子，可以在舒心的社区里坐下来，和我的那些睿智的老朋友们交流一下新发现，或者对一些旧事物提出一些改进意见。所有人都试图扩充一下个人对事物的驾驭能力，避免或减少所面临的不幸，或者增大一下他的快乐。与做世界显贵制订烦人的计划相比，这样的生活更让我感到高兴，尽管那些计划的初衷也许具有更伟大的意义。我曾经提醒国会履行解雇我的承诺，然后我就可以唱起那首老西缅的歌——现在就让你的仆人安然离去，因为我的眼睛已经看到了你的救赎。

亚当斯先生幻想我们一直在阴谋反对他

是我们与法国的紧密联系增添了我们同英国打交道的砝码，并得到了整个欧洲的尊重。然而，亚当斯先生在这类事情上与我们的观点极其相左。他视法国部长为我们国家最大的敌人之一，说他控制我们的疆域以阻止我们的人口增长，限制我们的渔业以阻碍渔人增加，保留保皇主义者以保持我们的分裂；他私下里反对我们与外国宫廷的所有谈判，认为它们在战争期间向我们提供的帮助，仅仅是象征性的，只能让我们变得更加脆弱；如果向法国表达一点谢意，那简直就是罪恶，如果受其影响就等于对我们的毁灭。他对自己这些观点直言不讳，在公众场合表达它们，有时甚至当着英国大臣的面也是如此。他还能举出数百个例子来证明它们。然而，对于我来说，没有一种情况是像他说的那样，除非从对话或者文字中间推测出来。我认为这些东西顶多也就是引起一点点嫌疑，但是在美国，我们有相当一部分非托利党的反法国天主教徒者，对我们友谊的持续产生了怀疑。由于这些怀疑可能会有很坏的影响，我认为我们必须移除它们。

我经常听到亚当斯先生关于韦尔热纳伯爵和我的胡言乱语，他总是怀疑我们在算计他，而实际上根本就不存在，只是他的胡思乱想罢了。我毫不在意，并且当我们见面时还彬彬有礼。他还认为韦尔热纳利用欧洲的新闻来贬低他的人格，等等。但是正像莎士比亚说的那样，“琐事轻如空气”，所以我最终确信，亚当斯先生本意也是为了他的国家好，一直是个诚实的人，总体上还很聪明，只是有时在一些事情上完全一塌糊涂。

我注意到，在英国我有一些敌人，是因为我是一个美国人；在美国我也有两三个敌人，是因为我是一名公使。但感谢上帝，在整个世界上，作为人类的一员，我还没有敌人。感谢他的恩典，就我一生中的所作所为来说，没有一个人可以公正地说，富兰克林对我不公。对老年人来说，这真是一个舒服的感受。我们所有人都会有敌人，但是别让这些影响我们的快乐。如果我们正确地利用他们，他们就会给我们带来好处而不是伤害。他们会指出我们的错误，让我们引起警觉，并帮助我们更正确地生活。

荒谬的骄傲与傲慢

革命战争结束了，结局完全出于我在伦敦的印刷商朋友威廉·斯特拉恩的意料之外。我仍旧对他怀有敬意，对我们以往的友谊充满回忆，尽管他作为议会的一员，曾经用他的双手攫取过我们的血汗。当我一遍遍地告诉他，英国将会失去她的殖民地的时候，他不相信我，就像爱比克·泰德徒劳地警告他的主人会断掉腿一样。相反，他宁愿相信他听到的故事，说我们的身体和思想很是怯懦和虚弱。于是我这样回答他：“你是不是还记得你告诉过我的那个故事，那个苏格兰军士遇到四十名美国兵，虽然独自作战，却缴了他们所有人的械并将他们投入了监狱？”他似乎相信这个故事，也相信法国军队和我们的陆军互相残杀的谎言。如果他只是相信这些谎言，而没有通过记录的形式进行传播，也许还不会造成什么影响，结果在他的编年史的最后部分，我看到了两封充满谎言的信件，据说来自于美国，但实际上是在伦敦编造。

我又想到了英国将军克拉克，他竟然在约翰·普林格尔爵士在场的情况下，傻乎乎地让我听到，给他 1 000 名英国近卫步兵第一团的士兵，他就可以从美国的一头打到另一头，并且一部分靠强制，另一部分通过一点小小的哄骗，他就可以阉割掉所有的男人。他简单地将我们归为一种动物物种，简直比野兽也高明不到哪里去。议会还相信了另一位愚蠢将军的故事，我忘记了他的名字，他说美国佬从来都不英勇。美国佬被看作粗鲁的人，议会认为这种生物的请愿书不适合在如此高智商的集会上被接受并宣读。

这种荒谬的骄傲与傲慢的结果是什么？他们最初派出很少的军队来征服我们，觉得已经足够用了，可不久就发现不得不派出更多的力量。当他们冒险渗透进我们的国家，远离他们的舰队保护时，要不就是被击退，不得不狼狈逃窜，要不就是被包围、打败，并投入监狱。一个美国的种植园主，从来没见过欧洲，却被我们选来指挥我们的军队，并持续到整个战争结束。这个人将一个接一个的英国人送回了英国老家，其中包括他们五个最优秀的将军，都灰溜溜地走了，头上连一道胜利的光环都没有，这甚至让他们的雇主都感觉很丢脸。

但是我不能徒劳地将胜利都归于那些因素中的任何一个。我对我们事业机器上的所有弹簧和控制杆太熟悉了，以至于忽视了我们的人力资源与我们的事业是多么的不相称。如果不是因为我们事业的正义性，和随之而来我们坚信的天意的介入，我们早就彻底失败了。如果说以前我是个无神论者，那么现在我已经相信冥冥当中有神相助了，是他抵制傲慢并偏爱谦逊。愿我们永远不要忘记他带给我们的恩惠，并愿我们未来的行为能够体现对他的感激之情。

英国已经被这场疯狂的战争打败，但更重要的是，它失去了一个伟大和正在成长的民族对它的赞誉、尊敬、友谊和感情，而这个民族现在正把它看作地球上最坏、最邪恶的国家。

致那些到美国旅行的人

大量的人私下里和通过信件，不断向我请求并打听如何将他们自己、家庭和财富运输到美国去的信息。为了回答这个问题，我曾经写过一篇小文章，名字叫作《移民美国须知》。一个人移民国外事关重大，需要详加考虑，尤其是那个地方距离如此遥远，拖家带口移民花费巨大，如果那个国家不适合他，还要有返回的费用。我们的国家是开放的，外来者可以在美国定居，在那里他们很快就可以成为公民，并依据他们的行为获得相应的尊重。我们能够向外来者提供的仅有的鼓励就是适宜的气候、肥沃的土地、丰厚的劳动报酬、和蔼的邻居、良好的法律、自由和热烈的欢迎。剩下的就要依靠一个人自己的产业和美德了。土地很廉价，但是必须购买才能获得。一切安顿费用都要自理，公共服务仅限于国防和公正。

斯特拉恩先生争论说英国人移民到美国应该被制止。在我关于人口的论文里，[1] 我想我已经证明了，外来移民不会消弱相反还会充实一个民族。每个人来到我们中间，占有一块土地，成为一个公民，并依据宪法享有选举的权利和参与国家的管理。诚然，由于在众议院中占大多数，爱尔兰移民和他们的孩子们现在拥有宾夕法尼亚州的管辖权，同时还占领着相当大的一块领土，但我更记得第一次带他们到这里来的那条船。

我们国家提供适宜的气候、良好的法律和清廉的管理

毫无疑问地，一个清醒、勤劳、心灵手巧的工匠，一个诚实并有宗教原则的人，对于任何国家来说，都是受欢迎的。我确信他们在宾夕法尼亚州也会受到和蔼及友好的接待，并享有自由公民的所有权利和特权。但是，不管是政府或是我所知道的其他部门，都不会利用公

1 见《关于人类数量增长的观察》，1751年出版。

共支出来扩充它的居民数量。所有定居的人都是自费来到此地。国家向外来者提供优良的有益健康的空气、足够的供应补给、公正并清廉的管理，同时还向通情达理的人们提供他们想要的公民和宗教自由。好处如此多，欧洲各国想要分享这些好处的人的数量又如此巨大，如果再由国家公共支出来承担人们的交通费用，他们的税收就不够了。在这里，人们不被强制涉足公共服务。

英根豪斯先生写信给我，提到在美国商业人士和艺术家的职业问题。我回应说，二十五年里我很少待在美国，所以没有资格回答。一股新兴商业力量已经成长起来，而我对他们知之甚少，而我以前熟悉的商业人士的情况，也已经随着时间的推进或由于战争而大大地改变了。我给这些商业人士的最好建议是，派一个审慎的聪明的人专程到整个国家走一走，深入观察一下商业的本质情况，看看多大数量和比例，又是国家的什么产品值得购买并会有有利的回报。

我还被问到雕像艺术的职业问题，我认为现阶段还不值得做。公众已经深受战争债务的困扰，在把钱花在大理石雕像上之前，他们当然会想着先偿还那些债务。事实上，一个雕刻家获得土地很容易，但是没有劳动力，土地什么都给不了他，并且当他和他的工人们在刻画他们的作品的同时，他们还必须维持生计。人们还不是太有钱来充分支持精美的艺术，因此我们的天才们都去了欧洲。目前在英国，最好的历史题材画家是韦斯特，最好的肖像画家是科普利，最好的风景画家是巴思（英国一城市名）的泰勒，而他们都是美国人。数年后，这类的艺术家可能会在美国找到工作，并且我们可能会发现使用一种白色的大理石来进行雕刻会更容易，因为现在的大理石虽然拥有很好的光泽，但被认为太硬了。

耕种者由我们宾夕法尼亚州相当数量的人民组成，通常来说，他们是耕种土地的所有者，我们的地方法官、立法人员等也从他们中间选举产生。外来者居住满一年就可获得一个公民的所有权利。我对乡村事务没有过多了解，因为我一直生活在城市里面，但是我能想象得到，如果一个人精通农业生产并且愿意从事这个行业，通过 200 或 300 英亩土地的良好种植，他就能够维持整个家庭的生计。对于我们来说，法律也是一个值得尊敬的行业，并且比农业更赚钱。如果一个人熟知英国的普通法律，那么立刻就会得到认可并从事这个行业，因为我们的法律也是基于英国法律的，当然你还会发现有少数附加条款或者变动，但这没有什么困难的。据我所知，有好几家相当大的产业都是由这个职业发展而来的。但是对这个职业的研究很枯燥，很耗费劳力和时间，当然这也是追求卓越而必不可少的。在入行之前，一个人必须考虑他是否具有必不可少的投入、勤勉和坚持不懈的习惯。

法语版的州宪法

外国对我们国家政治的过度误解，使得外国朋友们对我们国家的进一步了解显得很有必要。而现在法语在欧洲最流行，我认为没有比把已被议会同意的各州宪法印刷成法语版本更为有效和可靠的了。所以我就这样做了，并向每个外国公使提供了两个漂亮的版本，一个留给他自己，另一个装帧更精美的献给他们的统治者。这些宪法书籍很受欢迎，而对许多人来说十分惊奇，因为他们原来对美国的文明状态是怀有偏见的，他们想象不到在我们的野蛮环境里会存在如此多的政治知识和智慧。我对各个方面都比较满意，因为我听说总体上我们各州的宪法很受赞赏。我相信，我们对这些宪法的宣传，能够吸引大量来自欧洲各地的人们移民到我们的国家，并将促进我们同外国宫廷的各种协议的制定。

在美国，人们不关心“他是谁”，而是问“他能干什么”

我写信告诉我的女儿和贝奇先生关于推荐信的事情，因为我时不时就要因为此事而打扰他们。我经常收到朋友们写推荐信的请求，而我又不能拒绝，尽管我知道他们对所请求的人也不甚了解。我提醒女儿他们：“当我向你们推荐一个人要你们礼貌对待或提供建议时，你们可以向他们提供一顿或两顿饭，他们请求的话，也可以提供最好的建议，但仅限于此，而绝不意味着你们可以借钱给他们。”因为许多我信任的人几乎空着两手就去了美国，他们带着浪漫的计划和期望，却往往以失望和贫困而告终。我尽我所能劝阻这些人，因为他们没有一些有用的赖以生存的生意或艺术。可是在欧洲，总是有许多人想要得到办公室工作或公共职位，他们总以出身或者才能来评价自己并且也希望我们来这样评价他们，尽管我告诉他们那些东西在我们的市场上一文不值。在美国，人们提到一个外来者，不是问“他是谁？”而是会问“他能干什么？”

在一个国家，如果一个人专心致志地做一项工作，而不被各种业余爱好、学习或者娱乐所干扰，那会带来极大的好处。在欧洲，有两种观点比较流行，并且大大减少国民的幸福。一个观点是有用的劳动是不值得尊敬的，另一个观点是家族可以随着财产而不朽。在美国，我们没有任何这种偏见，这是我们很大的一个优势。在现有的法律和宗教规则下，永久性地占有财产是不可能的，这一点可以从数字上得到论证。因为尽管财产保持完整，但家族却在不断分化。一个人的儿子只能分得整个家庭财产的一半，他的孙子只有四分之一，他的重孙只有八分之一，接下来是十六分之一，照此下去只需九代，现在业主的财产拥有部分将会只有 1/512，当然这需要假设所有接下来的妻子们都要忠诚领取相应的份额。这些份额太少了，以至于丝毫不用担心失去，或者反对打破继承和瓜分财产的合法的自由，而这些对保持一个国家的繁荣昌盛至关重要。

即使被我们戏谑，已婚状态是最幸福的

我获悉了我的朋友约翰·萨金特的一些情况，一切都令人高兴，除了他的大儿子已经很大了还没有结婚。我告诉他说，我希望他的大儿子不要打算就这样生活下去并孤独终老。生命的车轮已经毫不停留地从亚当那里滚到他的身边，不应该因他而中止。我可不愿意看到萨金特族谱中出现一根不结果的枯枝。在吃喝玩乐的纨绔生活之后，已婚状态是最幸福的，一切要顺应我们的天性。男人和女人拥有彼此缺乏的品质和性情，他们联合起来为共同的幸福做贡献。如果单身或分居，他们就不是完整的人类，他们就像剪刀的那些半片一样，不能回应上天给他们的终极构造。[1]

史蒂文森女士去世

我最亲爱的朋友玛格丽特·史蒂文森女士的离世，深深感染了我。我是从她的女儿波莉给我的信中得知这个消息的。为了此生再一次与

1 1745 年，富兰克林写了一篇声名狼藉的散文《老情妇寓言》，这篇散文以“给年轻人在选择情人方面的建议”而闻名。在这篇散文中富兰克林建议，如果一个年轻人坚持要拥有一个情妇，他应该“更喜欢年老而不是年轻的妇女”。在 19 世纪，没有编辑敢出版这篇散文。然而，这篇散文的第一部分经常被忽略，其中的观点就与上述富兰克林的说法相似：“婚姻生活是一个人最自然的状态，并因此最有可能获取最可靠的幸福。只有男人和女人联合起来才能构成完整的人类。分开来讲，她需要他身体的强壮和理性的力量，而他则需要她的温柔、感性和敏锐的洞察力。他们在一起就可能会在这个世界上取得成功。一个单身男人几乎不会拥有两人联合起来的价值，他是一个不完整的动物。他就像一把剪刀中只有一个古怪的半片。如果你拥有一位精明又健康的妻子，在她很好的经营下，你从事的产业肯定会兴旺发达。”

她相见，是当时在回美国之前我建议再次访问英国的最主要的动因。从 1757 年我第一次与史蒂文森女士和她的女儿熟识，已经过去整整四分之一个世纪了。25 年好像时间很长，但向后看时，又是多么地短暂！在那段时间里，我曾经和我最亲爱的已故朋友居住在同一所房子里，并经常与她和波莉相见交谈。真是何等荣幸，在那段时间任何时候，我们之间都没有产生哪怕是一点的误会。我们的友谊纯洁得就像晴日的阳光一样，没有一丁点的阴云。

当波莉在母亲去世以后访问巴黎帕西区时，我收到一封亲切的感谢信。因为她的访问，我虽然度过了一个漫长的冬天，但却好像是我度过的冬天中最短的一个。这是与深爱朋友的亲切交往而产生的结果。尤其是威拉德先生好几次告诉我，我长久以来认识的她到底是一个怎样的人：一位可爱、善良的夫人。

那一年我的朋友普林格尔博士、福瑟吉尔博士、凯姆斯勋爵和勒·德斯潘塞勋爵也相继离世。因此，我以前与那个国家的联系，甚至可以说与整个世界的联系，一个一个都开始松动了。随着时间的推移，我也不会再有什么牵绊，让我不愿意随他们而去。对那些剩下的老朋友们，我想说，人越来越少，爱就越来越多。

我决定教他做买卖

接着，有人告诉我我的外孙本尼生病发烧了，他如此长的时间远离亲人，已经待在日内瓦的学校四年了，这让他又沮丧又压抑。我叫人去找他，让他在学校假期期间来找我。于是他来到帕西，我才发现他成长得很好，并且在学习和行为上都进步明显。他能将普通的拉丁文毫无困难地翻译成法语，但是他的英语缺乏使用，但很快他就重新捡了起来。我原本打算送他到英国继续他的学业，并安排杰伊先生把他带到他们的公司去。但是当被告知这些建议时，他显示出极大不愿意离开我，并且坦普尔也喜欢并极力挽留他，因此我决定先不让他去英国，而当我需要亲自去的时候再带上他。他举止非常得体，我们非常喜欢他。

本尼是一个非常明事理的好小伙儿，我原想着让他跟着他的堂兄弟小乔纳森·威廉姆斯一块儿长大，并将他培养成社会公职人员，还想着他以后能够为他的国家服务。但是正像谚语所说的，现在我确信他没有为国家服务的“命”，因此我决定教他做生意，这样他就可以有所依靠，而不要被迫求人来获取办公室职位了。我自我吹嘘一下，在上帝的眷顾下，本尼在这个世界上一定会干得很好。他已经开始从来我家的师傅们那里学会打理自己的生意（印刷和铸铅字工）了，并且工作非常勤奋，学东西也非常快。

条约遭遇了严重延期

最终的条约遇到了极大的延期，这一部分是由于荷兰人的迟延，但是最主要的是由于英国宫廷的精力分散。有一段时间，那里没有相应的政府部门，也没有任何有影响的生意。三月份，英国宫廷被政府部门的更迭闹得混乱不堪。谢尔本勋爵和他的朋友们辞职，诺斯勋爵和福克斯先生正在接受调解。据说签署了初始条款的奥斯瓦德先生也不会回来了，但是大卫·哈特利先生将会来法国接替他，并处理最终条约事宜。因为哈特利先生是我的老朋友，并且也是一个和平爱好者，我想在他那里不会遇到太多的困难。劳伦斯先生已经去巴思疗养，然而杰伊和亚当斯等各位先生将会在巴黎继续他们的工作。

我们自己这边的情况也完全不明朗。我们派巴内上尉于 1783 年 1 月 17 日从东方港出发前往华盛顿，并与急件一起携带了大量的货币。

但是关于和平初始条款的的意见，六个月内都没收到来自国会的一点消息。在战争状态和路途遥远的情况下，这些临时性的通信中断是不可避免的。但是最终，巴内上尉返回了法国，并且给我们带回了急件，当然也包括经过国会修改的初始条款。

从法国寻求进一步的援助

我同时也接收了来自国会的决议，授权我向法国再借 2 000 万里弗尔。考虑到法国因为这场大规模战争已经花费巨大，我最初希望能够避免国会关于大量货币的重复请求。带着这个想法我做了许多咨询，并和我们的银行家格朗先生一起，考虑从其他地方获取货币的各种方案。由于这些方案没有一个是可行的，我不得不向法国请求至少追加 600 万里弗尔。

法国的财政状况也是捉襟见肘，因此一种新的博彩借货方式被提了出来。经过计算，国王要支付 7% 的利率。政府必须停止支付他们自己在美洲和东印度地区的交易账单，而增加 600 万给我们。合同显示出了国王对我们的特殊关心，他给了我们很长时间来偿还，并免除第一年的利息。我不可能再想得到更多了。

最近的支付失败发生在贴现银行，一个类似于英国银行的机构，原因就是它在援助法国政府方面走得太远了。尽管想做好，但政府在支持信用贷款上的无能为力，这也鲜明地证实了我们没能得到另一笔贷款，不是像有些人不公正地设想的那样，是法国缺少帮助我们的意愿，而是他们确实缺少相应的援助办法。在那个时候，法国的货币极度紧缺。政府提出了第二次 2 400 万的的彩票业务，贴现银行又继续操作，但是按照彩票计划，它要支付 7% 的利息。

最终，事件应该能让我们的人民确信一直以来我写给他们的事实了，那就是我们在国外信用贷款的基础必须放在国内。除了立刻拿出我们的诚实和审慎，让所有的州都来支付利息和最终的例行贷款本金外，没有任何东西能够恢复我们在欧洲的信用和在他们宫廷的声誉了。我看到了一些州在国会关于清偿国债提出了反对意见，这在法国引起了很坏的影响。它打消了荷兰贷款的积极性，并因此引起了对莫理斯议案的抗议。然而，尽管自己冒着风险，在没有授权的情况下，格朗先生还是为我和其他委员增加了基金。

如果我们的人民在不交租金和什一税的情况下，只诚实地缴纳其他国家在那些条款中的一半税收，那么我们的全部债务在十二个月内就能偿还完。但是我认为我们的困难在于税收的收集上，因为我们的居民住得比较分散。一家一家数英里去从每家那里收集一小点先令，会带来过多的麻烦，经常需要不停地打电话。

所有的财富都是社会创造的

问题是我们在美国的人民不愿交税。我在一些城市会议的决议里看到抗议，反对给予国会一项他们所称的从人民的兜里向外掏钱的权力，尽管只是支付利息和合同约定的债务本金。他们好像搞错了。人民该付的钱是他们债权方的钱，不再属于人民的钱。如果人民不支付这些钱，法律可以强制执行。私人的财产是社会的创造，当社会需要的时候，它应该响应社会的号召，有时甚至要毫无保留。实际上对于我来说，除了未开化人的临时小屋、他的弓箭、相应的外套和其他拥有的生活必需品，所有的财产都是大众的创造。因此，公众有规划遗产和其他财产让渡的权利，甚至有限制它的数量和使用的权利。个体和种类繁衍的保持是人的自然权利，这一类的必要财产任何人都不能剥夺。但是对于那些公共财产，他们依法创造了它，因此也就可以依法来处理它，公共福利部门也就应该要求进行合理处置。如果一个人不喜欢这些条款下的公民社会，那就让他退隐并和那些未开化的人生活在一起。如果一个人不想交纳俱乐部会费来扶持它，那么他也就没有权利来享有这个团体带来的收益。

与法国的交易：更少限制，更多繁荣

我们的商人总是抱怨他们在法国很容易遇到的尴尬：大量的内部关税、搜查，等等。总体我只观察到，贸易（包括必需品和便利品的相互交易）越自由、限制越少就会越繁荣，所涉及的国家也就会越幸福。大多数国家实行的贸易限制措施，都好像是他们私自牟利的详细清单，只不过披着善良的外衣罢了。

在议会日程里，在文件和宣传册中，我们看到人们抱怨因对爱尔兰让步而引起的对英国制造商的伤害。然而，英国人似乎忘记了，好像这根本就不是个问题。如果爱尔兰能够生产棉花、填塞物、丝绸、衣服、亚麻、餐具、玩具和书籍，等等，并且在英国卖得比英国的制造商还便宜，那么对于那些在英国不从事生产的人来说，难道不是件好事吗？难道制造商自己也没有分享到利益吗？如果棉花更便宜，所有其他穿棉制品的制造商在这个项目上的开支就会省下来。对于其他的方面也是这样。如从爱尔兰获得书籍更便宜（这一点我是相信的，因为我从那里花24先令买了一本《黑石》，而在英国售价则为4基尼），对英国书商确实是没好处，但对英国的读者和学生没有好处吗？

贸易过程并不像赌博一样，一方获利而另一方就必定有所损失。双方的获利可能是均等的。如果A拥有很多玉米，但他又需要牛，而B拥有很多牛但需要玉米，所以这样的交易就是双赢的，相应地普遍的生活质量也就得到了提升。如果各地的限制法律都得到废弃，那些国家的贸易就会繁荣。当国君发动贸易战时，对自己所造成的伤害会与他的敌人受到的伤害一样大。贸易商、农民和渔夫都不愿意他们的生意受到打断或骚扰，但他们又都乐于在战争与和平期间得到保护。财富的源泉是土地和工业，他们的国家必须为这两者的繁荣而努力。

没有国家因为贸易而遭受毁灭

如果政府不过分干预贸易而让其自由发展，那就最好不过了。多数议会、国君、国家的法律、法案、法令、布告对贸易的规划、指导和限制，不是铸成了政治错误，就是为过度精明的人们打着为公共利益服务的旗号牟取私利。当科尔伯特（Colbert）集合起一些聪明的法国老商人，希望他们能对更好的服务和促进贸易提出他们的建议时，他们的回答只有一句话："Laissez nousfaire."——别干涉我们。来自这一国家的一位著名的作家，在政治科学上很有造诣，他知道那句格言"Pas trop gouverner" 的力量：不要管得过死，这句话应用于贸易上可能比其他公共问题上更合适。因此，我们希望这个世界上所有国家的贸易都应该是自由的，就像英国内部各县之间的贸易那样。这样通过交流，有关各方都能获得更多的快乐。那些县域不会因为贸易而彼此毁灭，国家之间也是这样。没有国家会因为贸易被毁灭，尽管表面上看来，它有那么多的不利因素。

现在让我们选择原谅并忘记。每个国家在自己内部的艺术和农业上都有优势，就让它们都追求自己的进步吧，不要一味妨碍或阻止其他国家的繁荣。在上帝的帮助下，美国将成为一个伟大和幸福的国家，而如果英国足够明智，相比于它所失去的，也会得到对自身的繁荣更有价值、更基本的东西，它仍会是一个伟大和令人尊敬的国家。它目前最大的问题是数目巨大的薪水和办公室报酬。贪婪和野心是人类很强烈的感情，并分别对人们的思想产生极大的影响，但是当两者联合起来并被满足于同样的目标时，它们的威力几乎是不可抗拒的。它们驱使人们产生内讧和争论，对良好的政府管理产生极大的破坏作用。

从来没有好的战争，从来没有不好的和平

对于英国部长们来说，所有的和平条约都是在位于凡尔赛的法国宫廷的眼皮子底下进行，这当然不是一件令人高兴的事。这一切似乎到了摊牌的时候，特别是哈特利先生拒绝去凡尔赛和其他各方签署我们的最终协议，而坚持把地点定在巴黎，我们高兴地遵照执行。在经过 9 个月的持续谈判之后，英国部长最终做出决定，将他们提出的新提议放在一边，而答应按照 1782 年 11 月 30 日的条款签署最终条约。我们同意了这个提议，于是英国和美国之间的条约于 9 月 3 日的星期三签订，一个普遍的和平最终建立起来了。

我乐于见到这种和平的回归。现在我们和英国甚至整个人类都是朋友。我希望这种状态能够持续下去，人类自称是有理性的生物，我也希望人类最终会有足够的理性和良知来解决分歧，而不至于置对方于死地。愿我们永远都不要见证另一场战争！因为以我的观点，从来没有一场划算的战争，或者说一个不划算的和平。如果人们把花在战争上的钱用于为公共设施谋福利，人类现在已经获得了多么巨大的便利和舒适了啊。如果把数百万的财富用于为人类造福，我们还有什么不能做到呢？我们的农业甚至会扩展到高高的山顶，河流将会通航或者与运河相连，桥梁、水渠、崭新的道路，还有其他的公共设施、大厦和改进设施将会让英国变成多么完美的天堂。结果在大规模战争中，这些钱财却用来造成伤害、给数千个家庭带来灾难、带走了成千上万名劳动者的生命，而他们原本可能正在从事有益的劳动。

不管怎样，这是一个令人愉快的反思，其中有我们对成功斗争的沉思，还有人们在丹甘嫩表现出来的气概、英勇的和团结一致的决心。自由，曾一度处于灭绝的边缘，现在正在收复失地。专制的政府正有可能变得温和、理性，并正在不同程度地消亡，给更公平的制度形式让路。专制和神权是不能阻止光芒的生长的。

一条近乎叛国的指控

在签署了最终的条约之后，我收到一位在美国非常德高望重的人的来信，这封信虽写于巴黎，却在美国当地迅速传播开，信中针对我在该项条约中的行为进行了一些言辞激励的指控，内容如下：

“这则报道语气如此坚定，而后在我们当中传播开来，很多人对此深信不已，就是法国宫廷实际上反对我们在那么大范围上获得渔场和领土，而这个范围是该条约在这两方面保障给我们的范围；我方外交使官赞同或并不反对法国在这方面与我们针锋相对；这完全是因为亚当斯先生和杰伊先生的坚定、睿智和公正无私，我们才获得了这些重要的利益。”

我的目的并不在于分享那项条约所带来的荣誉，我同事的朋友们可能会愿意将这份荣誉给他们。但我已投身公共机构和公众信任50年，仍怀有一颗壮志雄心，至少会将这份忠肝义胆带进我的坟墓里去，我不能容许在热情和忠诚方面自己落后于他们中的任何一个。因此，我想我不应该遭受指控，这些指控对我们的国家来说近乎是一种背叛，当有了有效的辩护手段时，没有通知就通过了。关于那件事的始末，我的所作所为，劳伦斯先生和杰伊先生都是亲眼所见，所以我申请他们作为兄弟使官发信以证我的清白，彻底消除指控所造成的影响。

威廉·佩恩是一个英明善良的人，但托马斯是一个卑鄙的小人

佩恩女士，是托马斯·佩恩的遗孀，在签订条约那段时间她住在法国，向我提出了极大的投诉请求，希望我能帮助她恢复她在宾夕法尼亚州的权利和财产。但我发现她并不了解这些事的情况，也不能清楚地表明她在战争期间受到宾夕法尼亚公众的任何伤害。我想她丈夫的土地没有像她所说的被没收了；而是私有政府随着它的王权一起没落了，殖民地议会在某些事上利用了坚持正义的机会，而这些是他们在私有政府的统治下永远也没法得到的。在议会和这个家庭之间达成了一种妥协，所有空地和不适宜的荒地在此之后将归于议会处置，在平定安稳之后三年内，议会将支付给这个家庭130 000英镑，双方其他的所有要求因此而废除。据我所知，家庭成员中大多数人对这样的安排很满意。但是因为这位女士打算派她的儿子去申请获得她的利益，我就给了一封求见州长的引荐信，提议把申请纳入考虑，不论重新审议这个问题是否合理，如果130 000英镑的数额还不够的话，就适当做一些增加。

在我看来，当我已经考虑这个问题将近80年的时候，也就是，从1700年开始，威廉·佩恩和他的儿子已经收到了免役税，这种税是为了支持政府而给予的，但他们拒绝支持政府，一直要求民众给政府提供新的支持，这耗费了民众巨额的钱财；当我考虑到这位已故领主的卑鄙、残酷和贪婪时，想到在多年的战争期间，他拒绝同意前线的任何防御，任其一直受到敌人的蹂躏，除非让他的产业免于支付一切开支；更不用说其他的暴行了，实在太多在此就不列出了。我难以想象那些富裕的家庭，他们只是悄悄地收钱不做一点贡献。威廉·佩恩，第一任领主，当前这位富孀的丈夫——托马斯的父亲，是一位英明良善之人，在其极端窘迫的情况下，依旧忠于人民。然而托马斯则是一

位不太友善的粗暴之人，总爱抱怨，生性吝啬；不论他的父亲为这个省赢得了多少的好处，最后都被他破坏掉了，他从不会做任何外表慷慨和体现公共精神的事，但利益上落后的耻辱显然是他提倡的义不容辞的责任。

那位女士总是抱怨没有如期收到来自美国的收入。我长期居住在伦敦的这段时间里，她的丈夫"在其死之前"也同样拿这些抱怨作为缩减家用开支和缺乏热情的借口；尽管如此，我得知在那段时间，他曾通过出售土地、存款利息以及免役税得到过巨额的收入。但是有可能他对他的妻子隐瞒了这些情况，从而减少钱财消耗：众所周知，他要求不能把更多的收入放在家里，除了他生活必需的之外，而将钱放在宾夕法尼亚州和泽西州赚取利息，他可以获得 6% 和 7% 的利润，而若将钱放在英国所获得的利润则不会超过 5%。过去我常听到他们的这些怨言和人们对这些怨言的嘲笑，我很清楚他们的动机。

我们在伦敦圣马丁教区的牧师，叟德尔博士，曾经在一场漫长且严酷的霜冻中四下奔走，寻求慈善捐款来为贫穷家庭购买煤炭。他跟随其他人找到了我，我给他捐赠了一些。只是我捐得很少，非常少；然而他如此说，"在这件事上，你比富有的领主佩恩先生要慷慨得多；但他告诉我，他因为没有收到来自美国的收入而烦恼！"这个家庭的收入想必仍旧很多，因为他们有包括最好土地的许多庄园，以及通过抵押贷款获得巨额的利息；以至于如果这位富孀拿不到属于她的那份巨额财富的话，一定是她的代理人出了问题。

气球：除了能飞，我们还能想到什么

1783 年，战争结束以后，法国的所有谈论话题转向充满易燃气体的气球，讨论操控它们的方式以达到为人类的飞翔提供便利。[1]这是这个时代探索的一个极其不同凡响的发现，通过这一发现，人们就能够飞上天空，随风遨游于天地间。已经两次亲眼目睹这种令人震惊的实验之后，我将其传达给了皇家学会。第一个热气球，是由阿诺奈的蒙哥菲尔先生发明的，它于凡尔赛升空。当时我并没有在现场，但听说那热气球是用燃烧的稻草的方式成功升起了 10 分钟。它大概飞升了 200 突阿斯[2]：它是随风水平上升，而后随着空气逐渐冷却而缓缓下降。它的体积如此之大，当它雄伟地升向空中时，目击这一幕的人都禁不住吃惊并充满敬佩之情。篮子里载着一只羊、一只鸭子和一只公鸡，除了公鸡之外，没有其他动物因为下落而受伤。

下一个热气球比在凡尔赛升起的那个要大，人们被安置在过道上，这过道是柳条做的，每个都有一个端口，通过端口他们可以往炉栅里投放稻草，维持火焰持续燃烧，进而使热气球充满气体。它越过我们的头顶，我们能够看得到火焰，那场景可谓相当壮观。当他们到达所选择的高度时，他们就会关小火焰，使风水平推动着机器，尽管他们几乎感觉不到风，但是他们伴着风一起前进，而且速度还很快。他们说，他们看到了巴黎以及周边地区、河流等迷人的景色。巴黎有很多人看到热气球飞过，却不知上面还载着人，它飞得那么高，以至于没能看到上面的人。

1　富兰克林增加了这条脚注：“易燃气体使我想起多年前曾写过的一篇有些滑稽的文章，旨在嘲讽某学会就这一方面颁发某奖项一事。”这篇文章是大概于 1780 年写的“致布鲁塞尔皇家艺术学院”中关于“放屁”的一段琐事。它以此句结尾：“由此，我不得不得出结论……记载的这些数据，加起来，也几乎不值一个‘屁’。”

2　高度测量：一个突阿斯约等于 6.4 英尺。

我很担心他们的安全

蒙哥菲尔先生是一位很有创造性的发明家。当我跟他实验结束后的那天晚上，我很荣幸受到非常勇敢的哲学家，阿兰德伯爵的拜访。看到他安全的样子，我很开心。他告诉我说，在几乎没有冲击的情况下，他们轻轻地点燃了热气球，热气球只受到了非常小的损坏。随着火焰逐渐变弱，空气逐渐变得稀薄、冷却和凝聚，到最后热气球的体积慢慢变小，然后便开始下降。若在吊篮里的人们觉察到热气球可能会降落到不合适的位置，那么他们可以添加更多的稻草，重新燃起火焰，使气球再次升起，然后风会将它带到更远的地方。

往热气球中充热气的方式既廉价又便捷，它被认为，可以实现某些目的，比如说，使人们能看到这个国家的辽阔大地，或是带着工兵观察敌人的军队和工事，为被围困的城镇传递或传出情报，向远方发出信号，诸如此类。

反复进行了好几次新的航空实验。在 11 月，我打算亲自实地观察一下查尔斯先生和罗伯特先生的实验，他们是很有创造性的机器建造者。热气球就被安放在杜叶里宫的花园里，在它升空之前，不知道我得在那里等多久，所以我没有直接去那里，而是选择呆在马车里，就在路易十五的雕像附近，从那里我可以看到它升空的场景。早上薄雾朦胧，不过大约到一点钟的时候，天空变得差不多透亮了。鸣枪发布通知大热气球马上就要升空了，一个小热气球被释放了出去，它飞到了很高的高度。采取了很多措施来阻止大热气球升空过高，因为那样它会有爆裂的危险。为了控制热气球，几个沙袋用绳子系在其甲板上，在升空时会被砍断——使整个重量过重而不被升起，为了使其缓缓上升要把这重量释放。在一点到两点钟这段时间里，当看到它从树木中庄严上升那一刻，所有的眼睛里都充满了欣慰，它逐渐飞过房屋之上，那可真是一大奇观呀！当它升到大约200英尺的高度时，这些勇敢的冒险家们伸出手，挥动着一块白色小旗向观众们致敬，观众们则回以热烈的掌声。当它升到指定高度，我猜大概有三四百突阿斯，热气球看起来好像只是水平着在动。我有一副可随身放在口袋里的眼镜。戴着它我一直追踪观察着热气球，到最后当我看到热气球时，它看起来只有核桃那么大。

所有巴黎人都出来看它，有50万的观众

查尔斯先生和罗伯特先生从加莱出发，他们的空中旅行飞到了比多弗更遥远的地方，要是有更强的风和更长的白昼，他们可能飞到更远的地方。他们娴熟地操控着这架机器，随心所欲地下降又升起。毫无疑问，从来没有一个哲学实验有这么多人参与。全巴黎的人都出门看它，还有邻近城镇的人们，估计有不少于50万的观众观看。使用热气球前进得非常快，但我担心它不会成为我这个时期的普及的交通工具，尽管它对我来说会极其便利，因为考虑到我的疾病不能再使用旧有的交通工具在马路上行走。

根据一些有经验的人的说法，他们还没找到能维持热气球行进超过两小时的方法；因为时不时地排出，以防止上升得太高和破裂，并且时不时地卸卸除重量以避免下降太低，这些控制手段很费力气。1785年6月，热气球先驱皮拉特·罗泽尔先生，像很多人那样研究了这个课题。但由于气球的爆裂，或者其他一些我们不知道的原因，他在空中失去支撑，同他的伙伴从1 000突阿斯的高度坠落到岩石遍布的海岸上，最终被发现摔成了碎片。

如今被肾结石折磨得不能自理

我写信给韦尔热纳，告诉他我不能亲自前往凡尔赛表达我的敬意了，而是派遣我的孙子代表我去，并再次敦促国会回复我对于被召回的请求。因为痛风和肾结石，我以前完全可以做到的事不得不推迟，各种通信也使我非常困扰。我已80高龄，仍从事很多不容忽视的业务，我变得越来越厌烦写作，变得越来越懒怠。哲学讨论，若不是紧急要务的话，会被我推迟，直至忘掉。

在办公桌旁坐得太久，对于我来说，几乎等同于杀了我。肾结石令我疼痛不已，它伤害我的膀胱，引起血尿，即便是在乘坐马车最舒适的时候。我试图通过有节制的生活和适量的运动来阻止肾结石增长，并能跟它和平相处，但是当我试图写信时，疼痛会打断我的思路，以至于我不得不放下笔去寻求一些轻松的娱乐活动。

很久之前，我就失去了读诗的乐趣，但当我收到约翰·桑顿先生的一本诗集时，发现里面有一些新的表达方式，那么轻松，语言却如此准确、简洁，情感表达得恰到好处，于是我便身心愉悦地通读了整本书，而且有些片段还不止读了一遍。

布瑞林夫人想要我作品的副本，这令我倍感荣幸，于是，通过勒罗伊先生，我送给她《致那些将搬去美国的人》，另附一本《关于北美野蛮人的评论》。我也专门寄给我们的朋友我在帕西家里其他的一些琐事记载。如果她没有丢失《好人和腿》和《国际象棋的道德》，我在帕西刊印的关于琐事的文章就收集全了。

我已经答应了我亲爱的朋友乌德特伯爵夫人[1]，会在她萨努瓦的家和花园里住上几日，没有比这更叫我喜欢的事了。可是我越是想着它，

1 为了纪念富兰克林，在1781年4月，乌德特伯爵夫人在萨努瓦，她丈夫的庄园里协助安排了一场庆典。

越是无能为力，因为我逐渐走不了路。还没走到布瑞林夫人的家，疼痛便会折磨我数日之久。因此我不得不通知伯爵夫人，我必须放弃去感受她那令人神往的萨努瓦家中的乐趣了。

那一年（1783—1784），我们在法国度过了一个可怕的冬天，之前从没人见过这样的冬天。自圣诞节开始，厚厚的积雪便覆盖着大地，并出现了持续的霜冻。美国冬天的严重程度也不仅阻碍了旅行，而且还造成州议会的延迟。然而，我依旧还活着，太阳还是重新升起，白昼变长，春天来临，帕西的树木和花园重获青翠，大自然露出了笑脸，我也很开心。

辛辛那提的制度：
传承荣誉是毫无依据的、荒谬的，还对后代有害

我从上尉巴尼那里收到一些关于辛辛那提制度的新闻报道，说的是很多人认为应该将他们和他们的子孙后代与他们的同胞们区分开来，从而形成一个世袭爵士的制度，直接对抗联邦条例中郑重宣布的国家意识。或许我本身不该反对他们跟随他们的幻想戴上丝带和徽章，尽管如此，我当然应该反对将荣誉世袭给子孙后代。因为荣誉之所以值得获得，本质上在于个人的事情，而不可传承给除了有权享有它之外的任何人。因此，中国在很久很久之前，那些国家的智者就根据自己的长久的经验，确定了荣誉不可向下传承的而该向上追溯的传统。如果一个人因其学识、智慧或勇气而被皇帝授以官位，他的父母也会立刻受到同样的礼遇，为人们所尊敬，这都是因为他自己封官受爵而建立起来的。根据这条因果关系：即必是因为其父母为其付出的教育、教导和榜样，他才能拥有为公众服务的能力。这种向上追溯的荣誉有利于鼓励父母给他们的孩子以良好的道德教育。但是向下传承的荣誉

对那些本无权享有它的后代子孙来说，不但是毫无理由、荒谬的，而且还会是经常给子孙后代带来危害，因为那容易使他们骄傲自大，不屑学习有用的技艺，进而从此陷入贫穷，紧跟着便是卑劣、奴性和不幸，当前在欧洲多数这种情况被称为贵族阶级。

或者，为了维持家族的尊严，遗产被最年长的男性继承人完全继承，那么有害于国家的工业和进步的另一样东西就产生了，接着就是骄傲、贫穷和懒惰，进而由婚姻和家产的改良受挫而引起家族的不断灭绝，使西班牙人口减少了一半。因此我希望，若辛辛那提人必须继续他们的事业，应当将象征荣耀的徽章带在他们的父母身上，而不是将其传递给他们的孩子们。它将会是一个良好的先例，应该有好的影响。这也将是对第四条戒律的一种服从，在这条戒律中，上帝告诫我们要使我们的父亲和母亲享有荣耀，却没有让我们的孩子享有荣耀。

因此，我希望，这一制度会摒弃他们计划的这部分，满足于身为嘉德、巴斯、西斯尔、圣·路易斯的爵位和欧洲其他的制度，享受戴着小徽章和丝带的生活乐趣，让这种荣誉随着那些应该得到它的人们的消亡而消亡。辛辛那提制度遭受普遍的反感，最终被抛弃。

我希望秃鹰没有被选中

关于代表制度的图形，我并不是不满意这个图形看起来更像一只火鸡而非一只秃鹰。就我而言，我希望秃鹰没被选中来代表我们的国家。它生活的不诚实。它栖息在河边的某棵枯树上，在那里却懒于亲自去捉鱼，而是静观正在忙碌的鱼鹰；当那只辛勤劳动的鸟最终捕到了一条鱼，衔着鱼正赶着去喂养它的妻子和年幼的孩子时，秃鹰便尾随其后，从其口中将鱼抢夺而去。

这一切都是不公平的，它就像那些靠行骗和抢劫为生的人。除此之外，它还是个胆小鬼：一种比麻雀还小的鸟儿便可对其明目张胆地发起攻击，并将其从自己的领地赶出去。所以，它根本不配被用以象征勇敢并且诚实的美国辛辛那提人，是他们将所有的“鸟”赶出了我们的祖国，虽然正好符合为法国称之为骑士产业的骑士制度。

事实上，相比之下，火鸡是一个更受人尊敬的鸟，更形象地代表了真正的美国原始土著人民。人民可以在任何一个国家看到秃鹰，然而火鸡则是我们特有的，这一物种首次是在欧洲被发现的，它们被耶稣会会士（Jesuits）从加拿大带到了法国，被呈到查理九世的婚宴餐桌之上。尽管有些无用和呆笨，它是一种勇气之鸟，当英国卫兵掷弹兵披着红色外套擅自踏进了它的农场，它便会毫不犹豫地对他们发起攻击。

这是我一贯的诀窍，用少量的钱行大量的善

在本杰明·韦伯的恳求下，我给了他一张价值十个金路易 的钞票。我告诉他，“我这笔钱并不是给你的，只是借给你的。当你将荣耀归国之时，你必定会有些生意，那足以让你能够及时偿还你的所有债务。到那时，当你遇到另一个跟你有着类似遭遇的诚实之人时，你必须将这笔钱借给他，这就算还清了欠我的债务。并鼓励他日后当他有了能力，当碰到另一个类似的人时，也以这种方式偿还债务。最后碰到不诚实的人，当这一过程将止之前，我希望它经受了很多人的传递。”这是我一贯的诀窍，用少量的钱行大量的善。我没有那么多的钱做很多的好事，于是我便不得不一直这般狡猾，以少换大。

关于节约日光的讽刺

出于同样的精神，我很高兴自己提出了一个财政方案。因为我们在这个国家可能常常被安排参加战争，有时会遇到以何种方式筹集税收的尴尬，于是就希望求助于存储，这必然采用节约计划，我们可能会轻易地变成国家的危险分子。不管怎样，它可能允许我们废除各种由大众、尤其是穷人们承担的税收。偿还我们国家的债务是另一个可能轻而易举便达到的目标。这个方案的译文于 1784 年被刊登在某期《巴黎日报》上，原文如下：

致日报的创刊人：

先生们，

你们经常给我们报道新的发明。请允许我通过你们的报纸，向人民大众传播我自己最近完成的一项发现，我相信这一发现会大有用处。

前不久的某个晚上，我在一家大公司里，因奎特先生和兰格先生就是在这里发明了新灯，我非常欣赏它的光彩。但是，进行了一个普遍的调查，关于石油的消耗是否与其所提供的光成正比，在这种情况下，使用它将不存在节约。我很高兴看到民众对节俭的普遍关注——因为我非常热爱节俭。

我回到家，躺在床上，辗转反侧，直到半夜三四点后，满脑子都是这件事。在早上大约六点钟的时候，一声莫名其妙的噪声吵醒了我，就在此时，我惊奇地发现我的房间里充满了光。起初我还以为是点了许多蜡烛的原因，但我揉了揉双眼，我看到光是从窗户透进来的。我起床，向外看，想知道这是怎么回事，这时，我只是看见太阳从地平线冉冉升起，从那里它散发出的光完全照亮了我的房间，我的佣人因粗心大意头天晚上忘了关上百叶窗。

我看了看我的手表，它还在好好地走着，发现现在是六点钟；我还是认为，太阳升起地这么早，这事真是太离奇了，我翻看了年历，在那里我发现了它在那一天升起的时间。我也期待着，发现它升起得一天比一天早，直到六月底，在这一年中，它从来没有晚于八点钟升起过。你的读者们，跟我一样，在中午之前从未见过有阳光的迹象，当他们听说太阳升起得那么早时，会跟我当时一样吃惊的。这一点我坚信不疑。对此，我十分确定，没有什么事能比这更确定的了。这是我亲眼所见的。而且我还接连三个早上对其进行了重复观察，我总是精确地发现相同的结果。

这件事在我脑海中引发了几个重要的反思。我认为，如果那天早上我没有那么早就醒了，我应该在阳光下再多睡六小时，而在第二天晚上会在烛光下同样再多度过六个小时；后者的光比前者可要昂贵得多，我对节俭的爱促使我唤醒我运用掌握的那点算数知识，进行了一些计算。

我做了这样的假设作为计算的基础，假设巴黎有 100 000 个家庭，这些家庭每天晚上每小时在蜡烛上的消耗费用为半镑。然后每天大概估算为 7 小时，也就是说每天晚上我们要点 7 小时的蜡烛，这个数据显示巴黎要点 128 100 000 小时的蜡烛，每小时有半磅的蜡烛和脂，总重量 64 075 000 磅，每磅按中等价格 30 溶胶的价格估算，总数就是 96 075 000 里弗尔。仅仅通过使用阳光代替蜡烛这一项，就能给巴黎每年剩下这么一笔巨额！

如果要说人们顽固地倾向于坚持旧习俗，使他们在中午之前醒来将会很难，那样我的发明也就没什么用处了。我的回答是，不要丧失信心。我相信所有懂点常识的人，只要他们看过了这篇文章，都会设法跟太阳一起起床；为了强制他们休息，我会提出以下规定：

首先，对每个安装百叶窗遮挡阳光的窗口收1路易的税。

其次，让警察协助阻止人们燃烧蜡烛，冬天里燃烧木材更加经济实惠；在所有蜡烛和脂油制造商的商店里安排卫兵，每个家庭每星期使用蜡烛不得超过一英镑。

第三，让卫兵站岗，停运所有日落后通过街道的公车，等等，医生、外科医生和助产士除外。

第四，每天早晨太阳一升起，就让所有教堂里的钟声齐鸣；如若这般还不够的话，在每条街上大炮轰鸣，这样便能更有效地唤醒这些懒鬼，让他们睁开眼睛看到他们真正的利益。

所有的困难会出现在一开始的两三天里，在那之后，改革就会如现在的不规律这般自然、简单，因为这是第一步。强制要求一个人在早上四点钟起床，那么他有可能会更愿意在晚上八点钟睡觉；若已经睡足了八小时，在往后日子里，他会心甘情愿地在早上四点钟起床。

但是96 075 000里弗尔的金额并不是我这项节约项目可能节省下来的全部。你可能注意到，这只是我期望半年就能达到的金额，在另一个半年里可能会剩下更多，尽管白昼逐渐变短。除此之外，夏天里未用完的蜡烛和脂油的剩余量很大，可能会使接下来这个冬天的蜡烛变得更便宜，只要提出的改革能够执行下去，蜡烛费用会继续越来越少。

为了使这一发明带来巨大的利益，我决定免费传授和赋予广大公众，我既不要求住所、养老金，也不要求任何其他的回报，我只期望享有这项荣誉。然而，我知道有一些嫉妒的人，像往常一样，拒绝承认我的荣誉，还会说，我的发明早已为古人所知，或许他们还会从一些旧书籍中找出一些证明它的段落。我不会就古人已知道太阳在一定的时间升起这种事上与这些人争辩；他们，像我们一样，可能有推测的历书；但不意味着他们知道太阳升起来就会发光。这就是我的发现中我提出的断言。如果古人知道，它必定已经被遗忘很久了，因为它的确是现代人所未知的，至少对于巴黎人来说是未知的，这证明，我只需要使用一个简单的论点。他们是受到良好教育、明智的且精明的一类人，存在于这世界上的每一个角落，都像我一样自称爱好节俭；并且由于国家必需品向他们征收许多繁重的税收，他们有充足的理由节俭。一个敏感的人，如果他们真的知道他们可以免费拥有同样多纯粹的阳光的话，在这种不卫生又耗费巨大的烛光下，应该会活得更久，我认为这是不可能的事。换作是我，肯定不会。

你的仆人

在生活中要学会弯腰

我收到塞缪尔·马瑟的一封来信，于是给他写了一封回信，将下面这个建议告诉了他。当我还年轻时，我读到一本名叫《为善散文集》的书，这本书是他父亲写的。先前的持有者对它很不在意，以至于有很多页都被撕掉了。我本认为它对我的生活行为不会有影响（或很小），但本书余下的内容扭转了我的想法。因为以往我总是更关注人做好事这一点，而不太注重其他的；如果我一直是一个有用的公民，人们应将我的这点好处归功于那本书。

自我离开波士顿已经60多年了，但我仍然清晰地记得他的爸爸和爷爷[1]，听说他们都从事神职工作，在他们的家里见过他们。最后一次见到他的父亲是在 1724 年年初，第一次去宾夕法尼亚州我就去拜访了他。他在他的图书馆接待了我，在我临行之际，他带我经过一条离开这个房间比较近的路，通过一条狭窄的通道，其顶上有一个横梁。就在离开的路上，我们仍在交谈，他在背后陪同着我，我侧身面向他，他忙说道："门廊，门廊！"直到我的脑袋撞上了横梁，我才听懂他说的意思。他就是那么一个人，从不放过任何一个说教的机会，当时他对我说道："你还年轻，世界就在你的眼前；当你经过的时候要弯下腰身，那样就不会遇到那么多的重击。"因此他的建议牢牢地印在我的脑海中，常常给我带来裨益，当人们高抬头颅伤害我的自尊、给我带来不幸时，我就常常会想起他。

希望回到波士顿

我十分渴望再看一眼我的故乡，希望死后能埋身在那里。1723 年，我离开了它，1733 年、1743 年、1753 年和 1763 年我曾在那里短暂停留过。1773 年，我身在英国；1775 年，我曾远远地眺望过这个城市一眼，却没能进去，因为当时它被敌人占领了。我的确希望 1783 年的时候曾去过那里，然而却未能得到卸任在法国的职务的允可，我害怕今生再也感受不到那种幸福了。然而，我最大的愿望就是能陪伴亲爱的祖国，愿此永存：有了一套优秀的宪法，祖国如今是幸福的。望其永远如此持续下去。

1　著名的清教徒牧师卡顿·马瑟。

一位新委员

杰伊先生，1784年6月1日美国多佛新委派来的外事秘书，6日劳伦斯先生取道法尔茅斯离开伦敦回国了。我本来也打算回美国的，可是国会并没有允可让我离开，相反而是给了我另一个指派，这样我就必须在巴黎再待一年。我也接受了建议，杰弗逊先生——维吉尼亚州前任州长，跟亚当斯先生被委任为我们驻荷兰的外交公使，而我则从事与欧洲大国签署商务条约的职务。亚当斯先生达到之后，住在我在欧特伊的住处附近。接着杰弗逊先生经过维吉尼亚州到波士顿诸州之后，也于8月到了，他告诉我国内的统治一切安好，局势平稳，除了少数无关紧要之人以外，人民大众对政府的当前形势普遍满意。国会开始主张节俭，缩减所有公职人员的薪水，外国宫廷的每位全权公使每年不少于500路易。金钱本不是我的追求目标，我驻外期限接近尾声，这些钱足够支付我剩余的路费和车马费，只要国会需要我我仍会继续为其服务，即使他们什么也不给我。

感谢上帝，我的身体依旧康健，除了肾结石偶尔会给我带来些许疼痛，使我不能在路面上乘坐马车，不过这些不便并没有给我带来丝毫的不快；我一如既往地吃饭、喝水、睡觉、读书、散步健身，享受跟朋友交谈的乐趣。

痛风不好，肾结石更不好，我很庆幸自己没有同时患上它们。肾结石的症状时好时坏，我受到它很大的影响；不过它带给我的疼痛并不是很难忍受。我采纳了英根豪斯先生提到的治疗肾结石的措施，即黑人溶剂。它采用皂液加上石灰水。他保证此法对减少肾结石的症状和预防肾结石的增长有些作用。它没有影响我的食欲。我还像往常那样睡得香，享受跟朋友交谈的喜悦。但我不能做过多的锻炼，吃的比以前更少了，也不能饮酒。

双光眼镜的发明

乔治·惠特利在一封信中提到，他怎样才能让他的双眼继续保持良好，在不戴眼镜的情况下用一只手就能写那么小的字。我自己甚至不能看清大字版本，但很高兴双光眼镜被发明出来，使用它既能看清远处的物体，也能看清近处的，令我的双眼像往常那般为我所用。通常使用相同凸度的玻璃，人就可以在适合阅读的距离看得十分清晰，却不适合远距离地阅读。因此，在之前我有两副眼镜，在旅途中阅读时，我会时不时地替换使用，然而仍会经常看不清周围的景色。来回替换不仅非常麻烦，而且常常会不能做好准备，我将眼镜切开，让每一半与同一个圆圈连接。于是通过这种方式，当我戴上眼镜的时候，我只需要上下转动眼球就能看清远处和近处的事物，如此便总能准备好合适的眼镜。在法国时，我发现这特别方便，因为这样的眼镜不仅能让我看清桌子上的事物，还能让我看清对面桌上同我说话人的脸；当一个人的耳朵不能很好地习惯一种语言的声音时，一看到他的动作特点，就能理解他说的话，所以在眼镜的帮助下我能更好地理解法语。

梅斯梅尔先生和动物磁性感应

过去的两年里，在法国我们被一种伪装的新医术所迷惑，即动物磁性感应。这项医术的公开信仰者，梅斯梅尔先生，在短时间内教授和实践该医术赚了将近 2 万金路易。他提出了一种普遍的动物磁流体的存在，通过简单的一只手，手势和符号就可以治愈病人和预防疾病。那些认为自己磁化了的人会感到疼痛、热，之后会感到非常热，一些比较容易兴奋的患者，发生抽搐和所谓的晕厥。该疗法在治愈疾病上给了患者足够的鼓励；甚至受过教育的人，包括医生和外科医生，也成了磁力学派的人。

但人们不能对这一毫无依据可循的谬论的统治置之不理：科学，随着真理的增长而增长，甚至在一个错误的压制下会增长更多。错误总是像一个变质的酵母，它不断发酵，最终腐蚀其所进入的物质。但当这个错误离开科学的帝国，开始在人群中传播，并分裂和煽动思想，当它给人们一种误导，说能治愈四处寻医无果而绝望的患者，此时，一个好的政府出于自身利益就要铲除它。

启蒙运动的分配是对权威很好的运用！因此国王任命了一批代表去调查磁力，并请我也加入科学院成为他们中的一员。在我们的调查中，我们试图检测磁流体的存在；但这种流体是所有的感官所感知不到的。我们自己进行了实验，包括蒙住眼睛，最终我们认为它绝对不能治愈疾病。我们的结论是，磁性系统并没有治愈任何东西；磁性主义和它的辉煌理论仅存在于想象中；这非常愚蠢、可笑，似乎将我们带到了仙人时代。

梅斯梅尔先生对我们向议会做出的报告[1]表示不满，并要求他们可以指派代表，他可能会向代表们提交检查，不是关于他的理论和实践，而是一个计划，用以证明动物磁流体的存在。请愿书被刊印出来。许多人认为国会不会对此做出任何回应。但他们因此逮捕梅斯梅尔，并迫使他直接将所有的一切都交代出来。

梅斯梅尔仍有一些追随者，他们继续实践着他的医术。令人惊讶的是在这个世界上还有很多受到蛊惑的人，他们仍在继续这一骗术。我想在那段时间内法国的所有医生加起来赚的也不及他多。而后又出现了新的愚蠢的行为。一位催眠者假装只通过一种简单的坚强意志力，不用说话或做任何手势，就能在任何人与梦游者之间

1 1784 年 8 月 11 日，由富兰克林、拉瓦锡、吉约坦、勒罗伊以及其他五人署名的《关于磁性感应的秘密报告》。

建立某种联系。每天都有很多人成群结队地去看这一奇怪的展示！

对中风病人进行电实验

1750 年，我做了一个电试验，我希望再也不会重复做它。我试图用两个大玻璃储电瓶的冲击力杀火鸡，玻璃瓶内包含 40 个常见的小药瓶那么多的电击。我的手臂和身体无意中受到电击。一只手拿着顶端连接的线圈，另一只手拿着两个管子外面连接的链子。我想看看罐子是不是充满了电，于是我通身都受到了电击，从头到脚，牵着线的手都白了，像是血都被驱出去了，这种状态保持了 8 到 10 分钟，就像死人一般。触电过程持续了大概不超过 1 分钟的时间，而我的胳膊和后脖子一直到第二天早上还有麻木感。

最近又有一次，我的办公室来了一位中风病人，是他的朋友将他带来接受电击的。我让他们手牵手一同接受电击，充了两大罐子的电。根据人数，我不得不放弃以往站立的姿势，无意间来到一个铁钩下，铁钩挂在天花板上，垂在我脑袋上方两英寸处，通过电线与罐子的外部连接。我试图向他们排电，事实上我也这么做了，但我却不理解，电通过了我，却没有通向我打算将之引向的人。我既没有看到闪光，没感受到电击。当我恢复意识时，发现自己躺在地板上。我站起来，并不知道发生了什么。然后，我再次尝试将罐子的电排出，他们其中一位告诉我他已经看到了放电，起初我还不大相信，但是经过试验，发现那确实没错。他们告诉我他们虽然没感受到电击，但是却看到我被电击倒，这令他们吃惊不已。以后在我的头上出现了一个红色的小肿块，一直疼了好几天，但我不记得是否还有任何好的或坏的效果。

“美国人非常高兴。”

来自美国的信件告知我战争之后一切安好。新选举的国会成立了，议员都是品格优秀的非常受人尊敬的人物，人民大众在新政府的统治之下非常高兴。我国去年是一个收获颇丰的年份，农作物获得了大丰收，并且以高价出口国外，而所有进口的商品大多数都价格低廉。自从进入和平时期之后，太多的货物从欧洲各地被运到那里，从而积压在市场，导致价格便宜，利润薄，有的时候投资商们甚至一无所获。这是我们的商业开始面向世界的大好表现，从此不再受英国的垄断。

美国保皇党的境况得到了改善，曾经因城镇被焚烧、亲友被屠戮而激愤的人们，情绪开始平复。国会下令停止对他们的迫害，他们的罪行迟早也会渐渐被遗忘。我们从变化中感受到快乐，丝毫没有想要回归英国统治的意愿。

罪罚相当

两本关于惩罚犯罪的宣传册在这时候出版了。这两本册子都邮寄给了法官，作者的态度却截然不同。一位英国的作者主张绞死盗贼；一位法国人主张根据罪行的轻重配比惩罚。

如果我们真的相信，当我们宣称我们相信，摩西的律法就是神的律法，神的智慧必定无限优于人类，那么在什么原则上我们处罚判处死刑，而根据摩西律法将被处以四倍赔偿的惩罚呢？

将一个不应该死的人处以死刑作为惩罚，难道不是一种谋杀吗？就像法国作家说的那样，我们为何不像惩罚对自然犯罪一样惩罚对社会犯罪？我从伦敦一份报纸上读到，一位妇女因在商店偷了价值 14 先令 3 便士的纱布被英国中央刑事法庭私自处以死刑。偷盗 14 先令 3

便士所带来的损害和将人送上绞刑架处以死刑之间，难道有任何可比性吗？难道那位夫人不能按照上帝的律法规定通过劳动做出四倍赔偿吗？所有的惩罚都不会超越犯罪应承受的吗？怎么会有那么多无辜的惩罚呢？如此看来，在欧洲几乎所有的文明国家里，每年被伤害、被冤枉的人数是多么巨大！

超过 700 艘私掠船被委任

相比之下，掳获商船是英国在国内外的一贯喜好，这种行为无论在何处都有。据说不少于 700 艘私掠船在过去的战争中被委任！这些船都是由商人安排去掠夺其他商人的，那些商人从来没有伤害过他们。一个国家，它的人民是最诚实的人民，怎么能容许有这么多盗贼，它的政府鼓励和指派了不少于 700 伙强盗；这样的一个国家怎么面对对个人的谴责，竟能在一个早晨将 20 个人送上绞刑架？

我想这些受他们所受教育的影响，不受任何外力或义务束缚的商人，在自愿参加到恶意攻击邻国的其他商人前要好好想想战争是否正义，他们的这些行为不仅掠夺了他人的资产，也许会毁了这些人及其家人。然而这些事情是由基督商人做的，不管一场战争是公平还是不公平，它都很难对双方都公平。

这些事是由英国和美国商人做的，尽管如此，他们双方不但对私人盗窃表示抗议，而且绞死以他们为榜样的几十个盗贼。出于人道的缘故，是终止这种暴行的时候了。美利坚合众国，尽管通过私掠船获得的利益比欧洲其他任何国家更有优势（欧洲与西印度群岛的大部分贸易都由此经过），正竭力废除这种行为。她与其他大国签订条约，其中一项条款郑重地保证，若在未来出现战争，双方都不得指派私掠船，双方没有武器的商船可不受干扰地进行各自的航程。这将是国家法律令人欣慰的进步。在此主张上人道和正义必能获得成功。

回美国与家人团聚的欲望越来越强烈

长久以来，我一直期盼回美国去，最后我终于收到国会的许可。作为全权公使，我做的最后一件事就是在我离开的两天前和杰斐逊先生签署了条约，普鲁士同意签订《友好和贸易条约》，肖特先生将把条约带回海牙，在那里将由男爵代表国王签署，国王毫无疑义地批准和认可了国会提出的人道主义的新条款。肖特先生应亚当斯先生的邀请还要造访伦敦，我在南安普顿的时候了解到亚当斯先生在英国宫廷很有声望。我离开了友好的法国，法国的友情是我们一直都体验到的，尽管我们担心地发现，偿还贷款的利息对我们来说比较困难。杰斐逊先生在那里很受尊敬和爱戴。在我离开之时，收到了国王的一幅画像，那画像四周都镶嵌着钻石，这礼物是给那些与宫廷签署条约的全权公使，礼物由国会处置。[1]

我法国的朋友们怕我在旅途中有什么闪失，所以极力挽留我继续待在法国，有三位朋友愿意让我住在他们的居所。他们说他们都尊重、爱戴我的。美国的朋友们，在我不在的这段时间，因死亡而一天天地减少，在那里我可能会遭受妒忌，以及随之而来的仇怨。尽管如此，与我的家人共度余生的欲望越来越强烈，促使我至少想尝试一下，不管我能否受得了船只的颠簸。在法国已经住了大约八年半，我离开了宫廷，跟朋友们辞行，在1785年7月12日这一天踏上了回家的行程，

1　路易十六赠送的这份礼物，是一幅四周镶嵌着48颗钻石的画像。奇怪的是，这件事最终导致国会通过了一项法律，禁止美国官员们将礼物占为己有。在富兰克林的遗嘱中，他将这幅画像遗赠给了女儿萨莉，条件是在任何情况下她都不得将钻石取下来。然而，她和她的丈夫不久就卖了钻石，去欧洲旅游了。参见克劳德－安妮·洛佩兹和尤金妮亚·W. 赫伯特合著的《富兰克林的私生活：他与他的家人》，（纽约：W.W. 诺顿出版社，1975），306–307。

和我的两个孙子在下午 4 点钟离开帕西，大约 8 点钟的时候到达了圣日耳曼。德·肖蒙先生以及他的女儿索菲亚陪我们去南泰尔。勒·威拉德先生继续陪我们到葛莉丝海港。乘坐皇帝座驾（一位公爵借给我的），我的旅程很顺利，它由高大的骡马载着，行驶得非常平稳。

最终我安全地抵达了，乘坐马车没给我带来丝毫的伤害和疲劳，马车行驶得相当平稳。我在那里待了几天，等候我的行李和旅伴——乌东先生的雕像。然后我们就离开了法国，这个世界上我最爱的国家，离开了我亲爱的朋友们。在我看来，这个世上的事情总是很残酷，人们既然有欢聚，必定就会有离别。

从那里航行到南安普顿用了 45 个小时，尽管大部分时间都是逆风航行，但我们还是在 7 月 24 日星期天到达了南安普顿。在这里我遇到了我的儿子—威廉，他是头天晚上跟威廉姆斯先生）还有 J·亚历山大先生一起从伦敦到达这里的。我给友善的主教圣·阿瑟夫写信，告知他我到来的消息，之后主教便和他的夫人以及女儿—基蒂小姐赶了过来。星期一那天，主教和他的家人就住在了同一家酒店，我们一起用了早餐和晚餐。中午我去马丁盐热水浴洗澡，之后便仰面浮在水面上睡着了。我睡了将近有一个钟头，就这么浮着，也没有翻身，这种情况在之前从来没有过，我原来觉得这简直是不可能的事。水可能会是最舒适的床。

我儿子在新泽西州和纽约的土地转让给了我的孙子，我从头至尾仔细阅读了这篇转让的材料。W·富兰克林和 W·T·富兰克林之间签订了契据，我授权我的儿子从英国政府那里收回可能属于我的东西。詹宁斯上尉搬下我们的行李，这些行李是他从阿弗尔带来的。我的好友威拉德先生向我辞行，然后和他一起离开了。

船上有一个大船舱，住宿条件良好，非常方便；全部归我支配，空间充足。沃恩先生从伦敦过来看望我，我们一起再次跟主教及其家人共进了晚餐，他们欣然接受了到我们船上来的邀请。客人们整个晚上都待在这里，当我在 7 月 28 日那个星期四的早上醒来之时，我发现他们已经走了，船正朝着美国航行。

第十章 一个新国家的诞生

1785 年—1787 年

返回美国的旅程愉快且并不漫长，期间只有一天遇到了猛烈的暴风雨。我本来打算在回程中写我生平传记的余下部分，但是由于缺少书面素材，所以毫无进展，因为那些材料都在费城。但是我也没虚度，写了三篇哲学小品文，每一篇的篇幅都不短：一篇是关于航海的；一篇是关于烟囱的（在法国，努瓦尔和卡代两位先生曾经让我给他们描述一下我发明的烧火炉，他们认为巴黎的百姓可能会用得上）；另外一篇是描述我用来吸收烟雾的花瓶的，还附上了使用说明。后来，这三篇文章在费城的哲学院被传阅，而且还发表在刊物上。

感谢上帝，我终于到了可爱的费城！

1785 年 9 月 14 日清晨，一场大雨过后，凉风习习，我们来到了位于格洛斯特波因特港，这里可以看到费城的全貌！我们在这里抛锚停船，等着检疫官员上船检查，结果一切正常，没有染疾，于是我们被允许上岸。与我同行的是我的两个孙子和表兄弟乔纳森·威廉姆斯，感谢上帝，经历了愉快的五周零五天的海上旅行，我们终于从法国安全抵达美国。我的女婿贝奇开着小船来接我们。我们在市场街码头登陆，在那里我们受到热烈欢迎，欢迎的队伍一直延伸到我的家门口。回到家中，我看到了家人安全无恙。感谢仁慈的上帝！

前来的祝贺的朋友们络绎不绝，同胞们给予我的热烈欢迎远远超出我的想象。回来的那一天是我一生中最快乐的一天，因为我看到了大家洋溢着和平与民主带来的喜悦。终于回家了，我不在家这几年，家里又添了四个新丁，都是咿呀学语的年龄，这种儿孙绕膝的感觉给了我无限的乐趣。

从阿弗尔来的船经历了 12 周的时间终于靠岸了，船上有我托运的行李，一切安好，还有我的那些杂七杂八的书。本来我都不抱什么希望了，以为运不回来了，这下好了，我又可以喝从帕西带回来的酒了，长途跋涉，那些酒竟然完好无损。回到自己的家真好，有儿孙陪伴，想玩什么玩什么，顽疾也没有加重，依然可以忍受。

我这次还带回来一个华盛顿将军的半身像，杰弗逊和我安排乌东礼拜六来我家取。可是令乌东先生非常郁闷的是他自己的材料和工具仪器都落在了法国，他本来是用船沿着塞纳河把东西送到巴黎，结果在我们出发之前东西还没送到阿弗尔港，所以不得不把东西丢在那儿自己回来了。后来他在费城找到了雕塑需要的工具和材料，取完了东西他就去了华盛顿将军的家。乌东给我塑的半身像也完好无损地运回来了，凡看到过我的半身像的人都羡慕不已。

我写的是我们国家事务更为真实的状态

回国之后，我发现英国报纸，为了取悦诚实的约翰牛（指英国人），把美国的局势描述得很可怕，好像我们独立之后过得非常惨。我写了一篇关于美国国内局势的文章，告诉全世界我们没有一个人对革命不满。我发现我不在的这些日子里，家家户户的财产都大有增长；土地和房屋至少是以前的四倍。庄稼遍地，粮食充足，农产品价格高，目的是为了让农民多获益，而且货币坚挺。同时，所有的进口商品都价格低廉，有的都低于成本价。工人有的是岗位，工资还都很高。人人穿得暖、住得好，穷人都收到及时的救助。而且我们的商贸再也不是被英国商人垄断了，市场上外国商品应有尽有，而且价格比之前更合理。这一切在我看来都是欣欣向荣。确实存在个别商人抱怨贸易停滞了的现象，但是，这种现象的出现不是人们的购买力和消费能力不行，而是因为从欧洲涌进来太多的商人，他们带来了过多的商品，导致供大于求。在欧洲所谓的美国欠下的债实际上主要是那些冒险家和货物押送人欠他们主顾的债，这与那些支付能力前所未有的好的美国人无关。

没有斋戒，他们提倡感恩

在新英格兰有一个传统，当年首批定居者在这里遇到了很多的艰难困苦，主要是文明开化的人们要在一个新大陆拓荒是很不容易的。但是他们意志笃定，于是为了能够缓解内心的痛苦，他们就通过频繁的斋戒和祈祷向上天倾诉和求助。总是想着谈论着这些不愉快的事情使他们情绪低落，心怀不满，就好比以色列人，各种烦扰诱使他们放弃，但是他们当中还是有很多人相信能回到埃及。后来，当他们聚到一起再一次斋戒的时候，有一个内心单纯的农民站了起来说，他们这么三番四次地把自己的抱怨都说给上苍听，他们所遭受的困难好像也没有想象中的那么大，而且随着殖民地越来越强大，困难好像越来越少；土地开始给予他们所付出的艰辛以回报，慷慨地为他们提供生活所需；大海与河流里满是鱼虾，空气清新甜美，气候怡人健康，最重要的是，他们享受着自由、文明和宗教。于是他认为反思一下，换个角度想这些问题就会感到非常舒服，而且会对目前的处境非常满意；所以他们不斋戒，而是感恩，表达他们对一切神祇赐予他们这么多的感激之情，那不是更好吗？他的建议被采纳了，从那天开始，他们把每年的多次感恩汇集到一起，创立了一个感恩节，年年庆祝。

我在不同的州的报纸上看到了人们经常抱怨时势艰难，贸易停滞，资金短缺，等等。我倒不是想说一切的抱怨都是无中生有，只是这世界上任何一个国家都会有人觉得谋生艰难，都会有人生意惨淡，经济拮据，甚至没有赖以生存之道。而且这些人总是占少数，却要弄出很大的动静来。但是让我们冷静地对待目前的美国局势吧，也许你会发现事实上没有想象得那么令人沮丧。

没有哪个地方的人，吃得、穿得、住得这么好，收入也这么高

美国大陆以农业为主。美国的工匠或商人与农民的比例是1:100。目前农民是他们肥沃的土地上的最主要的耕种者，他们靠春种秋收自力更生，吃的穿的都是自给自足，所以很少问津外来的供应，而且他们的农产品产量大有富余，于是逐渐积累了一部分财富。仰仗上苍庇佑，年年风调雨顺。我们的先祖们刚来到这片新大陆的时候，经过三四年的辛勤劳作，而且从来没有发生饥荒；尽管有的年头好一些，有的稍微差一些，但是我们从来都是仓廪实、衣食足，而且还有剩余可以出口他国。1784年的收成总体不错，由于粮价非常高，所以农民们通过卖粮赚了一大笔。而且，随着人口不断增长，他们的土地也在持续升值。总的来说，农民们有能力花好价钱雇人为他们工作，所有从旧时代过来的人都认为世界上没有哪个地方的劳动者像美利坚

合众国的苦力们那样，吃穿住那么优越，收入那么可观。

如果我们进入城市，我们会发现城市的景象也一片大好。自从革命以来，有房有地的人都获利猛增；房租飙升得可怕，这样很多人都张罗着盖房子，于是催生了对工匠的需求，居民们越来越富裕，居住环境越来越豪华。工匠们的工资比世界上任何一个地方都高，而且都是现钱支付，从不拖欠。这部分人占了城里人的一大部分，而且从不，也不应该抱怨生活艰难。

因为我离美国的渔民较远，不了解情况，所以我不能妄下断言。但是我从没听说过他们的雇工抱怨工资低，也没听说他们的光景不如革命以前。捕鲸者倒是做不了鲸油的生意了，不过随着鲸蜡的需求不断增加，他们的收入比以前更高了。

还有商人和零售商们，尽管他们只是全国人民当中的小众，但是他们的人数相对来讲也算相当多的，毕竟任何一个国家的人们购买力都是有限的。如果商人们对百姓的购买力估计有误，导致进口过多商品的话，那么他们当然会发现卖不动了，于是有些人就会说贸易萧条。他们应该，也无疑会吃一堑长一智，少进口点货物。如果太多的工匠和乡下的农民为了过安逸的生活而从商的话，那么就会增加小零售商的数量，这样有限的购买力平均到每一个商人头上就更小了，于是会有人抱怨说贸易停滞了；有人会抱怨说是百姓手里没有钱，实际上并不是买家少了，而是卖家过多才导致这样的恶性循环；如果农民也好，技工也好，都能各司其职，各干本职工作，把经营小卖铺这样的生意留给妇女寡妇们，那么他们的生活将非常安逸而舒适。

没有哪个国家享受更高的人类幸福

在欧洲的很多地方无论谁都会发现富人少，而相对穷人就多得多。少数的地主富裕且傲慢；多数的穷人可怜、居无定所、衣衫褴褛；苦力们被拖欠工资而饥肠辘辘。再看看这里，伟大的美国吧，到处都是幸福安逸的百姓，他们自给自足，安居乐业，我觉得我们有足够的理由感谢神圣的上帝，感谢他对我们的垂爱，而且我们有理由相信，没有哪个国家的人民像美国人民幸福指数这么高。

当然，在我们国家确实有党派之争，但是让我们回顾历史，难道有什么时候没有党派之争吗？只要有民主就一定有这种争吵之声；也许正是他们帮助我们留住了民主。正是通过不同观点的碰撞，才碰撞出真理的火花，才点亮政治的明灯。当前所有的各个派别都是志在为公众谋福利，只是途经手段不一样。仁者见仁智者见智，不可能人人在每个问题上的想法都是一样的，即使一个人，不同时期还会改变观点，摇摆不定呢。党派是人类社会的常见之事，我们的也不比别的国家、别的时期的差到哪里去，我们的党派也同样享受着政治自由的祝福。

没有经济就没有充裕的收入

事实上，我们中的很多人对现在的状况还不是很担忧，倒是对未来心存忧虑。人们的生活越来越奢侈，他们觉得这种状态不容乐观，简直就是走在通向毁灭的高速公路上。他们发现没有经济再多的收入都是不够的，全体民众从耕作中获得的收入会被这种挥霍无度毁灭，很快原来富足的土地上将一片贫瘠。这很可能会发生，不过倒是很少发生过，毕竟每个国家都是勤俭的人多，而且越来越多，游手好闲的骄奢之人总归是少数，而且会越来越少，这样总体上还是富足多于贫瘠。反思一下罗马时期的西班牙、高卢、德国，还有英国吧，那个时候百姓比我们的野蛮人稍微富裕那么一点点，可是再看看这些国家现在所拥有的财富吧，无数发达的城市，条件改善很多的农场，丰富的可动资产，产品极大丰富，更不用说瓷器、珠宝和现金；尽管他们的政府腐朽、奢侈，还搜刮民脂民膏，尽管他们发起疯狂的、破坏性的战争，而且这些国家的人们从来没有收敛过奢侈和放纵。接下来再看看生活在美国内陆的这些勤劳俭朴的农民吧，他们人数众多，是美国民众的主体。那么判断一下我们海港地区的奢侈是否能够毁了这个国家吧。要是进口的外国奢侈品就能毁了一个民族的话，那么我们可能早就被毁灭了。英国答应我们可以从他们国家，乃至天底下的所有国家进口奢侈品，我们真就买了，也用了，而且还越来越繁荣，越来越富足。

美国的渔业和农业是我们财富的源泉。种下一颗种子，很可能会收获二十颗；从海里打捞出一条鱼就等于打捞出一个银币，让我们一心一意致力于这些财富源泉吧。我们的敌人，无论他们怎么限制我们，都无法伤害我们。我们是土地和大海的儿子，就像安泰（希腊神话中的大力士之一），如果和赫拉克勒斯摔跤，偶尔摔倒一次，只要我们的父母给予我们新鲜的力量和能力，我们将继续比赛。所以，稍安勿躁，心怀感激。

每年 7 月 4 日的举国欢庆

非常庆幸我能够回到这样一个伟大的联邦中，生活在自由的宪法之下，而且我希望我的子孙后代也能够长长久久地享受这份自由和幸福。法律是公正公平的，我们的财产在这样的法律的保护下，比地球上任何一个国家都安全。每天都有新的拓荒者定居在这片新大陆上，我们的居民区正在逐步向西推进。每年 7 月 4 日，即独立宣言签署日，当我看到各大报纸上铺天盖地报道的都是举国欢庆的场面，我相信全体民众对革命和宪法是满意的。人们尊敬所有为这一切付出过努力的人们，无论是士兵，还是政客，每逢独立日百姓的激情澎湃，这些都是不争的事实。

回到美国之后，我有意回避所有公共事务。我写了四篇论文，都是推理假设的，除了一篇是介绍我发明的高架子上取书的工具以外，其他的都有点小用处。但是我实在无法拒绝我的同胞们的一致愿望，于是我再一次被推向了公共事务的深渊。从此他们侵占了我人生的主要部分：他们已经吃掉了我的肉，好像还决心要啃我的骨头。（我告诉我的好友库珀先生说他们把70岁的我派往法国，就等于吃了我的肉，现在好像又要啃我的骨头，结果他却回答说他很欣赏他们的品位，因为离骨头越近的肉越香！）相当一部分的同胞民众们表示希望我继续回到政府做事，而且表示无论那一个党派（立宪主义者和反立宪主义者）都支持我，因为他们相信我会有办法让他们互相妥协，我实在无法阻止他们投票选我做宾夕法尼亚州的州长。

我想我们的政府正在正确的道路上越走越好。我并不反对看上去好像是错误的事情，因为大多数错误的事情在后来的事态发展中都由经验有效地更正了，而不是停留在争论错与对阶段上。我想我们正一天天地走向文明。所以我完全相信用不了几年，那些所谓的优秀的政府所能提供给民众的幸福，我们也能提供。那些英国的报纸中到处充斥着虚假的宣传，说革命之后的我们陷于无政府状态，生活艰苦，困窘不堪；而且以前旧政府中的几个朋友还不遗余力地夸大我们的一些小瑕疵。我向在英国的朋友们保证，英国报纸上所宣传的所有关于我们的报道都是假的、捏造的，就像说我被囚禁在阿尔及尔一样毫无根据。大部分国人在改变中获得幸福，人们一点儿也不想回到英国统治时期。我几乎全票当选他们的州长就可以作为最有力的证据——我之所以说是几乎全票是因为我和另外一个人投了反对票。

说到公众事务，整个冬天，国会只聚集了七八个州，所以大陆会议没有开成，直到春天与普鲁士的条约才通过。我们的宪法中有点小瑕疵，但是这也难怪，毕竟是在那样风雨飘摇的岁月中起草的，但是那些小瑕疵很快便得到了修正。随着民众越来越文明，希望赋予国会新的权力的呼声日益增高。我有生之年从未见过全国百姓如此地幸福。

“为什么这些该死的美国人不还债？”

过了几年，英国报纸到处在翻旧帐，说美国人没有归还以前欠英国商人的钱。而且这些宣传还被翻译成别国文字，在欧洲传播，本来美国人做买卖是讲诚信，守信用的，结果这样一来把一些不明真相的陌生人蒙在鼓里，我们损失惨重。后来还听说英国朝廷把那些虚妄的报道当作拒绝从边境撤兵的理由。可笑的是，就是这样一个到处污蔑别人欠债不还的国家，自己却背负 2.75 亿英镑的债务，大部分是欠外国人的，现在英国承认他们从来没想还这些钱，因此，表面上看起来好像是他们自己对债务人做了个大善事，但是却因为这场最不正义的破坏性战争而愚蠢地毁了他们自己最好的主顾。同时，王室继承者也已经破产。就是这么一个不堪的国家，竟然一再叫唤，该死的无赖，你们美国人为什么不还债！！！

很明显，很多美国人没有偿清战前欠下的债不是他们的错，是债权国对他们发动了非正义的战争，阻碍了他们的生意，掠夺了他们的国家。战前，我们的商人品质是好的。我们的港口个个繁忙，进进出出的都是英国的产品，船只往来，络绎不绝；再加上几百艘我们的渔船，都是在为英国工作。那么让我们想象 1774—1775 年，还有接下来的几年间，英国的所作所为吧，无疑是摧毁了我们的商人的未来的偿还能力。他们首先通过了一项议会的法案，关闭了波士顿港；然后又通过一项法案禁止了新英格兰的渔业。还派遣军队舰艇出来强制执行这些法案。这一下子，使美国最大的贸易城市瘫痪了，所有的渔船都闲置起来了，通过西班牙、葡萄牙和英吉利海峡的正常汇款也成为不可能了。

英国舰队的船只沿着海岸航行，各自为政，无组织无纪律。船员们因为不满低微的收入，也不喜欢小打小闹，所以半推半就地当起了海盗，他们截住所有的美国船只，无论是属于哪个殖民地的，都无一幸免。这样就阻止了他们所有的贸易活动。即使哪些直接或间接在英国汇款的满载货轮也不放过。紧接着他们的国会就颁布了一条法案，禁止对以往的所有事件进行质疑或问询，宣布一切都是合法的，所有涉及的美国的财产，无论是海上的还是陆上的都必须放弃，交由英国国王的子民处理，只要他们能找到的，都可以拿走、夺走、击沉、烧掉或者以别的方式毁掉。在公开宣战之前，盖奇将军率军驻守波士顿，他关闭城门，到处设岗，阻止波士顿与外界的任何往来，城内居民几乎饿死。盖奇将军建议他们缴械投降，这样就可以带着家眷和财产离开波士顿。但是当人们还在打包准备离开的时候，将军大人却夺走了几乎全部商品。结果现在他们却到处嚷嚷，说这些波士顿人不还债！

毁了波士顿之后，英国军队开往美国的其他地方，占领了所有主要的贸易城市。军队展开大肆的掠夺。他们阻断了费城的商贸近一年之久，罗德岛时间更长，纽约八年，还有南卡罗来纳的查尔斯顿和佐治亚的萨凡纳，我忘了具体多长时间了。这种长时间的商贸骚扰，使很多商人破产。军队还烧毁了很多地方，包括波士顿附近的法尔茅斯和查尔斯城、新伦敦、菲尔费尔德、诺沃克、伊索珀斯、诺福克（弗吉尼亚的主要商贸城市），此外还有不计其数的乡间别墅和私人农舍。这种肆意的破坏对本来就遭受损失的商人们来说是雪上加霜，使他们更加无力偿还债务，而且他们的同行也都是相同的境遇，他们买了彼此的英国货，现在都互相支付不起了。该英国的债自然而然就偿还不上了，然而英国人却到处嚷嚷，说这些美国无赖不还我们的债了！

我们的敌人在诋毁我们国家方面是不遗余力的。他们的污蔑有时候会激怒我，但是我都忍了，尽管有很多反驳他们的余地，但我不想招惹那些刚刚丢了脸怒火还未消的人们，以免引起又一场争端。美英两国现在彼此相安无事，没有必要互相挑衅以产生新的敌意。

税收与国债

在钱的问题上，诚实不仅是一个政府的美德，也是每个个人的美德，因此我认为在我们还清所欠下的公共债务之前，我们的独立事业就还没彻底完成。我们的税收模式目前还不是很完美，我们在财政管理方面还需要更多的技巧。不过每天我们都在实践中不断地积累这方面的知识，我相信用不了几年就能全部还清。

人们聚集的地区收税好执行，但是目前我们的人口分布太分散了，经常是相隔五六英里，还住在偏远的农村，所以挨家挨户收税几乎不可能，征收的花费赶上了征税额。战争让我们欠下了很多债，我们只能通过间接的税收等，还有进口关税，以及我们能想到的所有方法来帮助我们筹集资金还清债务。但是从心底里，我们的本意是向往自由贸易，只要我们可以，我们就会取消进口关税。双方的商人彼此签好合同，然后就万事大吉了，自由通行。

所幸我们的关税不是很多，所以对于走私诱惑也不是很大，而且政府对于走私也没有有效的防范。但是走私的人们手段太高明了，所以任何一个政府都几乎不可能完全阻止得了走私。他们任意践踏法律，我们的法律也显得越来越无助。这样当从外国港口来的船购买商品的时候，还没有协议或条约等规定不允许卖给他们，所以我们的商人也没有意识到这样的交易是不允许的。

青少年的教育最受重视、最受尊重

我非常高兴地看到美国的各种学术交流会越来越多，尤其是宾夕法尼亚大学越来越兴旺，费城的英语学校也越来越好。由于 1732 年我规划了公共图书馆项目，后来获得了捐款，现在已经建成了，这使我在民众中小有名望。所以 1749 年，在人们的鼓励下，我又大胆地谋划了另一个项目，就是对年轻人的公共教育。在策划图书馆项目的时候，我只提供英语书籍，所以在新项目中，我主要就是想如何实现良好的英语教育。我在开始募集捐款之前，打算先写个宣传册，做好面向民众的宣传工作，我自己亲自起草，而且在我的印刷室印刷，同我办的报纸一起发行，当然是免费发放的：宣传册的题目是“关于宾夕法尼亚州年轻人教育提案”。教育年轻人是对公众最有用的事业之一。因此应该最受重视，最受尊重。成功的教育不一定总是得到想象中的回报，但是只要是培养有道德有能力的对祖国有用的人才，这样的教育就是成功的。

慈善性质的教学机构经常管理不善

我还提议在费城建孤儿学校。慈善性质的教学机构，起初一切都打算得好好的，前几年运行得也不错，但是经历了一段时间后开始走下坡路，管理不善，有人挪用基金，还有私吞的现象。难道不应该制定严格的规定来约束对管理者的选用吗？还应该建立永久性的监督机构，监督管理者的行为，比方说每月或每季度召开一次会议什么的。假如这些学校不让孤儿们干体力活来谋取利益，假如他们的资金来源能够不完全依赖慈善捐赠，那么他们的名声不是还能更好点吗？总结以上教训，也许我们应该给每个孩子开一个独立账户，他们做的每一件事情都折算成学分记在上面，同时记录他们创造的利润，记录他们付出的每一份劳动，这些都用来支付他们的生活和教育费用。

这样等到他们长大了，离开孤儿学校独立生活的时候，如果账面上还有欠额，他们会被告诫要还给学校，而不是要强迫他们还。他们在学校的时候是学校里的善款供养他们，所以他们离开的时候，把账户余额留下来就好比捐赠善款了，或者让他们记住，假如未来上帝保佑他们可以无忧无虑地生活，那么别忘了活着的时候要做善事，死了的时候也可以捐赠遗产。孤儿们离开的时候，除了要赠与他们体面的衣服和一些钱之外，如果表现好的话，还颁发证书，作为未来求职的推荐证据。学校里的管理者们要依然把他们当作孩子，为他们提供生活建议，鼓励他们好好工作，帮助他们取得进步，并监督他们的行为，发现有不良苗头及时提醒告诫。

我为他保留我们语言的纯洁的热情而喝彩

我还写了一篇题为《成立英语学校的建议》的文章，印刷出来，随着彼得先生开学布道一起下发。尽管拉丁语和希腊语依然要学，但是最初设想的完全的英语教育的想法依然耿耿于怀，于是我在这篇文章里这样写道：第一页，“教授英语语言和英语语法”；第四页，校长的任职资格包括“可以用英语礼貌地交流、写作，并能听懂读懂英语的人”。

最近我收到诺亚·韦伯斯特写的关于英语语言的论文。这篇文章非常棒，在帮助我们的国民转变思想，正确使用英语写作方面大有帮助。我为他保留我们语言的纯洁热情而喝彩，好几个州都开始发起改正常犯的语言错误的行动。

很长一段时间，欧洲各国都用拉丁语教授知识，近来却被一天天遗忘；一种现代语言，即法语正被广泛应用，逐渐取代拉丁语的地位。欧洲的所有的宫廷用的都是法语，大多数的文学作品都是用法语写的，有些人即使不说法语，也都能读法语书。这样一来，法国占据了得天独厚的优势，他们的作者们在别的国家通过教育来宣传他们国家的情绪和观点，当然都是站在他们的立场上，想着他们的利益，甚至为他们国家赢得了为全人类谋福利的好名声。也许因为是用法语写的缘故，伏尔泰的《论容忍》一夜之间在欧洲受到巨大的追捧，差点令整个欧洲都解除武装。法语的普遍使用使图书销售行业获益颇多，只要印刷一版，大量的翻印就可以到处销售，其中的利润比其他任何制造业都丰厚。现在欧洲的任何一个主要城市都有和巴黎一样的法语书店。

我们的英语退而求其次。大量的英语布道辞和政治言论的自由吸引了很多来自不同国家的不同教派的牧师们，还有一些关心公共事务的绅士们，他们都纷纷开始学习英语，目前很多已经可以用英语阅读了。如果我们再努力促进一下，学英语的现象会更普遍。因此，如果我们愿意看见越来越多的人学我们的语言，那么无论是怎样的困难，我们都要想方设法消除，鼓励大家学。

能够收到好几封来自波士顿的好朋友发来的祝贺信，我非常高兴，他们没有因为那些关于我的所作所为的恶意误传而疏远我。感谢万能的上帝，我们几个老家伙，我和我波士顿的姐姐简·梅科姆又迎来了新的一年，17 个兄弟姐妹就剩我们俩了。我给她写信，还给她寄去了两卷我在伦敦印刷的论文集。

其中有一本是她感兴趣的有关新字母表的书。[1] 在给我的朋友们的几封信里我用到了好几个用新的拼写模式写的单词，他们提出了反对意见，说现在改变字母表会带来很多不便和困难——这也是很自然的事情——因为任何领域的改革都会惹来反对的声音，无论是在宗教领域还是政府、法律，甚至是道路或者马车，无一例外。问题的关键不是有没有困难或者不便，而是困难能不能被克服，是不是带来更大的便利。凡是现在拼写很好、没有问题的人，我想用新的拼写模式困难也不会很大，一周的练习就能很好地克服。至于那些现在拼写就不怎么好的人，我想教他们以往的拼写和新的拼写模式，难度差不多，而且我相信应该是后者更省事一些。

那就是为什么我热爱生活！

说到我的健康，最近结石带来的疼痛不太严重。我食欲依然很好，心情也很愉悦；但是越来越力不从心，这对于一个 80 岁的老人来说也很正常。我乐意跟朋友聊天，喜欢听别人讨论我的书，我耳聪目明一如往常。在欧洲待那么久，终于回到自己的房子自己的家，我觉得哪儿都好，都方便，这是我 25 年前亲手盖的房子，就是留着退休以后住的，这里儿孙绕膝，有孝顺的女儿女婿照顾我，而且我生活在美国最好的省份最繁荣的城市，尊享着全世界人们对我的尊重和爱戴。

整体来说，我的结石病没比在帕西的时候严重，只是站立、走路和小便的时候稍微有些不便。我试过所有的方子，效果都不好。坐着和躺着的时候通常很舒服，感谢上帝，我不喝酒，每天都举哑铃（主要是考虑到不用动结石能刺激到的地方就可以锻炼上身），我庆幸自

1 很长一段时间以来，富兰克林对拼写改革非常感兴趣，甚至还写了一个有关这方面的宣传册（没写完），《新字母表和改良后的拼写模式》（1779 年出版）。

己的结石没长，所以我还能够忍受得了。活的时间久了，生命到了快要枯竭的时候了，总会漏出沉淀的渣滓；我回顾自己的一生，想象人们所能得的那么多可怕的疾病，我想我还是幸运的，因为只有三种不治之症落到我的头上，即痛风、结石和衰老，而且这些还没有阻止我享受自然的快乐，对书的兴趣和社会交往带给我的愉悦。这一生确实遇到了很多不幸的伤心事，但是我们不应该轻率地责怪上帝，因为毕竟还有很多快乐。这就是为什么我热爱生活！

我现在和孩子们生活在一起，家里有孝顺而富有爱心的女儿、六个外孙，个个身体健壮、聪明伶俐，整天蹦蹦跳跳、叽叽喳喳的，给我带来了无限的天伦之乐。他们长大之后在自己人生的重要阶段将会是什么样子，我是看不到了，也无法预测。我享受着和他们相处的这段日子，把未来留给上帝吧。养育一大家子的人，活着的时候，正如瓦特所说，感受悲伤的时候不少，但是同时也有很多感受快乐的时候。当整队的帆船扬帆起航，朝着不同的港口驶去，我们希望每一艘都一帆风顺，但是总会有遇上逆风、暗滩、暴风雨甚至敌人的情况，尽管这些会让人很失望，可是想想我们在前途未卜的时候冒险前行，只要能有带着成功返航的我们就应该满足而感到幸福。

晚年的时候有女儿陪伴，我深感欣慰。但是我的儿子却因为在战争后期与我立场不同而和我疏远，现在住在英国，他站在英国那一面。这个经历充分验证了那个旧时的谚语：

儿子娶媳妇前还算是儿子，

女儿终身一辈子都是女儿。

本尼去了坐落在下一条街的大学继续学业，而我儿子的儿子，坦普尔，却去了他爸爸留给他的农场，整个农场大约有600亩，是我们在南安普顿时侯的农场。坦普尔暂时放弃了走政治路线，全身心地投入到农业学习和实践中。他好像对农村生活很投入，也很认真，这一点我倒是很赞成。我认为务农是最有用、最不受拘束，因此也是最高贵的职业。他的农场挨着适合航运的水域，与特拉华交通便利，离费城大约 16 英里，从地理位置上看非常方便，可以很容易把他的农产品运送到市场。他现在已经是一名非常娴熟的英国农场主了，经营有方，收入可观。

修建房子是晚年的一个消遣

1786 年，我得到消息说波莉·休森和她的孩子们要从英国来费城，同行的还有约翰·威尔克斯的母亲和姐姐。我们非常高兴能见到他们，而且能够再一次有他们相伴，我感到非常愉快。差不多就在同时，丹尼尔·罗伯杜先生答应把他乡村的农场卖给我，但是我却不具备住乡村别墅的条件，因为我的结石不允许我骑马或者坐马车，要不是考虑到未来的收益远远不只是钱那么简单，我是没有兴趣买地的。我询问了农场的质量、亩数、价格和租金，我认为这次购买不合我意。勒罗伊·珍－巴普蒂斯特曾经提供过一个关于气球的制作工艺，通过获得一个密封的口袋，不需要扔掉压舱物，也不需要放气，就能实现气球的升降。我有时想要是从法国带回来一个大气球能带我飞上天该多好呀。那样即使有结石，气球也能给我提供舒适的条件，地上弄个人扯根绳牵着我，我想上哪儿上哪儿。

我隔壁街上的三座老房子被推到了，在原址建了两栋新的砖房子。但是因为房基的问题我的邻居们产生质疑和争执，于是我不得不往后推迟再动工了，等法律解决有关争议。同时，我雇的工人和买的材料都到位了，我还为我现在住的房子也准备了一份，因为随着家人也来越多，房子显得越来越小了，所以得扩建了。整个过程需要很多工匠，比方说木工、石匠、泥水匠、油漆工、玻璃工、烧石灰的窑匠、木商、铜匠、马车夫、力工，等等。这些事情为我过去一年的疲惫无聊的工作增添了很多很多乐趣。通过这次扩建，我又多了一个放柴火的地下室和一个大画室，里面能同时容得下 24 人用餐。两端各有两扇窗户，一南一北，穿堂风，夏天的时候非常凉快，中间有一个大理石板砌成的非常漂亮的炉子，使冬天在这里非常暖和。楼上是和这个房间一样大的房间，那里是我的小图书馆，南北两面也有同样的窗户，书架直抵天花板，我在这里写作，可以不受孩子们的打扰。图书馆的楼上是两间卧室，还有一个非常棒的阁楼。我很难说清楚像我这么大岁数为什么还要建图书馆，因为用不了几年我就撒手人寰了，但是我们往往容易忘记的是修建房子是老年时期的一个消遣。

发明对发明者是有用的

回国之后我发现避雷针越来越多了，因为它能有效为建筑物防雷。我自己的房子在我不在家时，遭了一次雷击。当时有邻居看见了马上跑过来看看有没有什么破坏，或者要是着火了还可以帮忙灭火，结果没发现什么意外，只是家人被巨雷的轰鸣声吓得不轻。这次扩建房子的时候，我把避雷针拿下来一看，九英寸长，最粗的地方直径有三分之一英寸，结果都差不多全融化了，差一点被雷打没了，只剩下一小截铁棒了。所以最后真正从发明中受益的是发明者本身，当然别人从中受益是对发明者额外的赏赐。

隔街的两栋新房子加阁楼有三层，中间留有一个拱形门，可以穿过拱形门来到住处，门很宽，可以通行一辆马车，这样以前我住的房子的通道处就闲下来，可以再建一栋房子。在建新房子的时候我做了一些预防措施，都不是一些常用的措施，主要是防火，我的方法是一个房间里的木质东西绝对不与另一个房间里的接触；所有的地板，甚至楼梯都打上石膏，木板上连接缝处都打上。还在天花板上留出天窗，一旦邻居着火可以从天窗逃生，还可以从那里弄湿屋顶板来防火。但是，我还是觉得像在巴黎那样更好，楼梯是石头的，地板是瓷砖的，房顶要么铺砖，要么铺石板。

每当我看着自己建的房子，跟以前我的父母教我们盖的房子比，今天的不同令我倍感神奇。于是我内心深处油然而生一种对上帝的感激之情，感激他为我的人生指路，感激他给了我在这片新大陆发迹的机会，如今的我功成名就，尽管我自认为当之无愧，但我如今所拥有的这一切确实是我当初想都没敢想的。我祈祷上帝能继续垂爱于我，当然如果他改变主意了，我也会无条件服从他的安排。

我如此悠闲地度日……

打扑克，开始了另一项娱乐

1785 到 1786 年的那个漫长的冬天总算过去了，整个冬天我除了处理公务，就是聊天、看书、在院子里走走，还有就是玩克里比奇纸牌。我年轻时的伙伴几乎都已经不在人世了，但是我和他们的儿孙相处得都很好。考虑到市场上什么都能买到，所以我把我房屋周围的菜园子改成了一个小草坪，留出沙砾铺成的小路，还种上树木和开花的灌木。

有时候我们傍晚在这里打牌。他们下棋不是为了赢钱，而是为了打败对方而赢得的荣誉感和喜悦。几年前在帕西，当波莉·史蒂文森从伦敦来看我们的时候，我们就是这么地一起度过了一个愉快的冬天。我有时候也有点后悔，后悔就这么虚度时光，但是转念一想，仿佛有个声音在我耳边轻声说："你知道你的灵魂是不朽的。那么既然还有来世，有永生永世，你何苦吝啬那么一点点时间呢？"这么轻易地我就被说服了，于是跟其他人一样，做我喜欢做的事情的时候小小的理由就能令我满意，我又开始打牌了，还玩起了别的游戏。

说到公共娱乐，我们既没有喜剧也没有歌剧，但是最近我们有了一种宗教剧。于是我们就在大家自己的房子里聚会，开舞会，开音乐会，当然还有小派对，有时候我们跳跳舞，经常有很好听的音乐，所以我们和那些伦敦的人一样地快乐，不过他们那里有优秀的演员演的戏剧：我觉得那是伦敦唯一比费城好的地方。

应该饭前运动

在漫长的冬天里，我写了篇题为《做美梦的艺术》的文章，是在凯瑟琳·希普利[1]的要求下我才写的，下面是其中的一段。

因为人的一生有一大部分时间是在睡觉，我们睡觉的时候有时做美梦，有时做噩梦，于是如何能保证做美梦而避免做噩梦便显得非常重要。首先就是要经常锻炼、戒烟戒酒，以保持健康的体魄；因为生病了头脑就不清醒，有时候就容易产生不愉快的甚至可怕的念头。需要注意的是要在饭前锻炼，不可以吃完饭马上锻炼：因为前者有益健康，而后者则会影响消化。如果能保证锻炼之后有节制地进食，那么消化就会很好，不仅身体轻盈，而且心情还愉悦，各种生理机能都会发挥得很好。这样接下来入睡的时候就会很自然，没有困难，如果是肆无忌惮地吃得太饱，那么很容易做噩梦，惨状是无法用语言表达的：梦里要么是从悬崖上摔下来，要么是

1　凯瑟琳·希普利和她的姐姐乔治亚娜是乔纳森·希普利的两个女儿，她俩和富兰克林长时间保持互通信件。

被野兽追赶，不是凶杀就是魔鬼，总之是各种各样的悲惨的经历。所以，你看，吃多少东西和锻炼这两者息息相关：运动量大吃得就多，运动量小吃得就少。通常来讲，由于人类的厨艺越来越精湛，所以现在的人类吃的是正常需要的两倍。不吃晚饭不错，吃得太丰盛、太饱会让人一晚上都焦躁不安。但是因为人的身体器官构造方面的差异，有的人吃很多晚上还睡得很好：不过后果是，久而久之，这种人经常做噩梦，而且容易中风，说不定还会一睡不醒。报纸上不是经常报道有人吃了一顿丰盛的晚餐，结果第二天早上被发现死在床上吗。

第二个保持健康的方式就是保持卧室通风。睡在密闭的房间、躺在四周都是幕帘的床上是完全错误的。没有新鲜空气的补充，房间里都是人呼出的二氧化碳，这是非常不健康的。就像加尔各答的黑洞那样，很多人挤在一个小房间里，会导致空气污浊，甚至会令人窒息。据记载，玛士撒拉，那个最会保健的、世界上活得时间最长的人，是睡在户外的。很久以来，医生们一直在争论，认为病人没有必要非得呼吸新鲜空气，不过最终他们却发现，新鲜空气确实有利于患者康复。我想很快，他们就会发现新鲜空气对健康的人同样无害，还有可能治愈那些患有气流恐怖症的人们，方法很简单，只要打开窗户，或者放下马车车厢的玻璃窗就可以了呀。

与欧洲的老朋友的书信往来

一想起跟英国的那些有学问、有思想的朋友们相处的快乐时光，我总是按捺不住内心的喜悦。是他们让我们了解了世界上大多数的精神成就。他们每个人都比我们知道的多得多，如今他们都已经离我们而去了。

和平条约的缔造者之一奥斯瓦德的死是整个世界的一个巨大损失。当格兰德告诉我韦尔热纳染疾时，我内心非常难受，后来听说他已经辞世，我更是心如刀绞。韦尔热纳先生睿智又善良，他的离去不仅是法国的巨大损失，也是整个欧洲、美国，乃至全人类的巨大损失。一个人活得时间久是要付出代价的，就是要眼睁睁地看着身边的挚友和亲人一个一个离开你。

我希望能经常收到朋友的来信，当然更希望他们能原谅我一年只回复一次。我的理由不是很有说服力，就是人老了都会懒散一些，况且我还有很多工作。不过他们倒是一如既往地给我写信，一如既往地对我好，我非常感动；我虽然从来没有仔仔细细地读过他们的信，但是每次收到信的时候都是欣喜非常，总是能勾起我对以往的回忆，想起与他们相处的日子，当然也会击起我内心的遗憾，可惜我再也见不到他们了。

尽管离开那里我有些遗憾，但是我回到家里还是明智的选择。我现在回到了自己的一亩三分地，我自己的房子，自己的家人，女儿外孙陪伴左右，那么多的老朋友和老朋友的儿子们，他们依然尊敬我，我们说着共同的语言，彼此沟通毫无障碍。因为在国外，如果要是想靠脑力劳动来实现自己的价值，那么他最多只能使出一半的力气，因为语言不熟练，无法完全表达自己的意思。我给德·肖蒙小姐写封法语信，但是太费劲了，我写的法语太差劲了，于是我就一半法语一半英语，希望有人能给她翻译。总之我很乐意做有用的事情，或者其他的什么事情，只要别让我休息。因为三年之后我的任期就满了，到那时候我就可以休息了，还有就是很快我将告别这个世界，到那时我将永远休息下去了。

过去的十二年，我一直从事着最重要的工作

我年岁太大了，以至于大多数年轻时的朋友都先我而去，我现在经常听见孩子们称呼我的朋友老某某先生，以跟这些人已经长大成人并事业有成的儿子们区别开；而我活这么久，不得不跟那些后辈们相处，正常来说，我早就应该寿终正寝了。但是，如果我真的七十岁就死了的话，那么我将错过人生中非常重要的十二年，这十二年间我一直从事着一件最重要的工作；然而我的功过是要后人评说的。我只能说我的初衷是好的，而且也希望结局是好的。

我给托马斯·杰斐逊和法国的一些朋友写了一封推荐信，推荐托马斯·潘恩，就是著名的《常识》那本宣传册的作者，他的作品已经出版，革命之初在美国的民众中产生了惊人的效果。他是一个心灵手巧、技术精湛的艺术家，当年他曾经把一个自己发明的用新式建筑工艺建成的桥的模型带到法国。我当时还请求德·拉罗什富科公爵赐予他一次机会，能让他看看桥梁公路博物馆里的模型和图纸。

我还收到一封来自天文学家威廉·赫歇尔爵士的信，信里有他列出的 1 000 个新发现的星云和星团，于是我马上跟我们的哲学院沟通联系这件事。他还发现了围绕天王星运行的两个卫星，为此我还专门向他表示祝贺。赫歇尔先生神奇地把人类所能看到的外部世界向更远的地方延伸了，让我们逐渐地认识了以前人类从不知晓的宇宙空间。等我身上的病好了，我希望可以在他所发现的那些星系中遨游！假如他生活在我们美国这片土地上，他的发现会再早些日子，因为我们这里，一年之间，差不多要比英国多出三分之一的晴天。

我发现管理一个州没有我想象的那么累人，我同意再干一年，这一次又是除了我之外，所有党派全票通过。而且州议会给了我 3 000

亩土地。

我还收到过一封来自威廉·科克的信，告诉我想用我的名字给一个新成立的州命名，起先订的名字叫弗兰克兰[1]。因为常年居住在欧洲，最近才回来，所以我没有机会知道科克先生和北卡罗来纳州之间的纠纷，所以说我认为他们应该把这个事交给国会来决定，而且我会尊重他们的决定的。

谢斯造反，一场危险的暴乱

在宾夕法尼亚州，政府不反对任何一派，所以一切都非常顺利。我们有两派，一派拥护现有的宪法，另一派主张增加一个上议院，以用来监督现有的议院。但是经过七年的努力，最终还是拥护现有的宪法的那一派胜出。我认为马萨诸塞州的组成是整个合众国里最好的，或许也是全世界最好的，但是却总遭到一些不法分子的骚扰。幸运的是，谢斯和那些不法分子最终被镇压了，我相信绝大多数的人是赞成政府镇压他们所采取的措施的。我向马萨诸塞州的州长詹姆斯·鲍登表示祝贺，祝贺他所采取的明智而顽强的镇压叛乱的手段取得了最后的胜利。作为宾夕法尼亚最高执行委员会的主席，我们与马萨诸塞州合作，提出了一个提案，这个提案与联邦的相关规定保持一致。共同感谢联邦政府在镇压丹尼尔·谢斯、卢克·戴、亚当·惠乐和伊莱·帕森斯的支持，并声援马萨诸塞州依法处理这些叛乱分子。

纸币量过大是有害的

州内事务一切进展顺利，只是关于纸币的问题，在罗德岛和马里

1　弗兰克兰从来没有成为一个州；只是田纳西州的一个地区。

兰地区产生了一些纠纷。适量的纸币是有益的，但是如果超出了商贸需要，就会贬值进而造成伤害，而且会使民众养成奢侈的习惯。在宾夕法尼亚州，我们有一些纸币，而且没有听说有更大的需求。但是我们对纸币的理解有误。纸币是在我来之前造的，而且还不是合法支付手段，[1]没有对谁不公平，也没人抱怨过，尽管有人对时下纸币数量大增表示反感，但是我们国家有大量的金银储备，而且我们的银行信用良好。我自己还在银行买了十份理财，至少可以证明我对我们银行的好感。但是在费城的银行（北美银行），纸币却遭受巨大的抵制，一部分是因为有人妒忌，一部分是因为有人要大量发行纸币，而认为银行反对大量发行纸币。不过银行还是挺了过来，而且运行良好，之前曾一度被议会取消执照，不过新议会又给恢复了。银行经营谨慎，红利从来都没有低过百分之六，支票都是立即承兑，闯过了各种难关。

在自由政府的统治下，民众通过自己选出来的代表制定法律，因此我想，让民众使用纸币也没有什么不讲道义的。我们自己的百姓之间确实没有什么，但是要是与外来人之间，如果对方不喜欢收纸币，那么支付人家纸币就不公平了。不过既然印制了纸币，还规定这规定那，我认为是愚蠢的，毕竟可以靠法律来规定要用纸币购买别人的货物，但是却没有办法规定人家定价；人家乐意要多少钱就要多少钱，人家觉得你的纸币值多少就是值多少，你的所有的规定不都成了一纸空文了吗?

1　联邦政府和各州政府的支付法要求个人和贸易往来都用政府发行的纸币来支付任何货物和服务的费用。在通货膨胀期间，例如美国独立战争时期，国民都不愿意接受非金非银的纸币。

费城制宪会议：只有善良的人才能够享有自由

没有人想过要修改宪法，但是《联邦条例》在很多方面确实有缺陷，比方说其中没有给予联邦政府的最高机构——国会以充分的权力。首次政府机制进行设定有这样或那样的失误也不足为奇。要是考虑到当时的具体情形，我们会感到惊奇——为什么失误这么少。是弗吉尼亚首先提出要开制宪会议的，由国会举荐，决定在费城召开大会，费城会议指派我帮助修改宪法。与此同时，我发现法国也召开了一个名人会议，商讨如何改进政府的职能和管理，我衷心希望两个大会都能取得成功，都能改善两国人民的生活，使其更加幸福。只有善良的人才能够享受自由。当一个国家变得腐败而邪恶，就会更需要强权统治。

很多代表都在1787年的5月抵达费城参加，他们都是来自各州的重要人物。大会推选华盛顿将军为主席。代表们垂爱，同我商讨所有的事务，凡有提案，都得到了大家热情一致的支持和肯定。总之大家都认为卓有成效。

我从一开始就全心全意投入到修改宪法的工作中，一天工作5小时，这个会议大概持续了四个多月。我的身体状况非常好，一直坚持下来了，有的人还说我好像比以前更健壮了，大家都认为每天到州议会往返对我来说是很好的锻炼。

有两种情绪会令人产生暴力倾向

我非常无奈，但是确实对计划中的有些条款有不一样的意见。尤其是在给执行人员的工资方面，我有不一样的想法。我认为那样并不好，尽管我自己也没有理由拒绝，相反我也喜欢钱。但是有两种情感会令人蒙了心智——一种是欲望、一种是贪婪，也就是权力欲和金钱欲。

如果单独一个会变成行动的动力，但是如果两种欲望都集中在一起，那么就会令人产生暴力倾向。在既有权力欲又有金钱欲的人的面前同时放上荣誉和利益，他们会上天入地，不惜一切代价得到它们。英国政府就是因为有很多这样权力大、待遇丰厚的岗位，才令其风雨飘摇。正是有人为了争夺这样的肥差才使各大派系纷争不断，内讧频起，分裂国家，并使国家陷入一次次的徒劳的战争之中，结果不得不以丧权辱国的投降而告终。到底是什么样的人会不择手段、使阴谋、闹纷争、无休无止地互相诋毁、不惜撕碎人性中最善良的一面呢？一定不是聪明而有节制的人，不是热爱和平安定的人，不是忠诚可靠的人。是那些胆大妄为而暴戾恣睢之人，是那些私欲膨胀，不达目的绝不罢休之人。如果是这么一些人进入政府，那么他们所获得的所谓幸福是扭曲的，因为那些与他们相类似的并且有同样追求的竞争对手们是不会善罢甘休的，他们会想方设法刁难政府的管理、破坏一切措施，并且挑唆人民憎恨政府。

统治者与被统治者之间的无休止的战争

除了以上我说到的那些问题以外，尽管我们可以在一开始，不给公务员定过高的工资。但是这也不是长久之计。涨工资是不需要理由的。总是会有一个党派付给统治者更多的钱，同样统治者也将回报其以更大的利益。历史告诉我们，统治者和被统治者之间的战争是无休无止的：一方希望获得更多的利益支持，而另一方却希望付出越少越好。就这一点就会引起社会的暴乱，甚至导致真正的战争，最终要么是推翻王权，要么是奴役民众。一般情况下统治者都是赢家，我们见证了他们的收入越来越多，但是他们却从不满意，总是索取更多。我担心，非常担心我们的政府将来有一天会走君主政治路线，早晚会选出个国王什么的。

有人说我的想法是乌托邦，永远也不可能找到为人民免费服务的公务员。我觉得这是错误的。英国的郡长就是一个很光荣的职位，但是却没有什么油水。但是每个郡治理得都非常好，长官们往往都是该郡的一些主要绅士们。还有个例子就是教友会。他们的原则是不诉诸法律，只是有分歧了就开会商讨解决。他们的委员会成员会耐心地坐下来，听每一方的陈述，并花很多时间把各方的不同写下来。他们怀揣着责任感，以解决问题为目标。我想这样的工作能给人以荣誉感，但是他们从来没有薪水，没有小费，也没有额外津贴。事实上，在所有的公共服务中，利益越少，荣誉越大。说得更清楚一些，难道我们没看见我们的那些最重要的岗位，那些部队里的将军们吗？他们仅凭一腔报国之情，共同奋斗了八年，从来没有得到过一分钱的报酬，今天，我觉得任何的溢美之词对他们来说都是对其爱国情怀的亵渎。我想要是没有足够数量的睿智善良的好人来承担责任，来全心全意地履行那些重要岗位的职责的话，我们将永远不能成功。我只是想说做好事，为祖国服务所带来的满足感，对于有些人来说，就是最大的动机，会让他们不惜牺牲自己的精力，毫不在乎任何的金钱上的满足，无私奉献，死而后已。

一个还是两个立法机构：两头蛇的寓言

在讨论中，我还反对立法机构有两个分支部门，因为我认为那样会引起无休止的争论和拖延，也会造成巨大的花销，还会催生派系，阻碍公共事务。我跟宾夕法尼亚的代表们说：“难道我们还没受够之前的殖民政府的两层皮管理吗？印度战争爆发以后，很多年间，为了这里的防御问题所造成的不和还记忆犹新，当时那些领主们不是主张对他们搞特殊，免收税吗？假如我们今天犯下了任何大的错误，而且还没及时修正，或者不想修正，那么非常容易就会造成立法机构分裂成两个分支，如果我们的大会中有两派，那么任何一方在支持好措施，反对坏措施的时候，不是都会力不从心吗？难道不就是那个著名的政治寓言两头蛇想要告诉我们的吗？故事中讲到有一条蛇想去河边喝水，途经一道篱笆，被一条小树枝挡住了去路；当时一个头选择走树枝的右面，另一个头选择前面，两个头相持不下，结果，还没等最后达成一致，可怜的蛇已经渴死了。”

我们的人民政府的重要目标就是保证人们的生命安全和自由，在这方面人人平等，一贫如洗的和富可敌国的都享受同样的权利，无论什么时候，无论他们的命运如何，无论他们从事的是什么行当。很遗憾，我发现有些人（尤其是在宾夕法尼亚州）有一种培养贵族的倾向，他们给上议院里的富人们特权，这些富人被骄傲地称作上议院，而另一部分则是由大多数人选出的，并称作下议院。

按人口数选代表，还是按州选代表？

在讨论代表的问题时，我的观点是代表人数应该与被代表的人口数成一定的比例，决议应该是由大多数人来决定，而不是由大多数州来决定。我的观点受到反对，因为有人担心大州会吞并小州。我会想起本世纪初的时候，英国有英格兰和苏格兰两个王国，当时的苏格兰爱国者们就颇为担心，他们要求与英格兰有同样数量的国会代表，否则担心被英格兰的多数代表所欺负。然而后来他们同意按照事情的重要程度来决定，于是苏格兰在众议院只有 40 个席位，上议院只有 16 个席位。从数量上处于绝对劣势！但是，据我所知，至今大不列颠的议会还从来没做出什么歧视苏格兰的决定。

上帝才是人间的主宰

我非常高兴的是在代表比例这个问题解决之后，我们在讨论问题的时候情绪更加冷静而有节制了。我们遇事都是商议，而不是彼此对抗，毕竟在实现大家共同的美好愿望的过程中，精诚团结、和谐共处是非常重要的。然而，四五周的友好协商之后，又出现了不和谐的声音和分歧。几乎在每个问题上都有不一样的情绪，后来赞成和反对几乎一半一半。我个人认为这是人类理解上的缺陷，真是令人悲哀。我们一直在寻找政治智慧。我们追溯古代历史，寻求政府的模式，我们权衡各种各样的共和政体，发现他们的建立之初都埋下了解散的种子，这些现在已经不复存在了。我们再看看现在的欧洲，没有一国的做法适合我们当下的情形。

我们目前的状态就好比在黑暗中摸索寻找政治真理，即使我们找到了也无法分辨真伪。有时我问那些代表们，我们为什么不向万能的上帝求救，让他照亮我们的眼睛呢？在早期与英国的较量中，我们一感到危险，就天天在小屋子里祈求上帝保佑！上帝听到了我们的祈祷，并给予我们慷慨的答复。所有参与战争的人都会发现我们得到了一次次天赐良机。现在我们为全国人民的永久幸福而苦思冥想，为什么不问问上帝的意思呢？

那么请问我们忘了那个无所不能的朋友了吗？或者我们认为不再需要他的帮助了吗？我活了很大岁数了，岁数越大，我越坚信上帝才是人类的主宰！如果说一只小小的麻雀可以不管上帝注意与否，随心地停下来，那么一个帝国怎么可能没有他的帮助而崛起呢？圣人有言：“除非上帝出马，否则一切皆徒劳”，通天塔的故事所告诉我们的是人类如果狂妄自大，那么最终会落下个混乱的结局。我对此深信不疑；没有上帝的帮助，我们将因为我们自己的狭隘的私利而四分五裂，我们的国家将陷入混乱，我们自己也会受到千夫所指，成为后来人的笑柄。更严重的是，从此以后，人类会因为这次不幸的失败，而从此丧失信心，不再相信靠人类的智慧可以建设自己的政府，只能交付命运和战争来定夺。

于是，每天早上，在正式工作之前，在商讨问题之前，我都向上帝祈祷，而且还邀请牧师帮忙祈祷。不幸的是，在这次会议中，除了三四个人以外，其他人都认为这样做没有必要！

1787 年 6 月 30 日我们一如往常，继续就有关问题进行讨论。很多之前想出的权宜之计都证明徒劳无益。我同意在上下两院之间应该有点什么不同，但是如何实现呢？我说："木工要想把两块木板安装到一起，首先要把两面的不平的地方刨平，这样才能严丝合缝。我们需要做相同的事情。"于是我建议：参议院里的代表人数每个州相同，众议院的议员人数按照各州人口比例来决定。很高兴最终所采纳的方案与我所提出的很相似。[1]

我赞成该宪法，因为这个法律体系最接近完美

1787 年 9 月 17 日，制宪会议终于结束了。在这最后一天我站起来，向所有的代表做了如下演讲：

"我承认，对于目前这个《宪法》，我也不是完全满意，但是我不确定我会不会永远不满意。因为在我漫长的人生中，在了解更充分、考虑更成熟后而改变对非常重要的事情的看法，我以为自己是对的，

1　富兰克林的妥协是由其他代表预先提出来的，尤其是康乃狄克州的代表（康乃狄克州妥协）。

但是后来却发现是错的。因此，随着年龄的增长，我越来越怀疑自己的判断力，越来越尊重别人的观点。大多数人，包括大多数的宗教派别，都认为自己掌握着所有真理，凡是持反对意见的都是错误。一位新教徒斯蒂尔在给教皇的赠言中说："我们两派的唯一区别在于都对自己的教义深信不疑；你认为天主教是绝对正确的，而我认为英国国教是绝对没有错误的。但是尽管很多人都认为自己以及自己的宗教是永远正确的，却很少有人能像法国女士表达得那么自然得体，假如她和她的姐妹之间有意见分歧，她会说：'亲爱的姐姐，我也不知道怎么回事，但是从来没有谁像我一样总是正确的呢。'"

"因此，先生们，我同意该《宪法》，连同它的种种不足，假如有的话。因为我觉得我们需要一个共同的政府，一个管理有效的政府是人民最大的福祉；而且我相信这个政府在未来的很多年间都会是最合适、最有效的政府，只有像之前的那些政府那样，到了人们已经堕落而不服管理的地步，必须用强权统治才能控制的时候，这个政府才会沦落为专制独裁而宣告结束。此外，我怀疑不会再有别的制宪会议像我们这样，能够制定出这么好的宪法：因为，当我们把一些智慧的人们召集到一起的时候，同时也不可避免地聚集起了他们的偏见、私情、错误、地方利益以及个人观点。在这样的大会上，难道你还期待能有完美无瑕的最终决定吗？所以，先生们，我很震惊的发现，我们最后所达成的这个结果竟然如此的近乎完美；我想这个结果也同样会让我们的敌人吃惊不小，因为他们都在耐心的等待着消息，希望我们的制宪会议出现混乱，就像那些通天巴别塔的建造者那样，最终解体；希望我们的国家四分五裂，各个州之间刀兵相见，你死我活。"

每个人是不是该有点怀疑自己的绝对无误了？

我的演讲继续如下："如此一来，先生们，我同意该《宪法》，因为我认为现在这个就很好了，我不确定这个不是最好的。至于我认为那些不对的地方，我愿意为了公众利益而放弃我的观点。关于我的那些反对意见，我从没有对外界提及过一个字，那些话都是在这些屋子里说的，也将消散在这里。假如我们当中的任何一个人以后再把他的反对意见对外界说起，而且还想方设法收买党羽来支持他们的话，我们将采取措施进行制止，因为那样会失去我们在其他国家中，和在我们自己的民众中所享有的好名声和所拥有的一切优势，本来我们的上下一心和团结一致是受到一致好评的。毕竟大多数的政府都是仰仗政府的好名声和政府管理者的智慧和正直才获得足够的力量和效率来为百姓谋求幸福生活的。所以我衷心地希望，为了我们自己，为了我们的人民，为了我们的子孙后代，我们要全心全意，万众一心，共同支持这部宪法，而且要在我们的影响力所能及的范围内，集思广益，努力促使该宪法得到有效执行和妥善管理。"

"综上所述，先生们，我不禁想说如果我们当中还有谁和我一样持有这样或那样的反对意见的话，那么此时此刻，他是不是应该有那么点怀疑自己的绝对无误了呢？然后，为了表示我们的意见一致，请各位在这份宪法上签上你们的大名吧。"

这是日出之光还是日落之阳？

最后大家一致同意签字了。就在最后几个代表在文件上签字的时候，我看了一眼主席的座位，在座位后面的一幅画上正是阳光普照，坐在我附近的几名代表也能看得见。我当时想，这到底是日出之光还是日落之阳呢？很难判断。在会议期间，我时刻关心着事态的进展，希望和担心更迭交替，看着主席身后的那缕阳光，我也不知道是朝阳还是夕阳。不过此时此刻，我终于欣喜地发现原来那正是初升的太阳，正光芒万丈。

我们共同制定的《联邦宪法》印刷实施了。为了照顾到各种不同的利益和不同的观点，整个制宪工作遇到了很多困难，而且我想也许每个州的具体执行情况也会有所不同，不会像当初制宪会议上那样意见一致。但是，不管怎么说，我们尽力了。

第十一章 我生命中的最后几年

1787 年—

一个伟大的民族有机会成立一个属于他们自己的政府，这在人类历史上可谓是一个壮举。为期四个月的讨论之后，国会将美国政府宪法的抄本送到几个州的立法机构，再由他们提交给各州审议通过。我还向在法国和英国的朋友们寄送了新拟定的《联邦宪法》的抄本。在12 月初，我们就有个别的州通过了这部宪法。

美国因民主而不能被奴役

拟建的宪法在每个州都遭到了很多的反对，要想调和如此多的迥异且不和谐的利益冲突、权力的猜忌，着实不易。但正是这些反对之声更坚定了我的意见，那就是美国因民主而不能被奴役。赋予我们的政府太多的权力，这虽然会让我们略感不安，但是我认为，在治理上服从太少才更加危险。一位宪法的强烈倡导者在某个公众集会上说，一部为我们所用的宪法，即使是一个来自天堂的天使要废除它也不可以！

但我们不能指望，一双技艺高超的手就能毫无差错地组建出一个新的政府，就像一场棋盘上的对弈那样。我们的政治仍处于摸索阶段。我们这场游戏的玩家有很多，并且他们的观点迥异，他们所带的偏见强烈且不一，他们各自的任何的举动都会遭到反对。众多的反对混淆了理解力，智者不得不就一些不合理的事情达成一致，在许多决定上，机会占据了一定的份额，因此这场游戏更像是掷骰子。然而，这项事业的成功意味着我们的政府将更加有活力，并在未来任何时候，我们都将会更好地服务于我们的朋友们。

与印第安人的又一次战争……

我收到了一则战争的消息——乔治亚州和克里克印第安人之间的战争。在人生中的很长一段时间里，我一直观察着公共事务，在我看来，几乎每一场印第安人和白人之间的战争都是由后者对前者的一些不公正引发的。因他们的土地与他们发生争执，我们这么做其实是相当不明智的，因为他们通常愿意卖出他们的土地，并且还是以很低的价格：和他们开战对我们很不利，因为那样会使我们的大部分边疆地区处于不宁之中，也会造成居民人数的减少、贫苦和痛苦，除此之外还会带来巨大的耗费，与其用武力强取，倒不如买他们的土地，这样做既廉价又更加地诚实。

在欧洲，又一场……

我收到英根豪斯医生——普鲁士皇帝的御用医生的一封来信，我收到他的来信，说普鲁士可能会与俄国发生一场恐怖的战争。战争带来的危害往往是巨大的，益处却是少有的，所以我想倘若大臣们清楚发动战争这种行为是多么鲁莽的话，他们就不会这么频繁地发动战争了。如果我是俄国沙皇的顾问，当我发现她有占据苏丹部分领土的渴望时，我应该会建议她计算一下那部分领土会带来多少年度税收额的提升，建议她提出购买条件，提出购买 20 年占有权的价格。如果我是苏丹国王的顾问，我会建议他收取钱、放弃那块土地的占用权。那是因为，在我看来，一场战争所获得的远不及要付出的，并且结果还是个未知之数；防御工作同样也会消耗巨大；要是不接受这个提议，便会带来双重损失。做出和接受这样的提议，这些当权者们应该是明智者，并摆脱了荣耀的野心。

一名诚实的异教徒

我与我的英国朋友本杰明·沃恩、理查德·普莱斯博士和诚实的异教徒普莱斯利博士通信。我称后者诚实并非出于区分的目的；因为我认为我所认识的所有异教徒都是品德高尚的人。他们有不屈不挠的美德，或者说他们不会挑战他们自己的学说。任何的美德他们都不能缺少，因为那样会给他们的许多敌人以可乘之机；他们不像罪人，他们有诸如原谅或为其正名的朋友。尽管如此，请不要误会，我并不是因为我好朋友的异端思想才称他诚实。相反，正是因为他的诚实才造就了他的异端个性。

在我身上发生的事真是与众不同！

在欧洲，依照惯例，那些驻外的使臣，当他们回国之后，会为他们提供一些自由——他们驻外期间必然会给他们的私人事务带来损害。我当初的确希望，对于我的所作所为国会至少应该足够友好地表示认可，在西部地区恩赐给我一小块土地，那可能会给我的子孙后代带来益处和荣誉。在被指派到法国之前，我看到国会对驻英的李先生的丰厚津贴，这些驻外服务，我和柏兰恩先生 跟他一起参加过，却没有那些津贴；并且待到他归国后，他也理所应当地获得了一块好地方，除了他之外，还有我的朋友杰先生（而且杰拉尔从美国归国之后，国王给予他更多的赏赐）。但是到我竟如此不同！我从英国返回的时候，国会将邮政部长的职位给了我，对此我也深表感激。我的确得到了一些权力，比如，通过施行我制定的法规，邮政方面的收入比之前得到了大大提升。当我被指派到法国的时候，我将这个职位交由我的女婿，他就是我的副手。但是，就在我离开没多久，当英国外交部认为是时候夺走我的职权了，这个职位就被收了回去交给了哈泽德先生。尽管如此，他们还是给我留下了特权，就是可以免费收发信件，这是一个邮政局长不是因为渎职而被撤换的一个惯例。但是从那时起到现在，在美国，有人向我收取邮费，自从法国归国之后，我的邮费总额已经超过了 50 英镑，其中有很多是我在那里担任驻外大使的时候产生的。

当我带着孙子坦普尔去法国的时候，就已经打定主意，让他学会法语之后，就教育他学习法律和进行实践。他希望做我的秘书，求了我好几次，但都被我拒绝了，最后，我还是被说服了，事实上我是被迫把他留下来协助我工作；如此一直持续到我回国之后，失去了多年学习法律的机会，他的生活习惯发生了大变样，看起来也不再适合从事这一行业，于是我接着考虑在外交上培养他，使他熟练地掌握那个领域的知识，便擅自推荐他去国会工作，至少做一个秘书（在其看来，不单我这样想，因为我的 3 名同事，在丝毫没有征求我意见的情况下，选他做协议委员会的秘书，他们有权这么做）。这是我曾得到的唯一一次帮助，最后我却得到一项决议，即撤销他的职务，任命上校大卫·汉弗莱斯来取代他的位置。一个绅士，他可能的确建立过很多的军事功勋，而在外交上肯定没有，不懂法语、没有经验，也没有在这个方向他应具备的特有资格。

但我绝不会公开抱怨，尽管我早预料到了国会如此无情，料到他们拒绝向我表达他们的感激之情，但是这丝毫不会减少我对这一事业的狂热和支持它的热情！因为我对议会的这种多变的特点还是有些了解的——为数甚少的继任者在他们任职之前被告知需要提供的服务，或者让他们觉得提供这种服务是他们的义务，即便是最公平、公正和体面的处置，当公职人员身在遥远的国家不在场期间，一个或两个嫉妒和恶毒之人的恶毒讽刺也可能会对议员的心里造成一些影响。

同国会结清我的账目

当我被派往法国，我将所能筹集到的所有现金都放到了贷款办公室。那时纸币同黄金或白银等值，我从国会获得了一部分，那是偿还在加拿大我预付给军队的一笔黄金。在 1782 年 11 月 18 日，我看到李先生的证书被要求用英国货币以美元 4/6 的比例支付。我料想他的证书肯定出现了一些状况，我想知道到底是什么情况。我被告知，我的证书的现有价值只有最初贷款的六分之一了。

一回到费城，我做的第一件事就是派遣坦普尔到纽约去与国会结清我的账目。作为此次结清的一部分，我提供了一份为美利坚合众国服务的简述，然而他回来时还是没有完成结算，他被告知需要等一些法国方面的文件到了之后才能完成结算。至于那些文件到底是什么，从来就没有人告诉过我。至今已经超过三年了，我仍未接到任何通知。但是过去有一段时间，我听到过一些报告，说我在美利坚合众国背负了很大金额的债务，并且我在躲避结算。

在建造五座房屋上，我付出了沉重的代价（这远远超出了我的预料），已经耗尽了我的财产，以至于我真的、非常迫切地需要钱。于是，我派遣我的女婿理查德·贝奇到纽约去跟我的合作伙伴弗兰西斯·蔡尔兹先生结算他欠我的债务，他是纽约的一名印刷商。

随着渐渐变老，我发现写作愈加痛苦

随着我渐渐变老，我发现写作更加痛苦，自我回来之后在处理业务时，我的负担感前所未有地沉重。我又一次被我费城的公民同胞们一致赞成（除了我自己的那一张反对票）地选举成为宾夕法尼亚州州长，这是他们有权赋予的最光荣的职位。受到全体公民的普遍和极大的信任远比一个贵族的信任更能激起我的虚荣心。尽管如此，根据我们宪法的规定，这次是我能担任该职位的最后一年了，这样在我临死之前，我还可以享受一下难得的闲暇时光。

波士顿人的行为举止、措辞、口音使我重获新生

肾结石病给我在外吃饭带来了诸多不便，所以自我回到美国以来就从未参加过外面的饭局。1788 年 2 月，在通往花园的石阶上，我跌了一跤，手腕、右臂直到肩膀都扭伤了，淤青迫使我不得不待在床上，这些疼痛连同肾结石的疼痛持续折磨着我，使我很久都不能写作。至于去波士顿，对于我来说，可能再也无法实现，因为以我这把年纪，这种长途跋涉、舟车劳顿会多有不便而且会很辛苦，还有我的病也可能出现危险。我既不能走路，也不能在铺着鹅卵石的街道上驾车骑马，最重要的一点，事实上我可能找不到几个还活着的旧友了，自我离开波士顿至今毕竟已经有 65 年之久了。如今，我住在这里，拥有所有的便利和舒适，这对于我来说可能是最明智的选择，因为远行会给我自己以及朋友们带来很多的麻烦，而这些麻烦是不会因聚会的喜悦就能弥补得了的，况且还有离别的痛苦。但是那里的居民实在是太好了，当他们有些人上

门拜访我的时候，我很喜欢他们的陪伴和交谈。除了他们普遍的善良之心，我所看重的还有，波士顿人的行为举止、措辞甚至说话的语气和口音，都叫人心情愉悦，似乎使我重新振作、获得重生。我住着的这座房子是25年前建造的，由我亲自设计的，在我回国之后，又做了些扩建，使它更加方便居住了。一个忠实的、温柔亲切的女儿，连同她的丈夫和六个孩子，组成了我的家庭。这些孩子们都是前途无量的，即便是最小的孩子，年仅四岁，也给我带来了无限的欢乐。最大的，本杰明在我们的大学完成了学业，我出资资助他做了印刷和铸字的生意。

坦普尔已经在他的农场定居下来，不过在镇上时会跟我住在一起。我计划着到我孙子的农场休养一个月，参观一下他的农场，给我的朋友们写写信，谢绝生意往来和访客的打扰。尽管我反复遭受叫人痛苦的肾结石的折磨，并且我的身体就像一台日渐衰弱的老机器，所以我想这台老机器的最后时刻已经离我不远了。我的租金和收入完全可以满足现在的一切需求，在这时日无多的日子里，若没什么三长两短的话，我会给我的亲戚留下一份价值可观的房产。

我希望我生于两三个世纪之后

我没有其他哲学方面的新闻，除了本国一个名叫菲奇的先生驾驶着一艘船靠蒸汽机的力量顺着河流逆着风和潮汐航行，至于这对于平时的使用来说是否太过昂贵或太过麻烦，还有待经验加以确定。有时候我会期盼，我命中注定在两、三个世纪之后出生，因为进步的发明会更加繁盛，由此会带来更多的发明。当前的发展速度飞快，许多重大的发明，尽管现在无法想象到，但是会在那个时期到来之前实现。我有这样一个愿望，其中一个理由是，若物理学科的进步会与其他学科发展成正比的话，那么以后我们可能可以消除疾病，活得跟《创世纪》中的族长一样久。

滥用新闻自由权

经过5个月足不出户的生活之后，我终于摆脱了痛风的折磨，这段闲暇时间的消遣活动就是阅读《宾夕法尼亚公报》和其他一些报刊。我从没看过一份波士顿报刊，我姐姐提到，在这些报刊上刊登了一些内容表达了对我的敬重，对此我表示感激。在1790年1月，我收到牧师埃兹拉 · 斯泰尔斯博士的一封来信，他是耶鲁大学校长，提出为了纪念我而把我的肖像跟耶鲁大学校长的肖像摆放在同一个房间里。我非常感激耶鲁大学，它让我第一次感受到学术界对我的关注，给我戴上了荣誉的花环。

在另一方面，一些报刊正在绞尽脑汁地在我的脸上抹黑。我不理会那些，我的朋友们为我辩护。受到过分的责备，还有过多的称赞，这些我都早已习惯了。这是每个公众人物的宿命，所以人们对我的评价有好有坏，我的心理也算平衡了。

我听到一段话，说在仔细阅读了自创刊以来50年的《宾夕法尼亚公报》之后，它看起来似乎长时间内都没刊登过诽谤的文章。总体上的纯洁性给它带了很大的声誉：因为长时间以来，清醒明智的人一直认为，除了滥用自由权进行个人谴责、诽谤和中伤以外，没有什么事能更有可能危及新闻的自由权。而我们的其他一些报纸的过激行为使异国觉得我们州的境况很糟糕，因为我不由得注意到我们城市友爱之城费城的名字与报纸上的怨恨、恶意和仇恨联系在一起，这让我很惊讶。从这些报刊中，我了解到我们的国家分成了几个党派，每个党派都将其他党派的公众行动归为邪恶动机，他们甚至不会觉得对方有丝毫的诚实。反联邦主义者如此做，仅仅是出于担心失去他们拥有的或期盼拥有的权利、地位以及薪酬；联邦主义者是一群阴谋家，他们意图逾越人民和他们国人的所有权建立暴政，过着掠夺人民的显赫生活。我听说我们和平时期的大法官，尽管是由他们的人民选举出来的，却在他的办公室里进行邪恶的交易，增收费用促使不和谐，欺诈他们的选民；执行理事会，出于利益或政党的观点，正不断执行不当的任命；目睹一个“骗子、马屁精和流氓”被任命为海事法庭法官；一个老妇人、动乱的煽动者被任命为另一个法官；监查官和海军军官以武力掠夺商人、剥夺他们的财产，等等。最后，我，理事会和议会一致联合选举的州长，是“一个老恶棍”，我赞同美国《联邦宪法》仅仅是为了不必偿还从美利坚合众国盗用的钱。

宾夕法尼亚州，一个适合死却不适合活的好地方

这一切的确存在很明显的矛盾，但一个陌生人在我们自己的印刷刊物上看到这种矛盾，尽管他不相信这一切，但他可能得出这样的结论，即宾夕法尼亚州的人民是全世界上最无耻、最卑鄙和最爱争吵的一帮恶棍。曾经我的确怀疑过，这些文章是外敌在我们中散播的，为了使我们的祖国蒙羞，让全世界都觉得我们卑劣不堪、令人生厌。

尽管如此，有一点给我带来了少许安慰，那就是，死者都是天使。当每个人死的时候，了解到他们是多么好的丈夫、父亲、朋友、公民以及基督徒，以一段零碎的诗歌结束，将其肯定为灵魂必然上升天堂这才是令人愉悦的。于是，我认为宾夕法尼亚州，是一个适合死却不适合活着的好地方。

我对法国的热爱

在这里，我享受着一个正常人渴望的一切：丰厚的收入，一座属于自己的房子和舒服的住所，拥有一切我可以想象得到的便利条件；一个尽忠职守、温柔体贴的女儿呵护关心着我，几个前途无量的外孙，一些依旧可以在一起聊天的老朋友，还有就是尊重、荣誉以及公众敬仰，这可能比我值得拥有的还要多（这些都是上帝的祝福并取决于他源源不断的仁善）；然而，我依旧不能忘记巴黎和在那里度过的 9 年的幸福时光，那里的人们生活在一个甜美的社会中，他们的谈话充满启发性，他们的举止令人感觉十分愉快，他们具有全世界最完美的艺术——使陌生人爱上自己。现在，就算是在睡梦中，依然可以梦到昔日在那座城市、或在它周围的美好场景。我爱着法国，而且我有无数的理由爱它。

然而缺少一样促进和增进我们之间交流的东西。那就是一本字典，里面用两种语言解释物件的名称。当我在巴黎时我接到一笔大订单，里面有各种商品，尤其是被称为五金类的，比如，钢铁商品。当我将发货单交给制造商看时，他们竟然不懂这些名称代表的是哪种商品或工具，也没有找到哪一本英法字典可以对它们做出解释。

法国大革命让我悲痛万分

在那个心爱的国家，我曾度过了生命中最幸福的九年。当听说它的政府内出现了一些误解和矛盾的那一刻，我心中万分悲痛，但是我希望最后一切将会安好。当发酵结束的时候，沉淀残渣部分，就会变得香甜可口，品尝它的人也会身心愉悦。

伴随着法国的社会动乱，出现了一些叫人不愉快的情况，引起我极大的关注。但若是通过斗争，她获得并捍卫了国家未来的自由以及一部好的宪法，那他们受到的所有伤害，可能会得到充分弥补。上帝不但授予了人们对自由的热爱，而且还让全世界都能全面认识到人类的权利，所以一个思想家可以站在全世界任何一处说，这是我的国家！

新宪法被批准通过

我们庞大的机器——联邦政府的新宪法，终于开始发挥效力。在大众报刊上冒出众多的异议以及对这些异议的解答，引起了很大的党派冲突和暴力人身攻击。我置身于这些争端之外，只写了一篇小论文。

最后召开了第一次国会，华盛顿将军被选为总统。对宪法中被认为存在错误的一些地方，国会着手对其进行修正。我想，在情绪、谨慎程度和一致性方面，第一次会议进行得都远超过了之前的预期，我们未来的前景似乎非常有利。现在我已经渐渐老迈，对国会不会产生什么影响。一个虚弱的老人，因年老多病而不怎么灵活，所提供的服务几乎没什么价值。

除了死亡和赋税，没有什么事是确定无疑的

我的朋友勒·威拉德先生担心我们总统的永久性。无论是他还是我们都没有这样的意图：发生这种事可能造成什么危险，这个我们都知道，所以我们应该有效地避免发生这种事。每四年进行一次选举，任期将很短；因此若是我们不喜欢他的行为，我们可能换掉总统，他将在争取新一轮的当选时获得更少的支持。对于两个议院，我的意见是有一个会更好，就像我们在宾尼法尼亚州那样，不过人类的事情和计划没有什么是完美无缺的，或许我们的意见也是如此。

因此，我们的新宪法已经制定，而且似乎有望永久存续。不过，这世间除了死亡和赋税之外，没有什么事情是确定无疑的。

我开始觉得自己是一个自由的人

现在，我已经完成了宾夕法尼亚州长的任期，给自己做出承诺不再从事公共事业，我开始觉得自己是一个自由的人。我放松自己，读书、写字、跟朋友聊天、讲笑话、大笑还有讲快乐的故事，仿佛我是一个50来岁的人。我的孩子们和孙辈们，贝奇一家，他们都很好，都住在我的房子里。我们最近新添了一个小女孩，她生性善良，像其他人那样，我也开始喜欢她。她非常顺利地接种了天花，最后便完全康复了。

我希望，在我所剩无多的时日里，享受一下我渴望已久的休闲时光。我已经开始利用这段时间来完成我的个人历史。这有点像将一个的生命又重新生活了一遍。若是我目前的健康状况还能坚持几个月的话，我决心通过向外孙口述的方式写完它。

持续且剧烈的疼痛

我很长一段时间以来就受到几乎不间断的、剧烈的疼痛的折磨，以至于我不得不求助于鸦片，鸦片的确每次都给我带来一些缓解，但之后便带走了我的食欲，造成了消化功能方面的障碍，使我瘦成了皮包骨。我变得越来越虚弱，甚至无法坐起来写字。在这种情况下，我无法继续完成我的回忆录，我经常给我的外孙本尼做口述。

救助黑人，废除奴隶制度

在人生的最后几年里，我投身于一项极其重要的事业当中，它关乎美利坚合众国的荣誉，以及人类的幸福和自然权利。作为废除奴隶制度费城协会的会长，我向有声望和有影响力的绅士们，如皮埃尔·塞缪尔·杜·庞德和拉法耶特，派送我们协会的章程以及废除黑人奴隶制度的法律的抄本，这则法律正在宾夕法尼亚州实施，希望他们愿意帮助我们揭露贩卖奴隶的不公平。我们协会的目的是抑制贩卖奴隶和逐步废除奴隶制度本身。与此同时，我们认为这是我们责无旁贷的责任，尽我们最大的努力，通过各种手段来减轻那些不快乐之人的苦难。

我有一本古老的宣传册，由此发现，大约在 100 年前，乔治·基斯写了一篇反对奴隶制的论文，其中记载着，对友人们的一篇严厉的控诉，就是在黑人服务一段合理的时间之后，他们应该还黑人奴隶以自由，等等。在 1728 年或 1729 年的时候，我为我的朋友拉尔夫·桑迪福刊印了一本关于反对保持黑人奴隶制的书，他免费散发了两版；大约在 1736 年，以同样的主题给为本杰明·莱刊印了另一本书，他主要在他们那些人中散发。通过这些实例来看，种子已经播种到沃土中，最后春天终于来了，尽管它来得迟了些。通过培根勋爵的观察，证明一个好的行动将永垂不朽，这对我们起到了鼓舞的作用，尽管没有立竿见影收到实效的希望。

一场杰出的革命已经将当今时代改变了。人类的思想已经感受到了它的影响，人们终于开始认为他们都是一个家庭的成员。我们受苦受难的非洲奴隶兄弟的呻吟，终于传到了美利坚合众国公民的耳中。我们大部分的立法机构已经废除奴隶贸易，宪法总则中已经制定了一项条款，我们坚信它将达到将奴隶制完全废除的目的。英国感受到了同样的人性和正义的精神，很多向国会请愿的公开论文，言辞悲悯、情绪紧张，希望废除这种不公平的贸易。但若法国不赞同加入的话，一切都是无效的。我们寄希望于一个最近因为消灭他统治下的宗教压迫而享有盛誉的国王，会不允许增加这一所有公民事件中最严重的行为，也不再继续从事人类物种中这种可耻的交易。

信仰耶稣：当代最好的宗教

尽管马萨诸塞州人没有在他们的新宪法中对宗教的测试进行明确的表述，当几年后进行宪法修订时我们仍希望对此进行更大程度的完善。如果基督教传教士继续像基督和他的信徒那样进行传教，没有薪酬，像现在的教友派信徒那样，我想那样就不会存在测试了。因为我觉得，与其说他们被创造是为了保护宗教自身，不如说是为了它的薪酬。当一个宗教是好的，我认为它会支持自己；当它不能支持自己、上帝也不愿意支持它时，它的信徒们就不得不寻求民间力量的帮助，根据我所理解的，这标志着它是一个糟糕的宗教。

我反对宗教宣言的条款

我们宾夕法尼亚州宪法中有一项条款，要求议会成员宣称他们对神的感召的信仰，我个人认为这一条最好被删掉。上帝掌管着人类的事物，但我常常想起《旧约》中的几件事，它们是不可能通过神的感召得到的，比如说基尼人希伯的妻子雅亿那极端邪恶的行为。[1] 如果本书的其余部分像那样，我宁愿相信它是来自于魔鬼的感召，并且放弃整本书。我反对这项条款，但却被数量所压倒，担心日后什么会凌驾于它之上，我提出增加附加条款，规定没有更深远的信条应该被索求。

1　参见《士师记》第 4 章，诗歌 18–24 部分。

美利坚合众国包括十三个不同且独立的州，每一个都有其自身的法律统治，这些法律中没有一个宗教派别被确立为主导派别，但对所有宗教派别都有容忍；其中一个为了支持一个特定的派别，无论颁布任何事，都不会影响到其他的宗教派别的运作。

牧师埃兹拉·斯泰尔斯博士希望了解一下我的宗教信仰。我试图以寥寥数语来满足他的好奇心，尽管我相信他，不会将我们的对话的任何一部分出版，不会揭露我，使我受到批评和指责。我曾让其他人享受他们的宗教情感而不用反思它们，因为在我看来，那些信仰是毫无依据的，甚至是荒唐可笑的。所有的派别，要知道我们的宗教派别数目繁多，都接受过我的帮助，协助他们修建进行宗教活动的新场所，并且我从来没有反对过他们的任何教义，我希望他们的教义和他们一起和平地走出这个世界。

虽然如此，我坚信一则信条：我信上帝是唯一的，是宇宙的创造者。他按照自己的意愿统治着它。他应该受到崇拜。我们对他的回报，让他最合心意的事就是做对他的其他孩子有助益的事。人的灵魂是不朽的，在另一个世界中将被依据其此生的行为公平地对待。这些我视其为所有健全宗教的基本原则，我认为无论在哪一个教派里，都会碰见它们。至于拿撒勒的耶稣，我认为斯泰尔斯博士特别渴望我的看法，我觉得，耶稣留给我们的道德系统以及他的宗教信仰，是世界上最好的。但是我觉得，它发生了各种腐蚀性的变化，我还有英国许多当今的反对者，都对其神圣抱有怀疑：尽管一个问题，在我从未研究过它的情况下，我不会武断地提出来，也不会认为现在我不必在此事上大费周章，而我希望不久就能顺利得到识得真相的机会。尽管如此，我从这种信仰中没有看到害处，如果使人们更尊重、理解这一信仰会有善果的话。善果是很可能有的，尤其是我不认为上帝会不喜欢他的信徒，特意把他们与其他民众区分开来。我只会更尊重自己，已经经历过上帝的善，指引我顺利地度过这漫长的一生，我不怀疑日后这善会继续指引着我，尽管我从未幻想过，我应得这种善。关于未来的祝福，我禁不住想到，在最后的审判日，众多不同教派狂热的正统教徒聚集在一起，期待恶人遭到惩罚，而他们满足于自己得到拯救。

你可以在一封旧信件中了解到我在这方面的观点，我将它抄写在下面了，它是我写给一位狂热宗教家的回信，我曾用电击的方法治疗过他的瘫痪症。他担心我会因此而骄傲自大，并告诉了我他的担忧，尽管有些鲁莽无礼，但却是谆谆告诫。

我说的是真正的善行，
而不是在休息日进行的长篇祷告

致约瑟夫·休伊：

先生你好，

我已收到您的来信2天了，得到您体力恢复的消息，我十分开心，我希望您的身体会继续恢复，一直恢复到之前那般健康和硬朗。告知我一声您是否仍在使用冷浴，还有它的效果如何。

至于您提到的仁慈，我希望它能给您带来更多的助益。我唯一希望感谢的就是，若其他任何人需要您的帮助的话，您也会如此服务他们，所以就让善行流传下去吧，因为人类都是一家人。

站在我自己的角度上，当我为他人提供帮助时，我并不把它视为给予帮助，而是将其当作是还债。在我的旅途中以及我定居以后，我收到很多人善意的帮助，我永远不会有机会给予他们分毫的回报，还有上帝对我无数的怜悯，我们的服务将会使他受益无穷。我从这些人身上得到善行，所以我只能将之回报给他们的同胞；

对于上帝的怜悯之情，我只能通过随时准备帮助他的其他孩子和我的兄弟们以示感谢。我并不认为是感谢和颂扬，尽管总是重复，可以免除我们对彼此的真正的义务，更不用说对我们的创造者的义务了。

在此您会看到，我对善行的理解，我从未期望（如您想的那般）因我的善行而得到进入天堂的回报。我们所理解的天堂是一种极乐状态，那里无穷无尽、永垂不朽，我所做的不足以得此回报。有些人认为在地上行小小的善行就能得升入天堂的回报，如果这样的话，一个给口渴之人饮水的人也应该期望得到一个好农场为回报了。即使我们在这世上享受形形色色、不尽完美的快乐那也是上帝的善行，而不是我们应得的回报；更何况天堂中的快乐！我没有奢望应该得到它，那种期盼是愚蠢的，我也没有渴望得到它的野心。但是我愿意服从上帝的意愿和处置，因上帝创造了我，迄今为止他保护着我、庇佑着我，我可以完全信赖他那如父般的善良。他从不会使我痛苦，即使我随时有可能遭受苦难，最终都将会有益于我。

毫无疑问，信仰在这世上有其用处。我既不希望看着它减少，也不会努力使任何人减少信仰。但我希望信仰能比我平常看到的更有成效：我说的是真正的善行、仁慈、慈善、怜悯以及公德心，而不是维持节日、诵读或聆听布道、进行教会仪式表演或是做长篇的祷告，这些充满恭维和赞扬，甚至遭智者鄙弃，更别说能取悦于神了。敬拜神是一种责任，聆听和诵读布道可能会大有裨益。但像很多人那样，如果仅止于聆听布道和做祷告，那么就像一棵树，仅以被浇上水进而生出叶子为荣，但它从来不结一个果子。

在那些外在形式和技巧上，耶稣不会比他现代的信徒多。耶稣喜欢实干者这个词，而不是单纯的聆听者，更喜欢表面上好似拒绝服从他的父亲却依然执行他的命令的孩子，而不是口上声称愿意实则怠慢了他的工作的人。异端而仁慈的撒玛利亚人，无情的东正教牧师和圣洁的利未人；那些将食物给饥饿的人，将水给口渴的人，将衣服给赤裸的人，将快乐给陌生的人，将安慰给患病的人，等等。那些人，尽管他们从未听过耶稣的名，耶稣接受他们，而那些大喊“我主，我主”，珍视他们的信仰和伟大的奇迹而怠慢工作的人，将会被拒绝。耶稣称，他来不是为了称义，而是召罪人悔改，谦逊地暗示有些人做得很好，以至不需要他的指引就能改过；但如今，我们缺少一位不认为人们都有义务参加宗教仪式，未参加者意味冒犯上帝的牧师。在此，我更加谦恭地祝愿您身体健康、幸福快乐。

您的朋友和仆人

本杰明·富兰克林

1753年6月6日 费城

老人的愿望

我喜欢那首老歌《老人的愿望》里的结尾：希望在这座乡村小镇里拥有一个温暖的家、一匹温驯的马、几个好作者、见解独到而且性格开朗的同伴，每逢星期天有布丁加烈性啤酒和一瓶勃艮第，等等，之后，在不同的节中，每句的最后都以叠音结尾：

我可以完全掌控我的激情，

力量慢慢消减，头脑更加英明，

逐渐衰老，而没有痛风抑或肾结石的疼痛，

他补充说道，

我可以毫无畏惧地迎接我的最后一天；

当我离开时，我希望好人们这样说，

他年轻的时候清醒，年老的时候平和，

他走了，没有落后于他的同胞；

因为他控制住了自己的激情。

在我还年轻的时候，我唱过无数遍那首希望之歌，如今我八十岁，那三条希望，事与愿违终发生在我的身上：受到痛风和肾结石的折磨；我所有的激情都不由我掌控；在国内，我就像一个骄傲的女孩，她曾立下誓言坚决不嫁给牧师、长老会会员还有爱尔兰人，可最后她却嫁给了一个爱尔兰的长老会牧师。你认为我有理由希望，我以后的状况不仅可以和我之前一样好，而且还会更好。我希望如此，因为我相信上帝。我发觉他的善行里有极大的节俭和智慧，因为在劳力和物资两方面他一直都非常节约；他通过传播各种奇妙的发明，从而不断地让他的世界充满了植物和动物，而不必担忧新创造会有重复的麻烦。我说，当我看到没有任何浪费、甚至连一滴水也不会浪费的时候，我不能怀疑人性的毁灭，或是相信他每天都将耗费无数的脑细胞，绞尽脑汁使那个现在存在，为了制造出新的事物，从而将自己置身于持续不断的麻烦之中。因此在这个世界找到自己，我相信，我会以某种形式或其他形态始终存在：对于所有的不便，人类的生活应受到惩罚，我不会抵触一个新版本的我；尽管如此，希望最后的勘误表可以被纠正。

在我只有 23 岁时，我就写好了下面的墓志铭，曾把它给我很多的朋友们看过：

一名印刷工

本杰明·富兰克林的

遗体

就像一本旧书皮，撕去了其内容，

剥掉了书面的印字和烫金，

躺在这里，化作蛆虫的食物。

然而这本著作绝不致泯灭，

因为他坚信：

经由作者的校正和修改，

它将以全新且更完美的版本

重新出版。

1784年，在我生命中的第78个年头，我以“本杰明·富兰克林的告别”为题给我的朋友们写了下面的信。

如果将生命比作是一场盛宴，

我做了近八十年的客人：

我受到最好的款待，

因而我十分满足。

现在是我回去歇息的时候了；

主人，我谢谢你！朋友们，晚安。

人非到死时，其生终究不算完整：

那么我们为何还要悲伤呢？

想到我上了年纪，经历了很多亲朋好友的离去，继侄女伊丽莎白·帕特里奇给我写了一封来信，信中写到有一位贫穷的朋友去世了，几年前为了悼念她父亲的朋友，我曾写过一封信，她想要那封信的抄本。马瑟·拜尔斯曾经写信告诉我，在《波士顿公报》上有这封信的抄本。下面就是信的内容。

写给伊丽莎白·赫伯特的信

我亲爱的孩子：

我在此向你表示慰问，我们失去了一位非常珍贵且有益的亲戚，但这是上帝和大自然的意愿，当灵魂进入真实的生活，这些凡人的躯体就会被搁置到一边。灵魂进入真实的生活，它相当于一种胚胎状态，一种为生而做的准备；若没有死，一个人的生便不完整。一个新生儿将降生在一个不朽的国度，那么为什么我们还要悲伤呢？它会融入到他们的幸福社会中，成为其中的一员。我们都是一个个的灵魂，我们只是借用躯体而已，它们给予我们快乐，助我们获得知识，或为我们的众生谋利益，这是上帝的善良仁慈之举。当它们变得不能胜任这一目标，使我们遭受苦痛而非快乐——也非助益，成为一个累赘，也不能成就它们被赋予的任何目的——我们被赐予一种方式来摆脱躯体，这同样是善良和仁慈的。死亡就是那种方式。我们自己会明智地选择一种部分的死亡。有些情况下，一个给人带来痛苦折磨的坏肢，既然无法修复，我们情愿将其截去。他拔掉了一颗牙，随意地去掉它，因它给人带来疼痛。同样，他退出整个躯体，便立刻与躯体易受到的所有痛苦、痛苦的可能性以及疾病、抑或是使其遭受这些的可能性分开。

我们和我们的朋友被邀请到国外去参加一个快乐的派对——那将持续到永远。准备好的第一张椅子是他的，他会先于我们而去。我们不能顺道一同前往，但是为什么你和我会对此感到悲伤，因为不久的将来我们也会跟去，我们知道到哪儿能找到他。再见了！

本杰明·富兰克林

1756年2月22日 费城

我迫不及待地想要熟悉另外一种生活

时光流转，终结终会到来。待到那个时候我但愿听到这样的话，他活着的时候对人们有用处，而不是，他死的时候很富有。我依旧在享受着朋友陪伴的乐趣。站在我的立场上很容易有很多愿意活下去的理由。但是大自然规律必将在不久之后结束我当前的存在形式。我将无怨无悔地接受这一切，因为我这漫长的一生已经看过这世间的种种事，所以我迫不及待地想要去熟悉另一种生活，可以怀着子女的信任、开开心心地使我的心灵服从于人类伟大而又善良的父亲，是他创造了我的心灵，亦是他从我出生至今一直如此仁慈地庇佑着我，助我成功。

本杰明·富兰克林的临终遗嘱

1788 年—1789 年

编者按：

由于富兰克林的临终遗嘱也是自传体的，所以我把这部分内容也编入本书中。精彩部分包括他对儿子威廉的负面情绪；他送给女儿萨莉·贝奇一幅嵌有 48 颗钻石的国王肖像；他送给华盛顿将军一根山楂树木做的手杖，还有他在波士顿创立了一个旨在资助年轻技工的基金。

我，本杰明·富兰克林，来自费城，印刷工人，前任美利坚合众国派驻法国王室的全权公使，现任宾夕法尼亚州州长，拟定并宣布我的遗嘱如下：

对我的儿子，威廉·富兰克林，新泽西州前州长，我把自己在新斯科舍拥有的所有土地都给他和他的继承人，永久受让。我还将我所有的著书和论文留给他，这些他都可以支配使用，还有我账簿上所有需要他来抵偿的债务，希望这些可以抵清欠款和欠物，同时我也要求他来做我的遗嘱执行人。在战争后期他与我背道而驰的恶行众所皆知，因此我不会再给他留下更多的房产了，即使他极力争取。

我从法国归来后拆毁了介于第三大街和第四大街之间，我寓所前面的三处房屋，在该地新建了两间更大的房子，并在原来通往我寓所的地块上又盖了一间房，在我寓所和前面那几间房之间我还建了一间印刷所；如今我将刚才提到的我住的寓所、那三间新房、新建的印刷所和它们周边大块的土地都遗赠出来；还有我从亨马什寡妇那里买来的第六大街上一处小房子和地；还有我在希科里路的那片牧场连同那里的房子；还有我在市场街北边的房子和地，现在玛丽·雅各布斯住在那里，连同北边房子后边的一间房子和地以及锡盘巷前面的一间房子和地；连同教会墓地对面亚区街上的大片土地和房产，以及我所有的银盘、画和我寓所中的各式物品全部给我的女儿萨莉·贝奇和女婿理查德·贝奇，在他们两人的有生之年这些物品均属于他们，在他们二人都过世后，我将这些物品遗赠给他们已经出生了的所有孩子们，我女儿的尚未出生的孩子，以及继承人或永久受让人（他们是分权共有，而非联权共有）。

并且如果他们其中一人未到法定年龄就死亡且没有子嗣的话，那么他、她或他们应该继承的那部分遗产在临终时必须转移并且平等地分给其他一个或几个仍在世的继承人。但是我想如果他们中有人在未到法定年龄死去且留有子嗣的话，那么这样的后代必须继承顺延给他、她或他们父母的那份遗产，以保证他、她或他们能够生活下去。

并且，由于我所说的受遗赠者中一些人在他们父亲或母亲中最后一位离世时可能已经成年，而另一些人则尚未成年，所以他们可能并不具备划分财产的能力，如果是那样的话，我请求并授权宾州最高法院处置，或出于公心从中挑选出任意三位法官，以书面形式任命并经控制和盖章确认的三位诚实、睿智、公正无私的人来执行划分上述财产，并分配给每一个我的继承人他们应得的那份，并且每一份遗产需要经过上述的三人或者其中的两人认可并盖章生效后以书面形式留存，并需要由上述的法官确认，在此我郑重声明此项规定对于上述受遗赠人具有约束和决定效力。

所有在俄亥俄附近的土地，以及我最近从州政府手中购得的费城市中心旁的地块，我要遗赠给我的女婿理查德·贝奇，他的继承人和永久受让人；我还要给他我以他的名义购买的债券，一共是2 172英镑零5先令，连同应当或可能生出的利息，如果他能够释放并让其黑奴鲍勃重获自由，那么在我离世后将由我的遗嘱执行人将此笔款项转交给他，否则，我的遗嘱执行人有权取消此笔款项或要求其完成此条件方可转交此笔款项。还有弗吉尼亚州政府应该支付我的印刷费用，我也一并留给他。我还把威廉·戈达德及他妹妹的债券也都给他，还有刚去世不久的罗伯特·格雷斯的债券，以及弗朗西斯·蔡尔兹的债券和官司裁决，如果在我死之前还没有胜诉的话。其他债券，我都传给我的外孙子本杰明·富兰克林·贝奇，特拉华州基利恩那部分到期的债券除外。我还要免除我说的这位女婿在我这里欠下的账目和租金等。并且我要把我所有的乐器都留给他。

我把法国国王的一幅镶着48颗钻的名画遗赠给我的女儿萨莉·贝奇；但是她不可将这些钻石拿来为她本人或者她女儿们做装饰之用，以此把这个国家中盛行的那种奢侈、虚荣和毫无用处的珠光宝气式的时尚带到这个家里来；而那些与这幅名画关联的东西也许也该这样处理。

我要给我亲爱的姐姐简·梅科姆一处我在波士顿市团结街的房产和地，现在或将来由乔纳森·威廉姆斯先生照料，将遗赠给她和她的继承人及永久受让人。我还要给她每年50英镑，这钱从我到费城后购买北美银行的12份股票每年生出的利息或红利中支出，自我过世后算起，当她在世时每年支付给她，而且，等她过世后，留给我的女儿萨莉·贝奇和女婿理查德·贝奇。但是我明确的意愿和要求是，除支付给我这位姐姐每年50英镑之外，我这位女儿有权在我妹妹尚在世时独立支配这12支股票的利息或红利中剩余的部分，并且日后这部分利息或红利整体都将作为我女儿的私人资金。

承蒙佐治亚州政府授权，我将拨出该州的3 000英亩地给我的孙子威廉·坦普尔·富兰克林和他的继承人以及永久受让人。我还要遗赠给我孙子威廉·坦普尔·富兰克林一份4 000英镑的债券，这部分财产自他成婚之日起生效；如果他尚未成婚就过世的话，我的遗愿是这部分财产同样留给我其他的孙子孙女们，我女儿萨莉·贝奇的孩子们平分，对于我本应遗留给他们的那部分遗产也采取同样的处理方式。

我在费城的那些精密复杂的仪器遗留给我才华横溢的朋友弗朗西斯·霍普金森。

对于我哥哥塞缪尔·富兰克林的儿女、孙子孙女和曾孙曾孙女们，我将在我过世后给他们总共50英镑供他们均分。对于我姐姐安妮·哈里斯的儿女、孙子孙女和曾孙曾孙女们，我也将在我过世后给他们总共50英镑供他们均分。对于我的哥哥詹姆斯·富兰克林的儿女、孙子孙女和曾孙曾孙女们，我将在我过世后给他们总共50英镑供他们均分。对于我姐姐萨莉·达文波特的儿女、孙子孙女和曾孙曾孙女们，我将在我过世后给他们总共50英镑供他们均分。对于我妹妹丽迪亚·斯科特的儿女、孙子孙女和曾孙曾孙女们，我将在我过世后给他们总共50英镑供他们均分。对于我姐姐简·梅科姆的儿女、孙子孙女和曾孙曾孙女们，我将在我过世后给他们总共50英镑供他们均分。

我将所有印刷材料遗留给我的外孙本杰明·富兰克林·贝奇，这部分财产都放在了我在费城的铸字车间里，这些加起来，我估计也值将近1 000英镑了；但是如果他在未成年时就不幸夭亡的话，那么我同样会要求我的诸位遗嘱执行人，他们中尚在世的一位或几位将这些财产变卖，所得钱财在我女儿的其他业已成年、有动用遗产资格的孩子们或他们的代表当中平均分配，如果他们当中的有些孩子在父母已故且自己未成年时便已夭亡，则其余的个人须等到成年后才能收到这部分均分的财产。

至于我分别存放在法国和费城的书籍，现在已经陆续汇集到这里，并且已经为它们编好一个目录，我打算这样处理这些书：我的《科学院历史沿革》，四开六十或七十卷本，我留给费城哲学会，我非常荣幸能成为该学会的主席。我的对开本丛书《艺术与职业》遗赠给美国哲学会，它建立于新英格兰这片土地上，那时我是一名会员。这本书的四开本，我遗赠给费城图书馆公司。我在目录上标注着我外孙本杰明·富兰克林·贝奇的部分书籍，我将来就专门留给他；我在目录上标注着我外孙威廉·贝奇的部分书籍，就专门留给他；而我在目录中以乔纳森·威廉姆斯名字作标注的，我会专门留给我的这位表兄。剩下的所有书籍、手稿和论文，我都留给我的孙子威廉·坦普尔·富兰克林。我在费城图书馆公司的股份，留给我的外孙本杰明·富兰克林·贝奇，我相信他会和自己的兄弟姐妹一起分享的。

我生于新英格兰的波士顿，我很感激在那里的公立文法学校接受过最初的文学指导。所以我要拿出100英镑给我的遗嘱执行人们，由他们中健在的一位或几位代我交给我在波士顿老家的那几间公立学校的主任或主管们，交给他们或者交给实际监督管理这些学校的人们，拿这些钱生出一些利息，这样就能够永远都有利息，这些利息每年须用来购买银质奖章，由这些当地的学校主管每年作为荣誉奖励颁发给学生，而当地的行政委员们也可参与裁定人选。

我自出任州长以来的薪水还有些积蓄，我把这部分共计2 000英镑交给遗嘱执行人们，由他们健在的一个或几个人，交付给同样值得信赖的州立法委员，来推动州议院通过立法疏通斯古吉尔河河道。

在我过世后，我的一部分钱仍须留在我的诸位银行家们手里，巴黎的费迪南德·格兰德父子或是伦敦的史密斯、怀特和格雷诸公，我希望在偿清和减除我的债务后，我留下的这部分钱财也同样分成四等份，其中两份我留给我亲爱的女儿萨莉·贝奇，一份给他的儿子本杰明，另一份给我的孙子威廉·坦普尔·富兰克林。

在我当出版商、印刷商和邮政局长的那几年里，有许多笔书籍、广告、信件邮费或其他方面等小数目的钱到期，但是都还没有收回，那时是1757年，我被议会委以代表之任派往英国，最后这项任命一直延续到了1775年才结束，当我回来时我又立即投身到国会的繁杂事务中，随后在1776年又出使法国，在那里一呆就是9年，直到1785年才回到国内，而我刚刚提到的这些债务在这么长的一段时间内就无暇提及，从某种程度上说是过期了，但实际上是应当收回的。这些债务的详细情况我都记录在我那一大本对开的账簿“E”字头的分栏下，我现在把它们遗赠给宾夕法尼亚医院，希望那些债务人，或是他们中已故的人的子孙，正如我想的这样，可能把这些旧债当作债务去偿还有些困难，但是，请尽可能偿还这些债务，本着慈善宽容之心付给这家出色的医院吧。我料想这其中大部分的债务可能会无法追回，但是我希望一些数额较大的欠债或许还能偿付。也可能有我欠一部分人钱款的情况，如果是这种情况的话，这家医院的负责人可以酌减或扣除一些款项以补齐我欠的款额。

我的债务和遗产都已经清楚完整地交待好了，我剩下的所有不动产和动产，除了有特别说明的处理方式的之外，都遗留给我的儿子和女儿，理查德和萨莉·贝奇。

我请托我的这几位朋友，亨利·希尔先生；约翰·杰伊先生；弗朗西斯·霍普金森先生以及费城县本菲尔德的爱德华·达菲尔德先生，作为我遗嘱的执行人；在此我特别指定和委托诸公。

我希望我的葬礼尽可能办得节俭低调，不事张扬。在此我作废之前所有做出的遗嘱，声明这份遗嘱为我最后遗愿。

有鉴于此，我特此签字盖章，七月十七日，公元一七八八年。

本杰明·富兰克林

以上均由本杰明·富兰克林签字、盖章、公布及声明，作为他最终遗嘱，我等诸位在此见证。

亚伯拉罕·休梅克

约翰·琼斯

乔治·摩尔

遗嘱附录

我，也就是之前的遗嘱和附录里提到的本杰明·富兰克林，进一步考虑同样的问题，就是如何妥当地起草并公布下面的遗嘱附录或是遗嘱之外的一些细节。

我的政见成型已久，即在一个民主的州不应该存在任何谋利性的公职，具体原因在一篇我对我们体制的文章中已经提过了，这就是我在接受主席这个职位时的真实想法，即把我在任时薪水留给一些公共用途。因此，我早在拟定七月份这份遗嘱之前就已经将薪水分成几笔分别捐给了各个大学、学校及教堂等；另外在遗嘱中我还遗赠给宾夕法尼亚州2 000英镑用来疏浚斯古吉尔河。但是我也明白这么小的一笔钱对于推动这样的工程来说无异于杯水车薪，没有数年的筹划准备，这样的工程恐怕不太可能动工，于是我又有了另外的打算，我希望这个主意能带来更广泛的益处，因此我取消之前的捐赠，我希望将遗赠的薪水单据进行售卖，以期筹集到2 000英镑的款项，这笔款项将有他用。

一直以来存在着这样一个观点，即一个人如果从他的祖辈那里继承了一笔财产，那么他便也承担了某一种义务，同样地他要将这种义务传递给他的子孙。我便没有这样的义务，因为我从未从我的先辈或亲属那里继承过哪怕一毛钱。但是，倘若在我健在之时财产并没有减少的话，我就必须给我的后代和亲属们留下一笔可观的遗产。上述观察只不过是表达对我的家族一点歉意，因为这样的遗赠似乎对他们不会有什么立竿见影的帮助。

我生于新英格兰的波士顿，我很感激在那里的公立文法学校接受过最初的文学指导。所以，我在拟定遗嘱时已经顾及到这些学校了。但是我还应邀出任了由马萨诸塞州正式任命的驻英代表多年，拿着一笔可观的薪水。并且尽管我偶尔替哈钦森州长传递书信，所付出的比他们给我的薪水要多得多，我还是认为丝毫不应该减少我对他们的敬意。

我也曾想过，在一众工匠中，那些优秀的技工最可能成长为优秀的公民，而且我使自己在老家的时候就掌握了手工艺术和印刷的技艺，这使我日后在费城大展拳脚时受益良多，加之依靠着费城的两个朋友各种资金方面的帮助，为我的财富积累奠定了坚实基础，当然此生的所有收获都归于我自己（的努力），如果可能的话，我希望即使在过世后自己仍然能对他人有帮助，在塑造和助力其他年轻人方面，对这两个城市各村镇的年轻人大有裨益。为此，我决定捐出2 000镑，其中1 000英镑给马萨诸塞州的波士顿的居民，另外1 000英镑留给费城的市民们，找人代管这些钱，至于它们的如何使用、用在哪里，我稍后会详细说明。

如果波士顿的居民们接受了我刚才提到的这1 000英镑的话，那么必须在市政委员们与圣公会、公理会和长老会教堂中的牧师们的联合指导下进行管理，这些人可以放出达到五分利的高息，每年将这些钱给25岁以下新婚的技工们，因为他们在这个城镇中是学徒身份，并且忠实地履行合同给自己规定的职责，所以至少能够从两个人格高尚的市民中培养出一个优秀而品行端正的，作为申请人的担保人，要通过债券来按照下文约定好的期限偿还借款和利息；所有债券都可以当作西班牙碎银元使用，或者是等值的流通金币；而管理人必须掌握一本或多本订本式账簿，上面须注明那些提出借款申请并接受本机构贷款的申请人的姓名、他们的担保人，连同贷款总数、借款日期以及其他有关本机构贷款细节和注意事项的适当必要的记录。此外由于这些贷款旨在帮助年轻的新婚技工创立自己的事业，所以他们借贷的本金应受到管理人的谨慎考量，也就是每个人借贷额度控制在 15 英镑以上、60 英镑以内；如果具备申请资格的人数过多而可能会影响到一部分申请人贷款额度不足的话，那么上述个人借贷本金将适度减少以保证对每个人都能提供一定的帮助。所以，这些援助在起初可能显得有些微不足道，但是这笔资金随着日后利息的滚动累加，会变得充足富裕的。为了能使这笔钱在运转过程中效率更高效果更好，同时使还贷更加容易，每个借贷者须偿还本金之外的利息，按年息计，利率为 10%；至于这些利息，须滚存入银行，供新的借贷者使用。

另外，我猜想波士顿还有一些善良仁慈的市民，希望牺牲自己的业余时间为下一代做点善事，希望无偿地监督和管理本机构，好让这笔钱充分运转起来，或者保证资金一直产生利息的前提下将它们用于其他目的；基于这种情况，可能会在适当的时候，在需要用到这笔钱的时候留下大部分资金在波士顿运转，其余一部分空闲出来去支援马萨诸塞州临近的或其他较远的城镇中那些需要帮助的人们。需要这笔钱的城镇也需要按期偿还利息和本金，这点和波士顿城的居民们一视同仁。

如果执行这个计划，在不中断情况下顺利运转 100 年的话，这笔资金最后会滚动到 131 000 英镑；这笔钱我会授权负责给波士顿捐款的管理人们根据他们的考量进行安排，其中十万镑用于市政工程建设，根据最能惠及广大市民的标准进行衡量，比如国防建设、桥梁、水利、公共建筑、浴室、人行道等，或者只要能给城里居民生活带来便利的工程，以及给外来人提供一个更加舒适的医疗救助站或临时居所。剩下的 31 000 镑，我想继续用来派生利息，还按照上面提到的那种运作方式，然后再经过 100 年，我希望本机构能在引领青年方面有所作为，也能惠及众多具有优秀品格和价值的市民。在这第二个 100 年过后，如果没有什么不幸的事情阻碍这笔钱滚动的话，资金总数将达到 4 061 000 镑，我拿出其中的 1 061 000 镑用来处理波士顿百姓的事，另外 300 万镑留给州政府支配，我在这里就不作更加长远的规划了。

以上我已尽述了关于如何支配和管理捐赠给波士顿居民的这笔钱，我或许能看到给费城居民们的钱如何使用，只是，当费城合并后[1]，我请求费城当局在运行这笔资金时能够欣然接受我的安排，在此我全权委托他们按照上述方式管理和使用这笔资金。此外，考虑到目前地上大片建筑和路面覆盖了地表，大部分的雨水都被排走了，阻止了其进入土壤，更新和净化泉水，水井里的水水质变差，不适合使用，我发现在一些老城里有这种情况，我建议在第 1 个 100 年之末，本城市的相关机构从 10 万英镑中拿出一部分用管道将维萨肯溪的水引入城镇供给居民。我认为这件事不算难，此溪流的水位远远高于这个城市所在的位置，而且可以通过水坝使其水位更高。我还建议了察切尔河完全通航。在第 2 个 100 年之末，将会在费城居民和宾夕法尼亚居民之间平分 4 061 000 英镑，其方法同在波士顿居民和马萨诸塞州居民之间的分配方式一样。

我希望这一举措可以实行，并在我死后一年内进行实施。因此在那一年期满前应公开给出通知，通知那些与之利益相关者。我在此指令我的遗嘱执行人及他们的后代，在我死后 6 个月内，支付 2 000 英镑给波士顿和费城的由行政委员任命的人员，他们每人将接收和管理 1 000 英镑，用于支付前文所提事项之花费。

考虑到在这样一段时间里所有的人事和项目有可能有意外情

1　编者按：自从 1854 年通过“合并法案”后，费城市的边界就与费城县相同。从 1854 年起，费城市和费城县为两个并行的地方政府，而从 1952 年起，市县共有一个政府组织，但费城县仍属宾州州政府下的一个独立的县。

况，我也许太过确信对钱款的这些分配计划，认为如果执行的话不会有间断并能取得应有的效果。但是，我希望如果这两个城市的居民认为不适宜执行此事项，他们至少要接受这些捐款，将其视之为我的好意，我的感恩之心以及我热切地渴望在死后也能对人们有所助益的证明。

我的确希望这些项目会被执行，因为我认为尽管会有无法预料的困难，会有可行的办法解决它们。如果波士顿或宾夕法尼亚有一方接受了钱款而另一方拒绝，我的遗嘱是这两项钱款都给予接受钱款的一方，用于同样的目的，且规章也不能更改。如果两方都不接受，那么钱款将留在我的财产中，按照我在1788年7月17日订立的遗嘱处置。

我希望被埋葬在我妻子旁边，由钱伯斯制作大理石碑，长6英尺，宽4英尺，普普通通，上面刻着：本杰明和黛博拉·富兰克林。我精美的手杖赠与我的朋友，人类的朋友：华盛顿将军。如果它是一只君王的权杖，那么它配得上华盛顿将军，而且会由此更名副其实。它是一位杰出的女性——德·福尔巴克夫人赠给我的，伴随这件礼物的还有几行赠诗。我将我的金表和上面绘有美国13州的金表链赠给我的女婿，它们都是崭新的我从未戴过。我的图书馆里的座钟赠给我的孙子威廉·坦普尔·富兰克林，还赠给他一面中国的锣。我把我的一只银制大酒杯赠给我亲爱的老朋友玛丽·休森夫人，她过世后就留给她的女儿伊丽莎白。我赠给她的儿子，也是我的教子威廉·休森一本四开本的《圣经》以及一本对开本彩印的《维也纳皇家园林植物图谱》。

我将赠与她的儿子，托马斯·休森，一套精美装帧的《旁观者，闲谈者和守卫者们》。

在我的遗嘱中有一处疏漏，遗嘱中提到威廉·坦普尔·富兰克林债券总额为4 000英镑，可实际上是3 500英镑，特此更正。

在此我也把一笔总额60英镑的款项均分给我的各位遗嘱执行人，以作为他们在遗嘱执行过程中应得的报酬；我也恳请我的朋友，达菲尔德先生接受我在法国时的一项发明，它是一个黄铜制的齿轮发条装置，用于安装在马车的车轮上；也请我的另一位朋友，希尔先生接受我赠给他的银制奶油罐，这是福瑟吉尔医生早先送给我的，上面刻有一句箴言，“重续旧日友情”。我的反射式望眼镜（由舒尔特制造）是坎顿先生赠给我的，现将它赠给我的朋友大卫·里滕豪斯，他可用于进行天文观测。

马丁1767年为我作的画像将赠与宾夕法尼亚最高行政院，如果能被接受并挂在议事厅内，将是我的至高荣幸。我在乔瑟夫·迪恩的中心地块附近另购置了几处土地，我希望可以依照我的意志，把这几块地连同其他留给我的女婿，理查德·贝奇，以及他的后嗣。

在遗嘱中我留给我的姐姐50英镑用作养老金，现在我再追加10英镑，一并60英镑赠与她。我将20基尼赠与我的好朋友，物理学家，约翰·琼斯博士。

遗嘱中对于分给我的女儿萨莉的那部分遗产，将留给她个人，无论她现在或将来是已婚或是单身；我将赋予我的遗嘱执行人所有必要的权利来实现我的这条遗嘱，使其具有法律效力。这条针对我女儿的遗嘱不意味着对其丈夫的任何层面的不尊重。

最后，我希望在我的遗嘱后附上这份遗嘱附录，使其与遗嘱一并生效。

在见证人的陪同下，我于公元一七八九年六月二十三日对这份遗嘱附录签字按押。

本杰明·富兰克林

这份富兰克林的遗嘱附录已在我们的见证下签字、盖章、发表并声明，以此为证。

弗朗西斯·贝利，托马斯·朗

亚伯罕·休梅克

后记

“让所有的人了解你，但别让人看透你；水浅乱脚踏过，心浅易遭人欺。”

——《穷人理查德年鉴》

通过对富兰克林的日记、信件以及其他文书的汇编和校订，我们能够更深入地了解那些曾指向富兰克林的悬而未决的争议。富兰克林是否曾怠慢他的妻子黛博拉？他是不是个花花公子？为什么直到战后他都没有原谅他的儿子威廉？富兰克林是不是异教徒？富兰克林在政治上是个自由派、保守派还是激进的民主主义者？

富兰克林和他的婚姻

首先，我们来探讨一下他和他的夫人黛博拉以及其他女性的关系。富兰克林曾被指责自1757年作为殖民地代表首次出使英国伦敦，直到1775年黛博拉去世这段期间，他忽略甚至是抛弃了他的夫人。除了其中两年，其余时间他们二人一直分居两地，从外表推断，他们两人对婚姻的状态都不满意。在分居两地之前，两人依然恩爱有加，尽管他们的兴趣爱好相异（她向往家庭生活，他却挚爱公民事务和哲学）。不过，“她是一个优秀的忠诚的配偶，她帮我一起料理店面；我们一起成长，给对方带来了很多快乐。”本杰明曾在回忆录中这样写道——值得一提的是，这是在她去世之后写下的文字。

然而，在富兰克林被委任出使英国的时候，黛博拉坚决反对跟随他漂洋过海去生活和工作。这段往事富兰克林后来曾多次提到，不论做出什么样的努力，连他身边的朋友们都劝不动她。威廉·斯特拉恩，他在伦敦的印刷商朋友，曾经劝诫她，她的丈夫在异乡被多名女子追求，可黛博拉仍然不为所动。在这期间，他们夫妇俩的来信语言真挚，谈论着家里的生活琐事、当地的小道传闻，也会谈谈国事。在分开的最初时期，他们的信件往来中能读出对彼此细腻至深的情感，尤其是本杰明患病期间。但是显而易见的是，随着时间的流逝，富兰克林的信变得愈发平淡，有时措辞和语气也愈发严厉起来。

在很多方面，他们都比对方要略胜一筹。在给他的同事的信中，本杰明经常表达出对哲学、科学和政治的痴迷；在他给女性友人的信件中，他下了不少功夫让自己的措辞显得既智慧又诙谐。在黛博拉过世以后，富兰克林不时地流露出失去曾一起生活多年的伴侣的痛苦和惋惜，他也曾为了弥补生活中的缺失，先后几次与几位在法国时结交的女性联络密切，甚至向她们求过婚，但后来也都不了了之（从他的书信中可以得知）。我猜想，他在快临终时非常渴望在生命的尽头能重新获得他忠诚的伴侣黛博拉的陪伴。临终前，他要求与夫人同葬，并在墓碑上留下简单的一行字，“本杰明及黛博拉·富兰克林”。

至于他风流韵事的传闻，从他与布瑞林女士的来往信件中，可以察觉出两人之间爱慕的情愫和未被满足的欲望。毕竟，那时他已是一位身患多种疾病的七旬老人了。

与儿子威廉和解

对于已与他疏远的儿子威廉，似乎没有历史学家曾指责富兰克林在战时做出的与儿子分开的决定有什么不妥。可以说，富兰克林是一位反叛者，而儿子威廉则是位保皇分子。可是，有些历史学家曾对富兰克林在战后仍不能原谅儿子的做法进行抨击，那时威廉曾写信给父亲请求父子之间的和解。“那时并不是富兰克林最好的时刻，”[1]一位历史学家曾这样评论道。富兰克林目睹和经历了由英国人发起的这场战乱，在他所写的信件、文章中，甚至曾提议在硬币和勋章上刻下一句：宽恕说来容易，做来不易。富兰克林深深地感到他的苦痛是事出有因的，他曾严厉责骂他的儿子“拿起武器来反对我，置我的名声、财富甚至是生命于不顾”。也许正是因为威廉一直拒绝为他这个重大决定向父亲道歉，即使是在他坚持与父亲和解的时候，这使父亲一直无法原谅他。

1 H.W. 布兰兹，《美国第一人：本杰明·富兰克林的岁月》（纽约：双日出版社，2000），第 646 页。

为什么富兰克林痛恨战争？

父子之间的隔阂是其中的一个缘由，富兰克林常提到，“这世上从来都没有好的战争，也没有坏的和平。”战争摧毁了他的一切，摧毁了他和儿子之间的亲密关系。在1776年以前，父子二人一起共事，感情非常深厚。战争破坏了这个家庭的和谐关系，也破坏了他与很多英国和美国的密友之间的关系。[1]

富兰克林厌恶战争——所有的战争——的另一个原因是战争夺其所爱：在科学上的追求。在英国和法国居住期间，他经常抱怨几乎没有闲暇与科学家们通信交流他的科学研究及创造。在战争结束后，他立即重拾科研工作，投入到几项发明工作中，例如一种可以从书架高处取书的“长臂”。但是他仍认为战争中断了他一直追求的技术革命的梦想，削弱了他进行具有实用价值的发明创造的能力。他曾多次表达自己想晚出生一到两个世纪的愿望。

自由派、保守派还是激进的民主主义者？

富兰克林的政治立场是什么？在开国元勋中，他很多方面都表现出一个改革论者的立场。他坚决支持一院制立法，可以说他是位激进的民主主义者；他信奉亚当·斯密的理论，支持自由贸易；他痴迷于法国重农主义（杜尔哥，孔多塞等人），他曾撰写文章表达对自由放任主义和农业的赞许。他维护富人阶级的利益，曾担忧如果国家实施福利政策，会给穷人阶层的刺激政策带来什么样的影响。他反对最低收入法，并曾多次撰文支持自由移民和人口快速增长（他并不是马尔萨斯人口论者）。他反对任何形式的国教，以及就职时强制性的宗教

1　详见罗伯特·米德尔考夫《本杰明·富兰克林和他的敌人们》（加利福尼亚大学出版社，1996）。整本书涵盖了富兰克林所列的敌人清单。

宣誓，并坚持要求在1789年新国家成立之际，废除奴隶制。从他自己的痛苦体验中（通过他的儿子和孙子的经历）富兰克林认识到私营企业比公立服务要更有价值。他的政治立场可以用乔治·华盛顿在1796年卸任演说中的一句话来概括，当时华盛顿曾这样劝诫广大民众："我们处理外国事务的最重要原则就是在与他们发展商务关系时，尽量避免与他们发生政治关系。"而这个理念在1778年曾被富兰克林以更简洁的方式提出，这发生在华盛顿讲话前大概20年："美国的处事哲学是与所有国家发生经济往来，而绝不与任何国家发生战争。"

大事纪要

1706 年 1 月 17 日生于马萨诸塞州的波士顿市

1718 年—1723 年跟着哥哥詹姆斯·富兰克林做印刷学徒工

1723 年去了费城，开始给印刷商塞缪尔·凯莫工作

1725 年—1726 年在英国伦敦从事印刷工作

1727 年，在费城建立共读社

1729 年购入《宾夕法尼亚公报》

1730 年与黛博拉·里德结婚

1731 年，威廉·富兰克林大概出生在这一年；建立费城图书馆协会。

1732 年，儿子弗朗西斯出生；第一本《穷人理查德年鉴》出版（最后一本出版于 1758 年）

1736 年弗朗西斯去世；被任命为宾夕法尼亚议会的办事员（至 1751 年）

1737 年任宾夕法尼亚邮政部长（至 1753 年）

1740 年发明宾夕法尼亚壁炉（富兰克林炉）

1743 年女儿萨莉出生；提议组建美洲哲学社

1747 年第一次电气试验

1748 年与大卫·豪尔建立印刷业合作关系（至 1767 年）

1751 年，与别人共同建立青年教育学会（现为宾夕法尼亚大学）；建立宾夕法尼亚城市医院；《有关电的试验和观察》在伦敦出版

1751 年，担任宾夕法尼亚议会代表（至 1764 年）

1752 年，组建第一家火灾保险公司，任总裁

1754 年，提出联合殖民地的《奥尔巴尼计划》

1757 年，作为宾夕法尼亚议会代表去往英国

1759 年，接受圣安德鲁斯大学的荣誉博士学位（自此后被称为“富兰克林博士”）

1762 年，接受牛津大学的荣誉博士学位；返回宾夕法尼亚

1763 年—1764 年，帕克斯顿暴徒袭击印第安人

1764 年，作为殖民地代表第二次出使英国

1765 年，反对《印花税法》

1766 年，《印花税法》被废除

1769 年，被选为美洲哲学社主席

1771 年，开始写自传

1773 年 12 月 16 日，波士顿倾茶事件

1774 年，由于哈钦森信件丑闻的影响而遭到枢密院的审查；被解除副邮政部长的职位；波士顿港口被关闭；妻子黛博拉去世

1775 年，4 月列克星敦和康科德战役；返回美洲；被选举为第二次大陆会议成员；被任命为邮政总长；提交十三州联邦宪法

1776 年，春天出访加拿大；协助起草《独立宣言》；签署《独立宣言》；被选举为宾夕法尼亚制宪会议的代表；作为三位美洲特使之一去法国就两国协议举行谈判

1777 年 12 月，收到伯戈因将军在萨拉托加投降的消息

1778 年与法国协商经济和军事援助协议；被任命为美洲在法国唯一的全权大使

1781 年，11 月收到康沃利斯将军在约克镇于 10 月 19 日投降的消息；与约翰 · 杰伊、约翰 · 亚当斯和其他几人与英国举行和谈

1783 年，与英国签署《巴黎和约》

1785 年，富兰克林的驻法大使一职由托马斯 · 杰斐逊取代；返回美国

1785 年，被选举为宾夕法尼亚最高执行委员会主席（至 1788 年）

1787 年，代表宾夕法尼亚参加制宪会议

1790 年 2 月，以宾夕法尼亚促进废奴协会主席的身份签署最后一份公共文件

1790 年 4 月 17 日去世，葬于宾夕法尼亚州费城妻子的墓旁

人物表

约翰·亚当斯(1735年—1826年),律师、马萨诸塞州在议会的代表,后来和富兰克林一起出使法国;成为美国第二任总统

康德·德·阿兰达（1718年—1783年），西班牙驻法国大使，对西班牙王朝影响不大

本尼迪克特·阿诺德（1741年—1801年），原为大陆军的将军，后于1780年叛逃到英国

本杰明·富兰克林·贝奇（1769年—1798年）也叫本尼，是理查德和萨莉·富兰克林·贝奇的儿子，1776年随同他的外祖父一起去了法国，1785年返回美洲，并出版了《曙光报》

理查德·贝奇(1737年—1811年),英国商人，与富兰克林的女儿成婚后，于1776年—1782年担任美国的邮政总长

萨莉·富兰克林·贝奇（1743年—1808年）富兰克林唯一的女儿，1767年与理查德·贝奇成婚

爱德华·班克罗福特（1745年—1821年），1776年—1783年期

间担任富兰克林和美国驻法国委员会的非官方秘书，是个出生于美洲的英国间谍

小大卫 · 巴克利（1729 年—1809 年），伦敦商人，与他的兄弟约翰一起创建了巴克利银行

皮埃尔 · 奥古斯丁 · 卡伦 · 德 · 博马舍（1732 年—1799 年），法国剧作家，以《费加罗的婚礼》而闻名，在美洲革命期间成了武器商人

马修 · 博尔顿（1728 年—1809 年），英国工程师，他位于伯明翰的工厂生产了合作伙伴詹姆斯 · 瓦特（1728 年—1809 年）设计的具有革命意义的蒸汽机

安妮 – 路易斯 · 布瑞林 · 德 · 朱伊（1744 年—1824 年），雅克 · 布瑞林的妻子，是富兰克林在帕西的一个热心邻居，钢琴师、作曲家

康德 · 德 · 布封（1707 年—1788 年），法国自然主义者、雅尔丹二重唱的导演

约翰 · 伯戈因 (1723 年—1792 年)，议会成员，在美国革命期间是位英国将军

埃德蒙 · 伯克（1729 年—1797 年)，同情美国革命的议会成员，但是后来对法国革命持批评态度

马瑟 · 拜尔斯（1707 年—1788 年），波士顿的一位传教士，英克里斯 · 马瑟的孙子

威廉 · 卡麦可什（？—1795 年），1778 年—1779 年间为议会成员，1780 年作为秘书年陪同约翰 · 杰伊去往西班牙

卡罗顿市的查尔斯 · 卡罗尔（1737 年—1832 年），《独立宣言》的签署者，来自于马里兰的美国参议员

查特姆勋爵（1708 年—1778 年）：大威廉·皮特，查特姆家族的第一伯爵，辉格党人，在与法国七年战争期间是英国国防部长，后成为英国首相，其子小威廉·皮特后来也是英国首相

塞缪尔·蔡斯（1741 年—1811 年），马里兰州在议会的代表，美国最高法院法官

雅克·多纳西安·德·肖蒙（1725 年—1803 年），商人，购买了帕西的德·瓦伦蒂诺宾馆，美国人把它作为在法国的大使馆和富兰克林的办公地。肖蒙是第一个帮助美国的法国人，但是最后破产

国王克里斯丁七世（1749 年—1808 年），丹麦和挪威国王

皮特·科林森（1694 年—1768 年），伦敦商人、植物学家，负责出版了富兰克林的《有关电的试验和观察》首版（1751 年）

马奎斯·德·孔多塞（1743 年—1794 年），法国数学家和经济学家，在法国革命期间被毒死

雷夫·塞缪尔·库珀（1725 年—1783 年），波士顿政治家、牧师

查尔斯·康沃利斯（1738 年—1805 年），议会成员，在美国革命期间是英国的将军，返回英国后，成为驻印度司令官

托马斯·库欣（1725 年—1788 年），马萨诸塞州在众议院的发言人（1766 年—1774 年），哈钦森信件的接收者

塞拉斯·迪恩（1737 年—1789 年），律师、商人、议会代表；1776 年与富兰克林作为特使一起前往法国，但是 1778 年被议会以所谓的侵占公款召回，后被证明无辜

约翰·迪金森（1732 年—1808 年），费城政治家、《来自宾夕法尼亚农民的信》的作者，1768 年，在富兰克林帮助下，此书得以出版

丹尼斯·狄德罗（1713 年—1784 年），法国哲学家、《百科全书》的编者（35 卷出版于 1751 年至 1780 年期间）

皮埃尔·塞缪尔·杜·庞德·德·内穆尔 (1739 年—1817 年), 法国重农主义者, 政治家, 杜邦在美国的创始人

威廉·达特茅斯勋爵（1731 年—1801 年），本名威廉·莱格，1772 年—1774 年为美洲殖民地国务大臣

孔德·德·德斯坦：查尔斯·亨利·德埃斯坦（1729 年—1794 年），富兰克林的邻居、法国海军上将，曾参加过美国革命的战斗

阿莱恩·菲兹·赫伯特（1753 年—1839 年），由谢尔本勋爵派往法国的英国和谈使者

约翰·福瑟吉尔（1712 年—1780 年），伦敦的教友派政治家

查尔斯·詹姆斯·福克斯（1749 年—1806 年），主管外国事务的国务大臣，英国政治家，对美国革命持同情态度

爱比亚·福尔杰·富兰克林（1667 年—1752 年），约西亚·富兰克林的妻子，育有十个孩子，包括本杰明

黛博拉·里德·富兰克林（1705 年？—1774 年），富兰克林的妻子，育有两个孩子——弗朗西斯和萨莉

弗朗西斯·福尔杰·富兰克林（1732 年—1736 年），富兰克林的二儿子，四岁时死于天花

约翰·富兰克林（1690 年—1756 年），本杰明最喜欢的哥哥、波士顿的肥皂商人、邮政所长

约西亚·富兰克林（1657 年—1745 年），本杰明的父亲，1683 年搬迁至波士顿，共有 17 个孩子，其中 7 个由第一任妻子安·蔡尔德所生，

10 个由第二任妻子爱比亚·福尔杰所生

威廉·富兰克林（约 1731 年—1813 年），本杰明·富兰克林的私生子，由富兰克林和妻子黛博拉养大，1762 年被任命为新泽西总督，在战争期间仍然忠于英国

威廉·坦普尔·富兰克林（约 1760 年—1823 年），威廉的私生子，母亲未知，生于伦敦，1776 年—1785 年期间同祖父前往法国，并担任富兰克林的秘书

托马斯·盖奇（1721 年—1787 年），美洲殖民地的英国军队的总指挥官

约瑟夫·盖洛威（约 1731 年—1803 年），宾夕法尼亚议员，与富兰克林共同反对私人政府，但是在美国革命期间仍然忠于英国

国王乔治三世（1738 年—1820 年），在美国革命期间是英国国王，在 22 岁时继承了祖父乔治二世的王位

康拉德·亚历山大·吉拉德（1729 年—1790 年），律师、外交家，1778 年—1779 年间美国第一任外交部长

斐迪南·格兰德（1726 年—1794 年）,美国银行家，美国在法国的财政代理人

凯瑟琳·蕾·格林（1731 年—1794 年），1754 年与富兰克林在波士顿相识，成为富兰克林的朋友和通信人；与罗德岛总督威廉·格林成婚，育有六个孩子

乔治·格伦维尔（1712 年—1770 年），财政部长，印花税法的拟稿人

托马斯·格伦威尔（1755 年—1846 年），乔治·格伦威尔的二子，1806—1807 年间为海军大臣

大卫 · 豪尔（1714 年—1772 年）,1767 年之前为富兰克林的印刷业合伙人

大卫 · 哈特利（约 1730 年—1813 年），英国政治家、科学家、议会成员，参加了和谈和战俘的交换工作

玛丽 · 史蒂文森 · 休森（1734 年—1795 年），玛格丽特 · 史蒂文森的女儿，1770 年与威廉 · 休森成婚，四年后丈夫去世

伊丽莎白 – 弗朗索瓦丝 · 德 · 拉 · 丽芙 · 德 · 贝列卡尔（1730 年—1813 年），克劳德 · 康士坦茨 · 塞萨尔的妻子，聪明、漂亮，因卢梭的《忏悔录》而出名

吉恩 – 安东尼 · 乌东（1740 年—1828 年），法国雕刻家，制作了富兰克林、华盛顿、伏尔泰、卢梭和其他名人的半身像

卡罗琳 · 豪（约 1721 年—1814 年），理查德 · 豪勋爵的妹妹，与约翰 · 豪成婚

理查德 · 豪勋爵（1726 年—1799 年），英国政治家、英国海军总司令官（1776 年—1778 年）

威廉 · 豪（1729 年—1814 年），1775 年到 1778 年间为美洲殖民地的英国军队的总指挥官，理查德 · 豪勋爵的弟弟

托马斯 · 哈钦森（1711 年—1780 年），马萨诸塞州副总督，1773 年—1774 年间，他写给朋友们的信件给自己和富兰克林造成了丑闻

大卫 · 休谟（1711 年—1776 年），苏格兰启蒙运动中的哲学家和经济学家

扬 · 英根豪斯（1730 年—1799 年），荷兰派驻奥地利王朝的医师、科学家，富兰克林的通信人

拉尔夫·伊扎德（1741 年—1804 年），美国外交官，1777 年被派往意大利的托斯卡纳，但是由于托斯卡纳拒绝承认美国的地位，他滞留在巴黎，1779 年被召回，后成为美国参议员 (1789 年—1795 年)

理查德·杰克逊（约 1721 年—1787 年），英国科学家、议会成员，与富兰克林一样同为康乃狄克、宾夕法尼亚和马萨诸塞州的代理人

艾贝尔·詹姆斯（约 1726 年—1790 年），费城商人，与富兰克林一起鼓励商人们生产丝绸。他通过地产商人约瑟夫·格洛维得到了富兰克林自传的第一部分

约翰·杰伊（1745 年—1829 年），1780 年—1782 年期间为美国派驻西班牙大使，后成为高等法院审判员、纽约总督

托马斯·杰斐逊（1743 年—1826 年），弗杰尼亚在议会的代表，《独立宣言》的主要制定者，继富兰克林后为驻法国大使，后成为美国第三任总统

塞缪尔·约翰逊博士（1709 年—1784 年），英国作家、评论家，因詹姆斯·博斯维尔的《约翰逊的生活》而出名

约翰·保罗·琼斯（1747 年—1792 年），著名的美国海军船长，1779 年为“博诺姆·理查德号”的指挥官，1781 年乘坐“联盟号”返回美国

克姆斯勋爵（1696 年—1782 年），苏格兰法官

马奎斯·德·拉法叶（1757 年—1834 年），法国船长，美国革命时期的将军。富兰克林和拉法叶为一生的好友

亨利·劳伦斯（1724 年—1792 年），1777 年—1778 年间为大陆议会主席，美国派往法国的大使，帮助与英国协商和谈一事

约翰·劳伦斯（1754 年—1782 年），亨利·劳伦斯的儿子，1781

年被派往法国寻求帮助

安托万·劳伦·拉瓦锡（1734年—1794年），法国化学家，欧洲最有影响力的科学家，科学院的领导人

阿瑟·李（1740年—1792年），生于弗杰尼亚，律师、士兵，1776—1779年间与富兰克林一起被派往法国，富兰克林的严厉批评者

查尔斯·李（1731年—1782年），美国革命时期的将军，出生于英国

威廉·李（1739年—1795年），阿瑟和理查德·亨利·李的哥哥，被派往柏林和维也纳任美国特使，但是这些王朝拒绝承认美国，李不得不滞留巴黎

勒罗伊·珍－巴普蒂斯特（1720年—1800年），法国科学家、富兰克林的忠实朋友

罗伯特·利文斯顿（1746年—1813年），纽约政治家、美国外交部长（1781年—1783年）

法王路易十五（1710年—1774年），法国国王，1725年与波兰公主玛丽成婚

法王路易十六（1754年—1793年），20岁时，因他的祖父路易十五去世而接任法国国王，1770年与玛丽·安托瓦内特成婚

詹姆斯·洛弗尔（1737年—1814年），1777年—1782年间为马萨诸塞州在议会的代表

科顿·马瑟（1663年—1728年），著名的清教徒牧师，英格里斯·马瑟的儿子。富兰克林因受到其《行善文》的影响而与其孙子塞缪尔·马瑟取得联系

简·富兰克林·梅科姆（1712 年—1794 年），约西亚和爱比亚·福尔杰·富兰克林的小女儿，富兰克林最喜欢的姐姐

佛朗茨·安东·梅斯梅尔（1734 年—1815 年），维也纳精神病医生，他的医术曾在法国引起轰动，后来受到富兰克林和其他人的怀疑

阿贝·安德烈·莫雷莱（1727 年—1819 年），法国经济学家，对狄德罗的《百科全书》颇有贡献

罗伯特·莫里斯（1734 年—1806 年），爱国者，投资家

雅克·内克尔（1732 年—1804 年），银行家，1777 年—1781 年间为法国财政部长

艾萨克·诺里斯（1701 年—1766 年），辉格党商人，1750 年—1764 年间为宾夕法尼亚议会发言人

佛雷德里克·诺斯（1732 年—1792 年），1770 年—1782 年美国革命期间为英国首相

理查德·奥斯瓦德（1708 年—1784 年），出生于苏格兰，商人，英国政治家，曾帮助协商和谈协约，但是在《巴黎和约》签署之前被召回国

托马斯·潘恩（1737 年—1809 年），出生于英国，记者，《常识》一书的作者，另著有其他一些赞同美国独立的小册子

约翰·佩恩（1729 年—1785 年），宾夕法尼亚建立者威廉·佩恩的孙子，1763 年—1776 年间为宾夕法尼亚总督

托马斯·佩恩（1702 年—1775 年），威廉·佩恩的儿子，辉格党的建立者，宾夕法尼亚的私营业主

威廉·佩恩（1644 年—1718 年），辉格党的建立者，宾夕法尼亚

的领主

约翰 · 普林格尔（1707 年—1782 年），苏格兰医师，富兰克林的旅行伙伴

德 · 拉罗什富科 · 利昂库尔（1747 年—1827 年），法国贵族，在法国革命期间和之后支持自由民主改革

让 · 雅克 · 卢梭（1712 年—1778 年），法国哲学家、《社会契约论》的作者

本杰明 · 拉什（1746 年—1813 年），医师，《独立宣言》的签署者

爱德华 · 拉特里奇（1735 年—1826 年），南卡罗来纳律师、《独立宣言》的签署者

桑德维奇勋爵（1718 年—1792 年），桑德维奇家族第四代伯爵、国务大臣、海军第一大臣、参议院成员

詹姆斯 · 瑟尔（1733 年—1797 年），商人，宾夕法尼亚在议会的代表，1780 年被派往欧洲寻求贷款以购买物资

丹尼尔 · 谢司（约 1747 年—1825 年），农民、老兵，在经济衰落期间，为抗议对债务人的监禁而领导了马萨诸塞州的暴动，后被捕，并被判绞刑，但是被新总督约翰 · 汉考克赦免

谢尔本伯爵（1737 年—1805 年），威廉 · 佩蒂，殖民地部长，1782 年—1783 年间为英国首相

乔纳森 · 希普利（1714 年—1788 年），圣阿萨夫教堂主教，富兰克林一生的朋友、通信人，富兰克林的回忆录就是在他位于特怀福德的家中开始的。他的女儿凯瑟琳和乔治亚娜常与富兰克林有通信往来

亚当 · 斯密（1723 年—1790 年），苏格兰经济学家，《国富论》

一书的作者

威廉·史密斯（1727 年—1803 年），英国在费城的大臣，富兰克林的批评者之一

玛格丽特·史蒂文森（约 1706 年—1783 年），富兰克林在伦敦克雷文街的女房东，玛丽·史蒂文森·休森的母亲

雷夫·埃兹拉·斯泰尔斯（1727 年—1795 年），康乃狄克州牧师、耶鲁大学校长

大卫·莫瑞·斯托蒙特（1727 年—1796 年），苏格兰贵族，美国革命期间驻凡尔赛的英国大使

亨利·斯特雷奇（1737 年—1810 年），内政部副部长

威廉·斯特拉恩（1715 年—1785 年），英国印刷商，议会成员，出版了一些著名书籍，如在 1776 年出版了爱德华·吉本的《罗马帝国的衰亡》、亚当·斯密的《国富论》

雷夫·威廉·斯特金（约 1722 年—1770 年），英国牧师

查尔斯·汤森（1725 年—1767 年），英国财政大臣，1767 年《汤森税法》的制定者

托马斯·汤森（1733 年—1800 年），1782 年罗金厄姆地区的陆军部长，1783 年—1789 年年间为内务部部长，查尔斯·汤森的堂弟

安尼·罗伯特·雅克·杜尔哥（1727 年—1781 年），法国经济学家，路易十六期间的财政部长

本杰明·沃恩（1751 年—1835 年），英国外交官，曾帮助富兰克林与英国谈判和平协约，并于 1779 年出版了富兰克林的作品

康德·德·佛金斯（1717 年—1787 年），在路易十六期间有影响

力的法国外交部长

路易斯 · 吉拉姆（1733 年—1794 年），富兰克林的邻居和朋友，死于断头台

伏尔泰（1694 年—1778 年），弗朗索瓦 · 玛丽 · 阿鲁埃的笔名，法国作家、哲学家，1778 年在伏尔泰生命的最后一年，富兰克林在法国见到了伏尔泰

托马斯 · 沃波尔（1727 年—1803 年），英国商人、银行家、议会成员，他率领几位投资者向国王申请在俄亥俄的土地，其中包括富兰克林

乔治 · 华盛顿（1732 年—1799 年），从 1775 年到革命战争结束一直担任大陆军的司令官，美国第一任总统

亚历山大 · 韦德伯恩（1733 年—1805 年），英国副司法部长，在 1774 年 1 月就哈钦森信件丑闻质询过富兰克林

乔治 · 沃特利（约 1709 年—1791 年），伦敦商人，写过一本自由贸易方面的小册子，富兰克林为本书做了注释

乔治 · 怀特菲尔德（1714 年—1770 年），英国牧师，卫理公会教派的传教士，美国最成功的牧师之一

小乔纳森 · 威廉（1750 年—1815 年），富兰克林的侄孙，是美国在法国南斯市的代理人，为美国采购战争所需的物资。他随富兰克林一起返回美国，后成为西点军校的院长

约翰 · 威克斯（1725 年—1798 年），议会中一个有争议的成员，伦敦市长